U0619675

翠微深处

（小学、特教、初中卷）

于漪教育教学思想研究中心　组织编写

兰 保 民　　　　　　主　编

上海教育出版社
SHANGHAI EDUCATIONAL
PUBLISHING HOUSE

千江有水千江月

——当代名师成长的"于漪元素"

兰保民

中央庆祝改革开放 40 周年表彰工作领导小组办公室所编写的《改革先锋风采录》一书，对于漪老师介绍评价的文章标题是"于漪：基础教育改革的优秀教师代表"[①]。可见，党中央和国务院之所以授予于漪老师"人民教育家"国家荣誉称号，是因为于漪老师是几千万基础教育教师的优秀代表，她所取得的成就代表了中华人民共和国基础教育教师所达到的高度，她的成长历程，也浓缩和凝练了广大教师专业发展所必备的教育元素和生命密码。从这个意义上来说，从于漪老师这一教师成长典型案例推广开去，把视野拓展到更多优秀名师专业成长的生命历程，萃集更多案例并加以解读，则将更有利于破解中华人民共和国成立后——尤其是改革开放以来——优秀教师成长的共性规律。"当代名师成长"这一具有群体性和历史性的事件图景，恰如古语所说的那样——"千江有水千江月"。当代众多名师正如千江之水，形态各异，然而月映万川，其"魂"则一。

[①] 中央庆祝改革开放 40 周年表彰工作领导小组办公室 . 改革先锋风采录［M］. 北京：党建读物出版社，2019：8.

正是出于这一考虑，我们在"新中国基础教育教师成长探秘"总课题框架内，一方面开展了以于漪教育教学思想为原点的个案研究，同时又开展了"当代基础教育名师成长案例"的子课题研究，旨在探索新中国基础教育教师成长规律，揭示名师成长的生命密码，破解教育学研究长期以来以西方话语体系为主导、有"教育"而弱"教师"、重"外"而轻"内"、重"术"而轻"人"的困局，彰显新中国基础教育和教师群体的实践自觉与理论自信，进而校准新时代中国基础教育的价值和目标，催生与培育更多基础教育优秀教师。

一、案例基本情况

为充分体现案例的代表性，我们以"业界公认、组织认可"为标准，对纳入本研究范围的"名师成长案例"进行了严格的甄选，以组织推荐、广泛调研与征求专业领域人士意见相结合的方式，最终形成225人的案例约稿人员名单。这些名师，师德师风特别高尚、在全国范围内具有广泛影响力、为业界同行普遍认可和崇敬、对教师成长特别具有示范意义，作为名师案例人选，具有充分的说服力。

需要说明的是，由于客观原因，以上225位名师并不包括我国香港、澳门、台湾地区，全国其余省份均有教师入选，其中包括小学、初中、高中、特教、中职校等不同学段和类型，同时涉及基础教育阶段所有学科。

约稿函发出后，共有95位名师在百忙之中专门为本研究撰写了成长案例，课题组邀请专家认真审读了所有来稿，除6篇非案例类文章外，共有89位名师的成长案例，这就是本书的用稿来源。

89位名师的成长案例统计信息如下：

（一）名师案例的学段分布情况

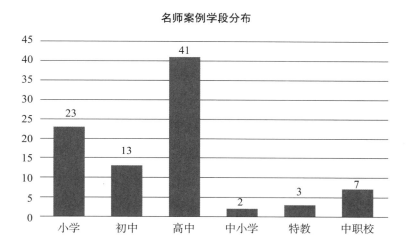

（二）名师案例的学科分布情况

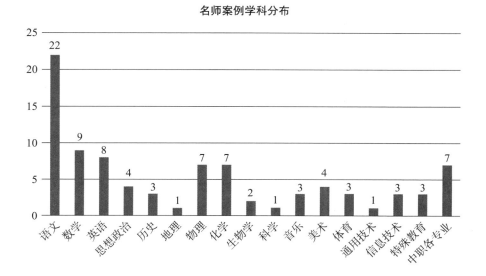

（三）名师案例的区域分布情况

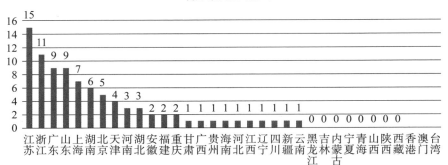

名师案例区域分布

二、名师成长揭秘

正如人民教育家于漪老师所说，中国的基础教育学和教师学，主要不是写在从理论到理论的高楼大厦里，而是写在每一位将生命奉献给基础教育的教师教学实践的大地上。在长期的基础教育教学工作中，这些名师以高尚的师德师风、深厚的学术底蕴、炽热的教育情怀，孜孜矻矻，探索不懈，取得了卓越的教育教学成就。他们娓娓讲述各自的成长故事，有的聚焦专业成长历程中自己感受最深的一点，写得深，写得透，有的则从多角度讲述了对自己教育生命成长产生重大影响的重要节点和关键事件。就在这些娓娓讲述的成长轨迹和案例细节中，蕴含着新中国基础教育教师成长的共性规律和个性特征。

（一）使命意识的深度觉醒

这些名师案例以一个个鲜活的故事，充分证明了为党育人、为国育才的担当精神和教书育人的使命意识的深度觉醒，对于教师走向卓越是多么的重要！89 位名师几乎无一不谈及对教育教学工作的炽热情怀，正如于漪老师"让生命与使命同行"的誓言不是写在纸面上、讲在口头上，而是镌刻在孜孜矻矻、呕心沥血的教育教学实践中一样，我们之所以说案例中众位名师具有深度觉醒的使命意识，除了他们对国家、对人民所赋予的责任，以及对每一个学生生命成长的尊重与敬畏具有理性的深刻认识和情感的深度认同外，这种使命意识同样表现在教育教学工作的具体行动中。概其要者，以下两个方面尤其显著。

一是浓郁炽热的家国情怀。从案例中我们看到，这些名师，有四分之三以上来自家境并不富裕乃至贫苦的人家，然而他们没有叫一声苦，而更多的是在讲述艰难困苦中政策的利好、家人的支持、老师的帮助、自己的努力。江苏省徐州市第一中学张安义老师出生于江苏铜山汴塘乡的一个贫苦农家，两岁时父亲病逝，与母亲相依为命。他说："20 世纪 80 年代初家庭联产承包责任制在我们乡村全面推行，这一政策最大利好是使我不再为挣工分而面临辍学，在兼顾种地劳作的同时终能如愿读完中学和大学。"在大学毕业参加教育工作后，同行和家长都说他工作起来是"拼命三郎"，其中的因果，不是很清楚吗？

在这些案例中，名师们那种对国家的深爱，对民族美好未来的热切期盼，从一个个朴实无华而又感动人心的故事中，我们分明能够触摸得到。天津市教育科学研究院高淑印老师，牢记入职初期单位领导廖主任所说的"教师是人类灵魂的工程师，是塑造心灵的职业"一席话，从此将教师职业视为神圣，把提升个人思想政治素质和职业道德水平摆在首要位置，把社会主义核心价值观贯串教书育人全过程，努力使自己成为先进思想文化的传播者、党执政的坚定支持者、学生健康成长的指导者。还有更多案例，在娓娓道来的教育叙事之中无不饱含着对使命意识和责任担当的觉醒与领悟。比如山东潍坊商业学校毛艳丽老师，她以"行知共进"为职教理念，密切关注职业教育改革发展的最新动态，吸收国内职教发达地区先进的职教理念，积极投身于专业建设和教学模式改革实践，努力让自己的物流专业教学始终站在职业教育发展的国际最前沿，适应国家经济结构调整的需要而不断推进物流专业建设，其背后所赖以支撑的，不就是一颗爱国心、一片报国情、一袭强国梦吗？

二是化育生命的夙愿初心。让我们看看这些案例的标题吧："让梦想永不褪色""用教育初心，走教育长路""红烛在我心　无悔育桃李""一条路·一颗心·一片天""不忘初心　与时俱进""与学生同步成长""深耕职教——我的教育初心""用心根植教育梦　培育桃李沐春风""践行理想初心，打造一间'没有门'的教室""让每一片绿叶都享受阳光""初心不改　逐梦前行""与生命对话"……不难发现，在这些饱含深情的标题中，出现频率最高的词语就是这两个："初心"（或"心""梦""理想"）和"学生"（或"桃李""绿叶""生命"）。

什么是"初心"？初心就是从踏上工作岗位那一刻起，一名教师对自己职业生命的终极期许，它所回答的是"我为什么要做教师"这一根本问题。我们发现，75% 以上的案例中，名师们都谈到了自己参加工作时的"初心"：陪伴、呵护、助力学生生命的成长。这种对化育生命之初心的追随，不仅体现在他们整个教学生涯中与学生交往的诸多细节，也体现在学科教学和研究中对"学生立场"的关注和坚守。北京市东城区史家小学万平老师在入职之初，面对笑眯眯的林校长所提出的"来，说说吧，为什么要当教师呢？"这一问题，随手写下了一句话："以自己的努力，使我的每一个学生都获得益处，以至于对他的一生产生积极的影响……"从此这句话便成为她终生从教的座右铭，从语文教师到音乐教师，再做回语文教师，无论任教的学科、角色发生怎样的变化，始终四十年如一日做好"孩子王"，因为她深刻地认识到，"教育"是教师与学生"零距离、多角度、全方位"的一种生命互动：我们唤醒心灵，我们期待成长，我们引导生活，我们创造可能，我们弥补缺失，我们给予力量，我们成全孩子……当我们用无比温暖的心怀拥抱一颗颗通向未来的童心的时候，我们便可以收获属于我们的幸福——因为我们最终成就了自己的职业初衷与愿景。

使命意识的深度觉醒，是教师专业生命成长过程中取之不竭的原动力。教师从内心深处实现了这种生命精神的深度觉醒，在教育教学生涯中便不仅能够遵循正确的方向，而且能够汲取到攻坚克难、勇毅前行的源源不断的力量。于漪老师所说的"教育，一个肩膀挑着学生的现在，一个肩膀挑着国家的未来，今天的教育质量就是明天的国民素质"，就是这种生命精神、使命意识的精彩表达。从这个意义上来说，于漪老师这句话，其分量不啻现代版的"曾子曰"[①]，深刻领悟这句话并化为自觉行动，我们就能够在教育教学之路上不负韶华，自我弘毅，砥砺前行。

（二）教育教学的思想自觉

教师的成长往往要经历从"立得住"，到"立得牢"，再到"立得高"的过程。要立得住，就要努力锤炼教学基本功；要立得牢，就须具备比较丰富的教学经验。一般来说，教师在讲台上"立得牢"之后，往往会面临一个发展上的"高原期"，到了这个层次，教师的专业发展便会出现分化，有的教师不能实现有效突破，便很容易简单重复，靠一成不变的既有经验教学，甚至走向职业倦怠；而有的教师则能够破茧成蝶，从而立到高处，进入一片教育教学的崭新境界。二者的区别，关键在于当教学经验日渐丰富之后，是否能够形成对教育工作和学科教学理解上的思想自觉。

---

① 曾子曰："士不可以不弘毅，任重而道远。仁以为己任，不亦重乎？死而后已，不亦远乎？"（《论语·泰伯》）

　　教育教学的思想自觉，指的是教师在准确把握教育教学本质和规律的基础上，能够形成对学科教学的准确理解和独立主张，并在自己的教育教学中自觉地践行这种思想和主张。在89个案例中，大多数名师都不同程度地提到了自己学科思想自觉和教学主张形成的过程。如复旦大学附属中学黄荣华老师在一堂成功的公开课之后，因为一名老教师的质疑而当晚几乎一夜未眠，从此便开始了追问"语文是什么"的漫长探究之旅。上海市崇明中学化学学科杨卫国老师的教学深受学生欢迎，他结合自己的教学积极反思，探索课堂教学的规律，让自己在学科教学之路上不断超越，他不仅能够从教学规律层面来思考自己的教学，而且能够从化学学科"规律美""变化美"和"和谐美"的哲学层面引导学生审视学习内容，理解学科思想方法。对于学生来说，即使今后不从事化学相关行业的工作，这种思想方法对他们的发展也将是永远有用的。

　　在这些案例中，最具有代表性的是义乌中学高中物理的吴加澍老师。他用几个生动的故事告诉我们，作为一名物理教师，"我为什么教物理"更深层次的追问就是，从学生的角度来说，物理教学作为一门学科的教学，对于他们人生成长与发展的终极意义是什么？正是这种深层思考所达成的自觉，让他在物理教学中能够拨开知识本位的迷障，摆脱学科本位的羁绊，最终回归学生本位的取向，让学科教学服务于学生一生的发展。在这种终极性思考的基础上，他形成了自己个性鲜明而又准确到位的教学主张："为谁教"——把属于学生的东西还给学生；"教什么"——从学术形态深入到教育形态；"怎么教"——让学生重演知识的发生过程。从他的案例中我们看到，对于自己从事的教育教学工作，为什么教，教什么，怎么教，一定要从哲学层面将本原问题想清楚，这是非常重要的，从这个意义上来说，对于物理学科教学，吴老师不仅形成了教学思想的自觉，而且具有教育哲学的自觉，这是非常难能可贵的。

当然，我们所说的"教育教学的思想自觉"，并不包括那种为了扬名立万而刻意包装、标新立异的做法。如果没有正确的理论指导，没有从本原出发将自己所从事的教育教学工作想清楚、做扎实，即便名号叫得再响，也称不上有独立的学科思想和教学主张。在这一点上，于漪老师同样堪称我们的榜样，她兼容并蓄，广采博收，唯真唯实唯善唯美，却从来不提任何口号，也反对那些乱提口号的做法，但无论是对基础教育还是对语文教学，又有谁能否认她所达到的高度的思想自觉呢？

（三）固本培元的读书学习

一名优秀教师的成长，正如一棵小树最终长成参天大树一样，其中必然有一个过程，具有阶段性，而绝不可能一蹴而就，更不可能奢望像歌星一样一曲成名。在这过程中，读书学习尤为重要。因为厚积才能薄发，只有"资之深"，才能"取之左右逢其源"；只有吸收得好，才能在教育教学中得心应手，进入自由的境界。

在我们所征集到的案例中，所有的名师都用了相当多的篇幅，叙述了读书学习在专业成长中所起到的重要作用，包括钻研理论书籍、阅读专业杂志等。江苏南通中学陆军老师的案例，标题就是"学习：教师成长的阶梯"。在这条通过学习不断汲取前进动力和资源的成长之路上，他"为己之学""为教而学"和"应教为学"，实现了教学相长、师生共进以及学校、区域乃至整个教育事业的蓬勃发展。杭州师范大学王崧舟老师曾是一名小学语文教师，他说自己的志趣全在"读书"二字，"读书的动机非常单纯，不是为了考试，也不是为了文凭，读书只是为了读书"。北京市教育科学研究院吴正宪老师专业发展的起点并不高，只接受了两年师范学校的培训学习，便踏上了小学教师的工作岗位。然而就是从这样的起点起步，她却成长为小学数学领域的名师和教学科研专家。从案例中我们可以看到，吴老师的自我修炼固然是多方面的，然而广泛的阅读无疑起到了固本培元的重要作用。从文学经典到数学专著，直到哲学典籍，这些广泛深入的阅读夯实了她课堂教学的底气，培育了她教学研究的元气。除了向书本学习之外，吴老师还向名师学习，通过吸取名师的经验，深化了自己对教育教学理解和实践的深度。

于漪老师曾经说过："在现代社会要做合格教师，不认真阅读，不大量吸取信息，怎能生存？怎能发展？"所以，"教师首先应该是文化人"。如果一个教师不能广泛阅读、倾心学习，不能尽量多地汲取人类文明发展历程所积淀下来的丰富的精神成果，不必说成为优秀教师，恐怕就连胜任教育教学工作也将会很困难。试想，一个"一问三不知""一瓶子不满，半瓶子晃荡"的教师，怎么能够赢得学生起码的尊重呢？更不要说成长为一名卓越的教师了。因此我们说，读书学习，不断精进，不仅是教师追求卓越的必由之路，同时也应该是教师的一种基本的生命状态。

（四）精益求精的课堂磨炼

于漪老师曾经说过，一名优秀教师一定是从课堂教学摸爬滚打中练出来的。课堂既是向学生撒播求知良种、育人良种的田园，也是教师实现专业发展和生命蜕变的道场，对于从事基础教育的教师来说，对课堂的敬畏、对教学精益求精的钻研就显得尤为重要。因为教师的教学主要是通过课堂教学来完成的，课堂教学的质量直接决定着育人的质量，即便教学科研，对于基础教育领域的教师而言，严格说来也应该主要写在课堂上，聚焦于如何提升教育教学的质量，而较少那种从理论到理论的基础性研究。

课堂的磨炼功夫，首先体现在备课上。虽然说教师不是京剧演员，但"台上一分钟，台下十年功"的道理同样是适用的。苏霍姆林斯基说：对每一节课，我都是用终生的时间来备课。于漪老师也说：熟读教材，钻研文本，是教师教学的必由之路，也是教师必须具备的基本功。^①课要上得好，既要讲科学，也要讲艺术，而只有勤奋努力、刻苦钻研，才能把课备好。这些案例中几乎所有老师，无不在备课上下过苦功夫。有的老师尽管起点很低，文化底子比较薄弱，但是因为勤奋，同样取得了成功。山东省枣庄市实验小学的于伟利老师在教学中总是努力把每一堂课都当作公开课去对待、去研究，从中体会教学、琢磨教学、享受教学。山东省青岛市第一中学李芳老师不仅重视课前的"预设备课"，同时也强调课中的"现设备课"和课后的"反思备课"。南京师范大学附属小学贲友林老师基本上把每个星期日的时间全都用在备课上，他是怎么备课的呢？先看教材，再独立做教学设计，手写教案，尽管各种现成教案集等参考资料找起来很方便，但他从不照抄照搬。多年如一日独立备课的锤炼，让他养成了独立思考的意识与习惯，他说："设计课堂，也设计自己。"说得真好！

课堂是教师的主阵地，教师的业务水平是在课堂上炼成的。广东省教育研究院陈式华老师深有感触地说："如果有人问我，提高教学水平最好的路径是什么，我肯定会说，多上公开课是一条捷径。"他的这一体会道出了差不多所有教学名师的共识。在同事们眼中，河北张家口市第一中学尤立增老师是众所周知的"公开课专业户"；从踏上讲台成为教师开始，浙江杭州新世纪外国语学校虞大明老师所执教的各级各类公开课已过千节次；江苏邳州市特殊教育中心郭庆老师认为，教师就是在听公开课的过程中成长的，也是在上公开课的过程中成长的。多年来她不仅坚持上校内公开课，请领导和同事来给自己提意见，感觉上得不好，听取大家意见后再重上，一次次锻炼、提升自己，而且平时总是认真、慎重对待每一节家常课，从不敷衍。

---

① 于漪.深究底里，准确把握［J］.中学语文教学参考，2005（04）：3.

众位名师不约而同都把备好课、上好课放在毋庸争辩的最重要位置加以强调，钱伟长先生曾经留下这样一句话："你不上课，就不是老师。"真是片语中的，掷地有声。北京一零一中学程翔老师是全国著名语文特级教师，他为自己确立的职业信仰就是"课比天大"。在他看来，教师的风格百花齐放，评价的标准多种多样，但最基本的只有一条：能把课上好，把学生教育好。

可见，优秀教师的修养与锻炼归根结底要立足于课堂之上。教师承担着教书育人的使命，必须充分认识到，教书的现场在课堂上，育人的现场在学生的生命中。"书"和"人"、"课堂"和"学生"永远是教师实践的起点和归宿。

（五）知行合一的教学研究

德国哲学家雅斯贝尔斯曾经说过：教育过程首先是一个精神成长过程，然后才成为科学获知过程的一部分。[①]这种精神成长的过程，不仅表现为学生的生命成长，同样也表现在教师自身的生命发展过程中。教师结合自身的教育教学工作开展科学研究的过程，同时也是自身精神生命不断成长的过程。明朝著名思想家王阳明的"知行合一"学说影响深远。其实不仅"致良知"是一个知行合一的过程，教师的教育教学实践和科学研究之间，同样是知行合一的关系。

什么是"知行合一"呢？就哲学而言，这是一个十分复杂的命题。就教师教育教学实践与专业发展而言，我们不妨把它理解成一个"知"与"行"彼此促进、互相补益、共同提高的过程。在这里，"知"就是对教育教学实践的本质和规律的理解和认识，"行"就是在工作中将教育的理想愿景转变为学生生命发展现实图景的切实行动。从这个意义上来说，通过科

① 雅斯贝尔斯.什么是教育［M］.邹进，译.北京：生活·读书·新知三联书店，1991：30.

学研究去探索学科本质和教学规律，解决教学实践中遇到的现实问题，这就是一个"知行合一"的过程。在教育教学的实践行动中探索真知，探求规律，在探求真知规律的过程中不断改进、完善教育教学实践，知行融合，互相促进，就能使自己逐渐从"必然王国"进入"自由王国"，成为教育教学的行家里手，乃至名家巨擘。所有的名师案例无一不告诉我们，教学本身是一个复杂工程，教学实践一定要与科学研究结伴而行；要成就卓越，教学研究是绕不开的一条"华山路"。

山东青岛盲校曹正礼老师从事的是特殊教育工作，在他的学校曾经发生过一次盲生坠楼事件，虽然学生当时只有轻微的皮外伤，但曹老师却在9年之后被学生家长告上了法庭。面对这一情况，曹老师并没有一味埋怨家长，而是启动了对盲童特殊心理、特殊行为的专题研究，发现盲童坠楼是由于先天失明者缺乏空间意识和方位概念的病理因素而造成的行为失控，从此他便更深入地研究盲童特殊的生理和心理现象，撰写并发表了《失明与身心健康》等一系列学术研究文章。山东桓台第一中学崔佃金老师更是从关注鲜活的教育案例起步，从众多案例中发现突出问题进行专题研究，从教育实践和专题研究中提炼研究课题，以科研的方式探求教育规律，一步步拾级而上，走出了一条名师成长的教育科研之路。

教育教学既是一门艺术，也是一门科学。作为一门艺术，需要不断打磨，才能日臻完善；作为一门科学，需要不断研究，才能求得真知。教学不可能是十全十美的，总会有这样那样的问题。今天我们做教师，尤其是想做好教师、优秀教师，跟上时代的步伐，满足学生发展的需要，让教育教学工作实现高质量、高效率，一定要在教学科研方面下一番苦功夫，通过教学科研寻求教育教学规律，从而提高自己的教学实践与理论水平，自觉地掌握和处理教育教学工作中的各种关系。名师们为什么能写出那么多文章？就是因为他们总是在不断地研究问题，在研究过程中不断地克服自身不足，从局部走向比较全面，从教育教学的浅层次走向高境界。

（六）发展平台与资源机遇

不容否认，发展平台、资源与机遇在很多名师的专业发展过程中都发挥了重要作用，在我们所征集到的案例中，不少名师都提到了这一点。这包括主观和客观两个方面。有些平台、机遇与资源确实与组织上所创造的机会密切相关；而同时我们也发现，机遇也是需要自己去创造的，比如很多老师总是积极主动地去上研究课、公开课，敢于展示，这就是自己在创造机遇。常言道，机遇往往垂青勤奋努力的有准备的人，讲的就是这个道理。

有不少名师还提到了自己成长过程中所遇到的"贵人"，这也是客观事实。但是我们必须指出，贵人相助只能是在自己足够优秀、足够勤奋、足够善良的前提下才能起作用。如果自己要啥没啥，只等着所谓的"贵人"来提携，那百分之百没戏。辩证唯物主义告诉我们，内因是变化的依据，是第一位的；外因是变化的条件，是第二位的；外因只有通过内因才能发挥作用。关于这一点，北京一零一中学程翔老师说得很通透："我听到有人抱怨命运不济，没有遇到贵人指点。我想，贵人是有的，但不会自动来帮你。这要看你是否真诚、虚心，是否厚道、朴实，是否纯正、清透，是否好学、勤奋，看你是否发自内心尊敬前辈，尊重同龄人。"

至于家庭环境、工作环境等个性化因素，不一而足，在名师成长过程中所发挥的作用也有案例有所涉及，不再一一梳理赘述。

三、结语

必须指出的是，虽然我们从众多名师成长案例中提炼出了以上六类要素，然而这些要素并不是各自独立发挥作用的。教师的成长是一个复杂的系统过程，各种要素之间彼此作用、互相促进，才能最终成就一位名师。诸多教师发展理论往往把教师专业发展分解为职业认同、师德修养、学科理解、本体知识、教学技能、教育境界等几个方面，而从这些案例中我们体会到，只有这些要素共同作用而形成正向关联效应时，一名教师才能一步步走向卓越，而任何一个层面的缺失，都必将对其他层面的发展带来副作用。比如，所有名师无一不是衷心热爱教师这一职业的，这应该说是他们在"职业认同"这一层面所达到的高度。而他们之所以对教书育人的事业具有这样炽热的情怀，难道仅仅是价值层面的一种认同吗？又如，如果一名教师，空有满腔为师从教的热情，而学科理解水平低下，或本体知识不够扎实，或教学技能不够纯熟，那么恐怕这一腔热情也不会持久。反之，如果一名教师功底扎实、见识超卓，对教学工作驾轻就熟，挥洒自如，要让他不热爱这份工作，恐怕也很难。从这个意义上我们说，教师成长所遵循的是生命成长的一般规律，它一定是"整个儿成长"的过程，而绝不会是"逐块儿成长"的过程。

目

contents

录

从诗意语文迈向诗意人生

杭州师范大学　　王崧舟

我是 1984 年参加工作的，那年刚满 18 岁。回想一下，在专业成长方面，我的人生大体经历了这样五个阶段。

第一个阶段，算是"崭露头角"

我中师毕业后，被分配到上虞师范附小。第二年，就评上了绍兴市"教坛新秀"，是所有新秀中年龄最小的一个。第三年，组织调动我去上虞实验小学担任教导主任。三年后，又任命我为上虞百官小学副校长，那年我才 23 岁。少年得志、平步青云，看起来一切都很顺。为什么？依我看，最主要的因素是机遇。实际上，我这种情况不是个例，全省都这样。全省普师毕业的头三届——1984 届、1985 届、1986 届，这批人普遍发展得很顺，也很好。那么，是不是以后毕业的就不行呢？不是这样的。说实话，我们只是抢占了先机而已，这是机遇。那个时候，我们前面的多数是民办教师甚至是代课教师，"文革"十年耽误了几代人，却给了我们这几届毕业生非常好的机遇。师范三年，我非常荣幸，诸暨师范几乎把当时最好、最优秀的老师都安排在我们这一届。我们被这些好老师熏陶了整整三年，近朱者赤，我们当然都成了"红人"。毕业时，各界都在抢这批人。拿我来说，一没背景，二没靠山，居然被分到了县城的师范附小。这是机遇。1985 年，全省第一次评"教坛新秀"，被我赶上了。第二年我到实验小学做教导主任，有人不服，王崧舟是谁呀？这么年轻就当教导主任？他有什么背景？有什么能耐？我心说，我就是没背景、没能耐，我就是机会好啊！实际上，我是被硬拉着去做教导主任的。机会来了，想推都推不掉。

当然，话又说回来，这跟自己的勤奋也不无关系。俗话说，机遇往往垂青于那些有准备的人。我一踏上工作岗位就养成了阅读理论书刊的习惯。印象中，我步入教坛读到的第一篇理论文章，出自周一贯先生（全国著名特级教师，时任绍兴县教研室小学语文教研员）的手笔。那是 1984 年，文章刊发在《教学月刊》上，题目叫《用"提纲法"教〈王小二〉》。后来，我还在《小学教学参考》上读到周先生所写的一组关于阅读教学法的文章，题目叫《阅读教学法纵谈》，一共有 10 篇。我将这 10 篇文章一一复印，装订成册、爱不释手。第二年参评"教坛新秀"，我就拿周先生文章中介绍的阅读教学法——"直奔中心法"，执教《我的伯父鲁迅先生》，结果大获成功，独占鳌头。后来我领悟到，一个教师的成长，是可以超越时间和经验积累的，这种超越的力量来自理论，来自学习。

第二个阶段，则变得"孤独沉潜"

大概从 1989 年开始，我的专业成长进入相对低迷、沉潜的状态。那个阶段，我翻开自己的档案，发现除了埋头教书，埋头研究，埋头帮助别的老师，自己几乎没有任何公开课，没有任何荣誉，甚至连外出参加"教坛新秀"培训班的机会都轮不上。我的人生好像从踌躇满志的春天突然跌入萧瑟凋零的晚秋，夏的辉煌不见了。有那么一两年，我甚至动过弃教从政、弃教经商的念头。什么原因？一个字，穷！但是后来作罢了，机缘未到。当然，这段时间我也在成长，也在发展，是一种常态的、顺其自然的发展。这个时期，起主导作用的是志趣。我的志趣全在"读书"二字。也许是"失之东隅，收之桑榆"吧，这个阶段我读了大量的书，没有干扰，没有诱惑，心静下来，只要自己感兴趣的书都读。读书的动机非常单纯，不是为了考试，也不是为了文凭，读书只是为了读书。有人说，伏天读书如饮甘露，冬日读书如偎暖炉；花前读书俨然仙翁，月下读书如温旧梦；雾重重时读书开人茅塞，雨敲窗时读书驱人寂寥；春风得意时读书平心静气，坎坷失意时读书淬砺心志；多姿多彩的日子读书以助雅兴，平淡无奇的日子读书以添风骚。那时读书，我真有这种感觉。

我读什么书？读宗教类的书，读哲学类的书，读文学类的书，读美学类的书，读"老三论""新三论"的书。可能现在的年轻教师不一定知道"老三论""新三论"，可在那个时候，"老三论""新三论"是最时髦的理论书籍。"老三论"就是系统论、控制论、信息论，"新三论"就是耗散结构论、协同论、突变论。我还读人物传记类的书，读红学方面的书，甚至读中国古代术数类的书……什么书我都读，只要有感觉、有兴致。为此，我还作读书摘抄笔记，那些自认为有价值的文段都逐一手抄，差不多一年一本，前后一共作了厚厚的七大本。可惜，后来几次搬家，这些读书笔记竟不知所终了。

这个阶段我还听了大量的课，各种各样的课，每年累计不少于200节，可以说绝大多数的课我都做到有记录有反思，这既是职务所逼，也是求完美的个性使然。我是教导主任，去听人家的课自然不能没有反馈。既然要反馈，总得说出点道道来才能让人信服。我现在有个习惯，就是一边听一边写反思，听完了马上就跟老师交流意见，甚至连梳理一下思路的工夫都不用。这个习惯，就是那个时候养成的。我听课，爱琢磨，爱问个究竟，有时还爱钻牛角尖。包括听名师的课，我也不喜欢跟风，人家说好，我不一定说好；人家说坏，我也不一定说坏。我比较尊重自己的内心感受和想法，无论多么稚嫩多么肤浅，我都会记下来。于是，我开始对课堂教学进行微格研究，没有人逼我，纯粹是自己喜欢。我研究导入，研究点拨，研究表达，研究训练，研究结课，这些研究结果陆陆续续发表在《浙江教育》上。那个阶段的沉潜，肚子里装了上百本书、上千堂课，慢慢发酵，慢慢酝酿，融入我生命中的每一根血管、每一个细胞。表面很平静，没有抛头露面，没有谁来关注，但是在平静的底下，生命的能量在不断膨胀。

然后，就进入"一鸣惊人"的阶段

1996 年，在阮珠美老师（时任上虞市教研室小学语文教研员）的撺掇下，上虞市教研室破天荒地为我个人举办了"王崧舟语文教学艺术展示周"活动，活动引起了浙江省教育厅的关注。1998 年，又在张化万先生（全国著名特级教师，时任浙江省第九届特级教师小学评审组组长）的力荐下，32 岁的我破格成了全省最年轻的特级教师，还上了《中国教育报》。同年，应浙江大学薛志才先生的邀请，我在"西湖之秋"全国小学语文特级教师公开教学展示会上执教《万里长城》，一炮走红，声名远播，当时就有桂林、广州的老师来邀请我前去讲课，我平生第一次体会到了什么叫欣喜若狂、受宠若惊。应该说，这样的"一鸣惊人"，既有机遇的因素，也有才情的因素。我这个人生性孤独，"孤独"这个词拆开了，就是孤高、独特。我做事追求极致，也喜欢与众不同，这是骨子里的东西，与生俱来。所以，上《万里长城》，我前前后后改了不下 12 次，有推倒重来的，有局部调整的，有为了一个细节反复打磨的，有想出几个设计然后换来换去七上八下的……我总是和自己较劲儿，和自己过不去，我的语文教学艺术就这样不断超越着，从《万里长城》到《威尼斯的小艇》，从《鸬鹚》到《我的战友邱少云》，从《荷花》到《草船借箭》，从《小珊迪》到《只有一个地球》，不断出新，不断出彩。

发展的结果就是迈向"开创流派"的阶段

2001 年，通过钱正权先生（全国著名特级教师，时任杭州市教研室副主任）的引荐，我由上虞调至杭州市拱宸桥小学。杭州市拱墅区这方教育热土，给了我的专业发展以巨大的自由，我的人生步入了黄金时代。这个阶段，我几乎跑遍了全国所有省份。大大小小开过观摩课 1 100 多节次，讲座 650 多场次，逐渐形成了"精致、和谐、大气、开放"的杭派语文教学风格。2004 年 9 月 18 日，以执教《一夜的工作》为标志，我正式在中国小语界扯起了"诗意语文"这面大旗，2006 年我们举办了"全国第一届'诗意语文'教学观摩研讨会"。仿佛是天意，那一年我遇见了福建师大的潘新和先生，遇见了之后被我誉为"诗意语文""圣经"的《语文：表现与存在》（潘新和 著）。从此，"诗意语文"在潘新和先生"言语生命动力学"的指引下，以更坚实的行动，更自觉的思考，怀揣梦想，一路奋进，奏响心中的诗意之歌。

在全国首届中华经典诗文诵读观摩研讨会上，我作课《长相思》，引起全场热烈反响。这一课被人们誉为"诗意语文"的经典之作、当代小学语文古诗文教学的又一座高峰。其实，我在上课之前，连教案都还没有写好，更别说"下水"试教了。而为了这一课的设计，我曾经苦苦琢磨了三个月之久。我一直试图在古诗文教学上有突破，但始终找不到灵感。那种痛苦，真是难以言表。我为这一课做了大量的案头工作，写了文本细读，研究了纳兰性德生平，查找了大量的参考资料，比较研读了朱光潜先生的《诗论》和朱自清先生的《朱自清说诗》，到后来感觉材料很多、想法很多、创意很多，但就是苦苦梳理不出一个清晰可行的思路来。第二天，在尚未形成完整方案、连贯思路的尴尬中，我执教《长相思》。主持人说"下面有请全国著名特级教师王崧舟为大家作课"，我就硬着头皮走上讲台。没想到，就在课的行进过程中，思路竟然自然而然地流淌出来。这次奇妙的教学体验，让我体悟到很多东西。我惊喜地发现，我的课堂教学正在从必然王国走向自由王国。我清晰地看见，我过去许多刻意的、需要用强有力的意志去驾驭的教学行为、教学策略，已经内化为自己深层的、无意识的、融入生命中的自然行为了。这个时候，我意识到，语文已经不再外在于我的生命，语文和生命、职业和生命融为一体、打成一片。

这个阶段，机遇已经不再重要，因为机遇实在太多，我都害怕机遇光顾我了。这个阶段，主导因素就是两个字——使命。我对语文教育曾经发过这样的感言：在流转不息的生命之轮中，我为语文而来！是语文滋润我粗糙的感觉，是语文放飞我稚嫩的幻想，是语文点燃我喷涌的激情，是语文唤醒我沉醉的智慧。我平庸的生命，因为语文而精彩！这种使命，有来自外界的期待、赏识和要求，更有来自内在的热情、抱负和感恩。我把"使命"拆成八个字，就是：追求理想，实现自我。从今往后，我对语文有了庄重的承诺，有了道义的担当，有了价值的坚守，更有了充满诗意的浪漫追寻。

如今，则是行进在"重建未来"的阶段

2016 年，经杭州师范大学教育学院院长童富勇先生引荐，我被杭师大作为卓越人才引进，由杭州市拱宸桥小学调入杭师大教育学院，翌年被杭师大正式聘为教授。此事一度在网上引发热议，有媒体甚至认为这是中国当代教师流动的一个标志性事件，我成了新中国教育史上由小学教师直接聘为大学教授的第一人。在接受《福建教育》采访时，我这样表露自己的心迹——

调任杭师大是一件很正常的事情。既不必恭喜，也不用叹息。这也是多种因缘正好聚在一起，才有了这么一个不喜不悲的果。一定要说具体考虑，大概就是两个方面：

一是出于内在精神成长的考虑。尼采说人的精神有三变，一变而成骆驼态，二变而成狮子态，三变而成婴儿态。我在目前的工作岗位上已经干了十五年，发现内在的精神成长已经到了狮子态，一方面是创立流派、打造名校，一方面是精神发展遇到了瓶颈，进入了高原期。于是，当外缘成熟的时候，我选择调离。把自己这十五年的东西归零、清空，跃向婴儿态，让自己的精神成长有一个新的支点、新的境界。

另一个方面，则是出于职业理想的考虑。我在故乡上虞教了十七年的书，理想是做一个"好老师"；后来到杭州拱墅区拱宸桥小学，一待就是十五年，理想是做一个"好校长"。应该说，两个理想都实现了。现在去杭州师范大学，理想是做一个"好学者"。为什么这样想？我从事小学教育和管理三十二年，越来越真切地感受到，教师问题是基础教育一切问题的核心。而作为"工作母机"的师范教育，直接影响甚至决定着教师的专业底色和精神底子。我希望自己的进入，能够为"工作母机"带去一些新的东西，为他们注入一些源头活水，让自己的专业精神和理想在这些未来教师身上得到延续。

在杭师大五百座报告厅，我以"卓越教师的成长密码"为题，开启了我的大学第一课。之后，我自编大纲，自创课程，为大三学生主讲"小学语文文本解读与案例分析""小学语文教学技能实训"两门课程。针对大学课堂知识本位、被动接受、评价单一等突出问题，我主动申报"以'学的课程'为中心的'文本解读'课堂教学模式变革"的省规课题研究，受到学生的欢迎和肯定。我的本科教学连续三年在学院的"学评教"中排名第一。以课题成果为依托，我主讲的"小学语文文本解读与案例分析"被评为首批国家级一流本科课程。作为成果的辐射，我又以最受学生欢迎的大学教授身份登上中央电视台《百家讲坛》，主讲系列节目《爱上语文》，引发全社会对母语教育的关注和思考。我还以赛课第一名的成绩被学校推荐参加浙江省高校教师教学创新大赛。一名学生在"学评教"上这样留言："在王老师课上学到的不仅仅是文本解读、教学技能，更是一种仰之弥高、钻之弥坚的品格。比如王老师对每篇课文都能倒背如流，对课文教学点的捕捉与挖掘总是让人耳目一新，对中华文化的敬畏与追慕流淌在举手投足间……这种熏陶，是超越学科和课堂的，也是我们抢着上王老师课的原因。"

据我所知，民国时期就有很多语文大家出身小学，如蔡元培先生、钱穆先生等。这些大师的传奇经历，对我更多的是一种激励、一种启示、一种唤醒。以我个人的禀赋、学养和人生境界，是很难企及他们的高度的。但我会以他们为榜样，不断刷新自己的人生标杆，拥抱生命更多的可能。

名师档案

王崧舟

教授，特级教师。系全国劳动模范、全国"五一"劳动奖章获得者、浙江省十大育人先锋。兼任中国教育学会传统文化教育分会副理事长、浙江省教育学会小学语文教学分会副理事长。教育部"国培计划"专家库专家、教育部"国培计划"——中小学名师名校长领航工程实践导师。中央电视台《百家讲坛》主讲人，讲述系列节目《爱上语文》12集。现任教于杭州师范大学。

开创"诗意语文"教学流派，先后应邀赴全国29个省份开设观摩课2 000多节次、讲座1 000多场次。他的语文课先后在中央电视台《实话实说》、中国教育电视台《名师讲坛》《东方名家》等栏目播出。主持的"小学语文文本解读与案例分析"被评为国家级一流本科课程。

先后出版《美在此处：王崧舟讲语文课上什么》《美其所美：王崧舟讲语文课怎么上》《爱上语文》《王崧舟与诗意语文》《语文的生命意蕴》《诗意语文课谱》等多部教育教学论著，出版中国首套特级教师音像专著《语文教师的十项修炼》，在省部级以上刊物发表论文360余篇。

静静聆听童心的呼唤

北京市东城区史家小学　万平

一、初心与激情

以自己的努力，使我的每个学生都获得益处，以至于对他的一生产生积极的影响……

这段话，写于 1981 年 7 月，距离今天已经快四十三年了。至今还清晰地记得那个炎热的下午。胖胖的林桂英校长，拉着我的手将我从一扇门带入了另一扇门，我从一名师范学校的毕业生正式成为一名小学教师。

说起来那是多么简陋的一座学校啊，只是一座新落成的四层小楼而已。一色儿的本色红砖，若不是窗户过于齐整，你几乎看不出它和旁边的居民楼有何区别。进到学校，一扇绿漆铁门，一根旗杆，水泥抹地，沙土操场，裸露的白墙，崭新的桌椅——北京市朝阳区劲松第二小学，是 20 世纪 80 年代初期一座为小区配套的新建学校。

"来，说说吧，为什么要当教师呢？"林校长笑眯眯地，第一次面试本来应该是很拘谨的，但是，她的笑颜让我们丝毫不觉得紧张。大家没有讲套话，纷纷说着自己真实的想法，难免略带生涩。林校长听着，微笑，干脆拿出纸来，让我们这几位小老师写写自己的职业愿望。

于是，我随手写下了这段话：

以自己的努力，使我的每一个学生都获得益处，以至于对他的一生产生积极的影响……

她看了看，抬头看看我，又低头看看纸，收好，没有说什么。

之后的六年多里，我当了六年少先队大队辅导员。当时的年轻老师吃住都在学校，过着以校为家的生活。那段时光，我们竭尽所能，带着学生开中队会，过大队日，办夏令营，跳集体舞；歌咏、广播、朗诵、排练小剧；每逢节日，我们还组织全校的家长一同与孩子们在劲松影剧院召开隆重的集会……队鼓声声中，我成了学生喜欢的"大姐姐"。

那是六年激情燃烧的岁月。那时候，我能够将各个班大中小队干部的名字叫出来，对每个中队的队活动也是了如指掌，就连各班有几个"小闹儿"都一清二楚，成了一名真正的"孩子王"。年轻人有着忘我的工作热情，有着使不完的干劲儿，有着许多的创造愿望和灵感，有着向着目标一往直前的气概，有着对学生的满腔关爱，人几乎是不知疲倦的，只是一个劲儿地向前奔。

忘我的工作取得了可喜的成绩：我们一举获得了四项全国少先队"创造杯"奖；获得了北京市朗诵比赛的一等奖；获得了北京市集体舞普及的最佳组织奖……

初当教师时所写的教育愿望我并没记住。后来我因故调离劲松二小，林校长虽然不舍，却又决然放行。她在签署意见后，与我做了一次聊天儿似的长谈，最后更是提起了刚来学校时写的那段话，"你这孩子心量大呀！去吧，不论到哪儿，有这份心量，你都能行的……"她说。

"心量大"？恍惚间我若有所思，回味着自己写的话语，仿佛一颗已经出膛的子弹在回味弹道的痕迹：

以自己的努力，使我的每个学生都获得益处，以至于对他的一生产生积极的影响……

其时，工作已近七年的我不再是一个"零"工作经历的学生了，但是，心依然年轻热诚。再次重温审视这段话，我感受到了一颗初次踏上教育之路的心灵所蕴含的力量——这是一份为着学生的利益，为着学生们的一生利益做出努力的志向……

初愿，就是种子啊！有了成熟的机缘是会生根、长叶、开花、结果的。在 20 世纪 80 年代初，还没有什么针对"零教龄"教师的培训机制，连书店都很少，读到好的教育论著更不是一件容易的事情。一个谈不上任何工作经验，对学生的了解也仅限于书本和自己孩童时的一点残留影像的毕业生，要完成从学生到合格教师的过渡全凭着身边老教师的影响，同时还要仰赖所在学校领导潜在的工作培养与支持……

林校长就是这样一位校长，她始终在关心、培养着一个她看好的"有心量"的年轻人，并始终为这个年轻人的工作默默提供着支持。我记忆中印象最深的一句话是："小万这孩子有股子冲劲儿，也能干，就让她干吧。没事儿，我在后面给她拾掇着就行啦……"

在工作的最初几年，这个有一定"心量"的愿望帮助我避免了因为经验缺失而导致的对学生行为处理上的简单粗暴或者冷漠；避免了因为个人的局限性或情绪化而导致的对工作的任性随意；避免了在任何情况下对学生与工作的不诚实或者不负责任——回首当年，我深切地体会到，即使我们年轻，经验缺失得"一无所有"，但是，只要是真正拥有对于儿童与工作的诚心，就可以在任何情况下面对孩子都能做到耐心、冷静、不倦，并为此而努力。

虽然平凡而且年轻，但是我们确信我们的心能够知道我们在做着什么；

我们确信我们能够对自己的教育行为做出恰当的衡量；我们把握并遵循着我们的教育直觉——一切出发点都基于对学生的关心与热爱……

这是不能偏离的，因为，这是教育的准绳。

二、投入与忘我

之后，我有七年时间是在西城区展览路第一小学度过的。

刚到那里，我做了一年的语文教师、班主任，有机会因为一个特殊学生小坤的转变初次感受到了文字的力量，并为后来在史家小学任教的十余年"日记教学"奠定了一个好的基点。但是，一年后，因为学校工作的需要，我成了一名音乐教师，一名在专家[①]指导下的童声合唱团指挥……为期整整六年。

至今，我一直庆幸在自己的生命结构中有一段音乐艺术的学习、教学经历，而且更加庆幸的是遇到了好的启蒙教师[②]。说起来，人在27岁时由《哈农练习曲》起步学钢琴，学五线谱，学试唱，学习和声，学习指挥，并梦想着考进中央音乐学院……这似乎是一个不靠谱的"玩笑"。

但是正因为有这个"玩笑"，我得以沉下心来，咬紧牙关，一往直前。在那段时间，我得以阅读大量的音乐家的著作和指挥家的传记（《指挥家的境界》《音乐的魅力》《论钢琴演奏》《孤独与超越》《音乐是不会死亡的》……），得以和音乐大师的作品静静相对，得以接触到当时音乐教育界

---

① 吴灵芬：中国合唱协会副理事长，中国音乐学院指挥系教授。20世纪60年代毕业于中央音乐学院指挥系，先后在北京河北梆子剧院、北京歌舞团交响乐团担任指挥工作，后调入中央音乐学院指挥系任副主任。

② 李燕生：西城少年之家手风琴教师，我国青年手风琴教育家之一，是我音乐学习的启蒙教师。在他的近乎严苛的科学训练与精心培养下，1989年起，我从零起步学习钢琴及音乐，于1993年6月考入中央音乐学院指挥系。

最好的音乐教育工作者、专家和指挥家 ①，更得以通过学习感受到了世界上伟大的音乐家们的天才、激情、魅力，从而获致了一种对艺术人生的深刻认识：伟大的艺术家们基于对于生活、艺术的终生的纯粹追求，最终迸发了生命潜在的天才、热情与力量……他们为人类贡献了如此之高的美丽境界，给予我们的生活一种真正宝贵的精神营养……

六年的时间，寒来暑往，我的教师生活中除了无休止的教学、排练、演出、比赛、练琴、上课、学习，还是无休止的教学、排练、演出、比赛、练琴、上课、学习……最终，展览路一小新月童声合唱团在区级比赛、市级比赛、国家级比赛、国际合唱节都获得了最好的奖项，而我也在 1993 年的 6 月考入了中央音乐学院指挥系，开始师从吴灵芬老师学习童声合唱指挥……

一个"玩笑"最终成就了一个"梦想"，如果不是自己亲身经历，我甚至觉得这是一件完全不可能的事情——音乐世界那梦境般的灵感以及无比严谨有序的构建规则，让我摒弃了曾有的工作中的那种不经意间的"想当然"，这种因为年轻的小小"狂妄"往往让我们轻视工作中许多必要的过程，忽略细节导致工作的粗糙与平庸。

学习音乐的过程是极为艰苦的，我曾对着巴赫的复调练习曲流过泪水，曾对着比赛的总谱彻夜难眠，曾对着音乐学院的期末考试题张皇失措，甚至连大三和弦都听不懂了……而获奖的时刻总是一瞬即逝，排练厅里挥汗如雨的日子更是四季如一……说实在的，对于半路出家的我来说，这样学音乐绝对是"疯狂"的，我开始领略一个目标可以这样难以企及！但是，我从中得到的启示却极为珍贵，以至于深刻地影响了我此后的工作作风——

我从中获致了一种做事的最基本的态度：笃实、扎实、务实；一种工

---

① 中央音乐学院指挥系杨鸿年教授、军艺声乐系张应教授都曾参与合唱团的指导工作。

作最基本的作风：有序、有效、恒心推进，持之以恒。滤去所有的"想当然"以及似是而非的平庸苟且之念，让自己做事的心不再毛躁，坦诚并且恳切。

我终于做好了担任一名合格班主任的基本准备。

三、温暖与践行

1995 年，在北京东城史家小学，我终于成了一名语文教师、班主任，这是一次全新的工作体验。之后十五年的一线班主任工作经历，让我超越了以往任何时候对"教师"这个角色内涵的基本认知，让我知道了"教育"是教师与学生"零距离、多角度、全方位"的一种生命互动：我们唤醒心灵，我们期待成长，我们引导生活，我们创造可能，我们弥补缺失，我们给予力量，我们成全学生……当我们用无比温暖的心怀拥抱一颗颗通向未来的童心的时候，我们便可以收获属于我们的幸福——因为我们最终成就了自己的职业初衷与愿景。

史家小学的门槛很高，由于学校对音乐教学的重视，四位音乐教师各司其职，秩序井然，我这个曾经的音乐教师在这里找不到自己的岗位。当时主管教学科研的是项红主任[①]，看了我的简历后，了解到我是个曾经获得过四个市级荣誉的大队辅导员、音乐教师，觉得应该可以到低年级教语文、当班主任。她让我完成一张低年级的试卷（现在想来，应该是笔试中的一项），在我做试卷的过程中，她看到我满手的繁体字，而且倒插笔，愣了，问我怎么回事。我如实告诉她，我曾经练了十年的《九成宫》（书法欧体的法帖），一时改不过来。她说，难怪，字是真不错，但是让你教低年级，学

[①] 项红，北京市语文特级教师，后任史家小学教育教学副校长。东城区首届"人民教师"，"北京市优秀教师"，"全国优秀教师"，曾获北京市精神文明奖章及北京市最高师德奖——"孟二冬式优秀教师"称号。

生也就毁了……最终，我被暂时搁置，直到暑假里我才接到通知，原来一位五年级的教师怀孕了，一个教学班出现了空岗，我终于获得了正式任职的机会，1995 年 9 月，我上任了。

54 名学生，一个满腔热情却几乎"零起步"的班主任、语文教师，一定是让学校揪着心的。但是，凭着对工作与学生的全情投入，凭着对教育教学整体模式有序有效的学习、探索、推进与构建，凭着以往练就的务实、扎实、笃实的工作态度，凭着"用心做到最好"的做人做事准则，我带的这个毕业班收获了可喜的成绩：在最后一届（1997 届）小学语文统考中，取得了骄人的成绩——38 名学生获得了语文作文的一类文，平均成绩在 92 分以上，在全区名列前茅。

1998 年，我带领我在史家小学任教的第二个教学班，获得了东城区首届"东兴杯"教学比赛高年级的一等奖[1]。1999 年，我出版了 13 万字的小学生在校日记专集《马方日记》[2]；我获得了北京市教学基本功比赛教案编制一等奖、综合素质全市第七名的好成绩。2000 年，我和项红老师共同开发的小学生综合实践课程"小学生探究性研究"在教育部立项，"小博士工程"成为北京市素质教育课程的重要成果之一。

我不相信任何成绩来源于偶然。当我回首作为班主任和语文教师最初几年的收获的时候，我思考并寻找着自己忘我工作取得成绩的关键支撑点：

在繁忙的工作中，我为什么会迷上"日记教学"，每天不厌其烦地阅读学生的日记，沉醉于给学生的日记写上有针对性的评语？并且躺在病床上为学生的日记出版做最后的编辑工作？

在接受一个混乱的班级时，我为什么要开通"家校直通车"，为着某一

---

[1] 1998 年首届东城区"东兴杯"教学大赛是现场决赛，高中低段各设一个一等奖。

[2] 华文出版社出版。

个、某几个学生的点滴进步和矫正倾情投入不计得失？

学习之余，我又为什么带领着学生将目光投向课堂外面的世界，让他们"家事国事天下事事事关心"？

此时，我再次重温了自己在工作最初写下的职业志愿：

以自己的努力，使我的每一个学生都获得益处，以至于对他的一生产生积极的影响……

在历经了二十多年一线班主任繁劳工作的磨砺，历经教育教学中的坎坷、失败与成功，经由无数次自我反思与觉悟之后，我渐渐褪去了曾有的对工作成果与业绩的虚幻的急功近利的贪求，内心里对"教育"这两个字肃然起敬，同时对教师角色的认识也更为清晰而具体。

小学教师，是学生学习生涯的启蒙者，是学生健康成长的陪伴者，从走进学生生命中的那一刻起，教师的作用就是举足轻重的。"传道受业解惑"，将关心、爱护、教诲、激励源源不断地带给学生，是教师的责任。"班主任"这三个字几乎等同于母亲，平凡、琐碎、细微，但对孩子的关爱始终无微不至；"班主任"这三个字又超越了母亲，因为除了母亲般的爱，还有来自教育者心灵智慧的特别力量。

1. 倾听，了解学生，始终保有一颗童心

教育不能高高在上，而应该是生动活泼的，不论是带班，还是带学生，教师心里要装着学生，用学生听得懂的语言，跟得上的步伐，喜闻乐见的形式。就比如节约粮食，我们起个名字叫作"零米粒"，学生一听就明白，做起来也很有趣味和劲头儿。七个毕业班下来，十八年一贯的坚持，小小的"零米粒"意义就真正地深入到学生的成长中。同样，我们班的"椅子鞋""小百家讲坛"和《小木桥》班刊……都是如此。甚至包括学生给我起的网络名字"蓝喵呜"，也是因为他们不拿我当外人。教师只有保有一颗童心，才能够倾听学生的心声，学生也才能够真正喜爱你。

2. 激励，尊重学生，始终给予正面引导

我们班的奖票多，种类多，形式多，发奖的理由多——每当学生有进步，他们会得到肯定和鼓励，如记事本上的留言、试卷上的评语、短信里的表扬、朋友圈中的嘉奖、我们师生约好的收藏奖等——作为一名教师，我和学生共同的约定是：勤奋，努力，用心，做最好的自己！我期待学生相信，在他的心灵深处，有一个最好的自己，而且，他会一直向着最好的自己走去。当然，挫折、障碍和困难是难免的，那时候，我就是他背后的力量和资源……这些年来，我一直坚持日记教学与作文教学的互动，让日记起步只有 26 个字的学生从中获得了力量，成为一名学习优秀者；让曾经"蹲班"两年的学生，走出了踟蹰的误区，获得了成功的体验；让几乎厌学的学生能够在全国作文比赛中获奖；带一个 46 人的毕业班，在曾经的统考中获得了 38 篇一类文的好成绩……文字是有力量的，激励是有魔力的，这魔力，是因为我们做到了以能养能，以爱育爱，以德培德，以心传心……

3. 榜样，以身作则，树立教育的神圣感

教师，是学生生命中最重要的人之一，许多细节、小事，会在不经意间对学生产生很深刻的影响。我的学生知道，在老师的心中，他们最重要，因为老师无论多忙，站在他们面前都是很精神的，认真地上课，悉心地和他们沟通，不忽略每一个人。记得 2006 年我开通了博客，两年多我给学生照了数千张照片，但是一次媒体采访向我要照片，我才发现竟没有一张自己的，记者只好来到班里给我拍照，在采访孩子们的时候，他边拍照边笑着问孩子们：怎么没有你们老师的照片呢，老师给你们拍了这么多，你们老师的呢？话音未落，班里的孩子竟然笑盈盈地回答道："喵呜就在我们的眼睛里……"

你眼里有学生，学生心里就有你，你能够以身作则，你就树立了教师神圣的温暖形象，这个形象，是有魅力的。

4. 勤奋，德才兼备，汲取文化智慧力量

学生都知道，他们的老师酷爱读书，爱读书的老师给他们最好的奖品和礼物也是书——在我的班级中，师生共读、经典共诵、美文赏读是我们最快乐的时光。现在我还坚持写纸质日记的习惯，每天多忙都会认真梳理一日工作。动笔，在静定之后的教育思考，让我有了温故知新的可能，或许如此，我的博客、朋友圈才成了工作的方便工具，几十万次的点击量以及每一天的班级教育故事、教育交流，成为我与学生、家长之间的一种凝聚方式，共话教育很平常，这种与家长和学生的平常日用般的沟通，让班级文化从教室走向了家家户户……《教育是温暖的》28 万字的著述就是这样水到渠成的，勤奋积累结果。我希望自己是一个勤奋的教师，一个能够汲取文化的智慧和力量的教师，我希望可以成为学生一生成长重要的资源……

四、怀抱初心　聆听童心

我告诫自己，只要是一名教师，就要在教育教学中耐得烦劳，耐得烦恼。我期望自己能够成为一名真正的教育者，单纯、专注、深入地投入工作：零距离、多角度、全方位地与学生的生命互动，以爱育爱，以能养能，以德培德，以心传心。

家长会上，我告诉孩子们的爸爸妈妈，我期望"了解每一个孩子的生活"，我愿意"让我的教室里每个孩子的心灯都点亮着"，我致力于让我的每一个学生心灵的灯光是明亮而不是黯淡的，如果黯淡了，我愿再次拨亮它……

我认为，儿童要有属于儿童的留得下童年色彩的学习生活记忆……这是教师工作的意义与价值之一。

我认为，学生应该是勤奋的、专注的、生动蓬勃的、欣欣向上的……

尤其是那些需要特别的爱的学生，对于他们而言，深入的教育应该是一对一的。我能够体察到一个被忽略了内在需求的学生，他一旦被关注，被爱护，当他的心声能够得到教师切实的回应的时候，他的精神面貌就会焕然一新……

学生的童年时光是如此宝贵！我渴望我的学生每一天在学校都拥有一定的收获……在未来，不论他们走到哪里，蓦然回首，还会感受到收获时心弦的拨动……

——是的，我明白这就是我的愿望，并且清楚地知道，我要为此做出力所能及的努力，因为我绝对不能够拒绝自己的心声。

——是的，这一切并不是为了什么夸赞与荣誉，只是为了教育者心灵深处的一份踏实、坦然。我们就如同上路的人在路上行走，要一步一步地向前，因为我们踏上的是一条求取教育真经的路。

——是的，教育和任何人类最美好的事物一样，它的本质是爱……而我们爱我们的学生，应该是无条件的。

所以，让我们沉静下来，静下心来，倾听来自每一个学生的心声，静静地聆听童心的呼唤……

名师档案

万 平

北京市东城区史家小学教师，北京市特级教师，正高级教师，市级学科带头人，东城区万平班主任工作室主持人，北师大"中国好老师"工作室主持人，教育部中小学骨干教师培训专题课程主持专家。2015年入选国家高层次人才特殊支持计划"领军人才"国家级教学名师。

工作四十年来，曾任少先队辅导员、音乐教师、语文教师及班主任、行政管理人员，曾被评为北京市首届十佳中小学班主任、北京市首届学生最喜爱的班主任，获"全国优秀教师""全国优秀中小学班主任"等荣誉称号。2011年个人著作《教育是温暖的》荣获第四届全国教育科学优秀成果二等奖。

万平老师秉持温暖教育的信念，以心传心，以德培德，以能养能，以爱育爱，让教师的爱成为儿童生命中温暖的力量，其事迹被《光明日报》《中国教师报》《中国教育报》《北京日报》《现代教育报》、中国教育电视台、北京电视台等多家媒体报道。

平凡坚守　逐梦"幸福+"教育

山东省枣庄市实验小学　于伟利

2021年4月26日,《中国教育报》"未来教育家成长计划"遴选结果公示,我是山东省唯一入选的(全国评选20人)。

从师范学校毕业后就怀揣梦想迈入了小学校园,从事教育工作二十余年,我用对教育事业的执着和对学生的热爱,对教育工作的责任感和事业心,用一个又一个教书育人方式方法的创新之举,铸就了小学教育事业的辉煌和精彩。

一粒种子的萌芽:父亲是我逐梦的引路人

1994年9月,我被分配到山东省枣庄市峄城镇徐楼村小学,怀着美丽的憧憬踏上了三尺讲台;1995年8月,调到枣庄师范附属小学,这一教就是十五年。

谈起为什么选择做老师,我至今仍会激动地说:"最初让我萌生教师理想的是我的父亲。他是一位小学教师,我父亲对教师这一职业认真负责的态度和严谨治学的精神,让我读懂了父亲对教育的执着,使我懂得了教师的无私与追求，我下定决心用自己的整个身心去做一名幸福优秀的教师。"

清华附小窦桂梅校长曾这样说："学校把整个班级交给你，你就要用整个的身心去做整个的教师。"当参加工作，踏入学校的大门，我就用这样的教育情怀严格要求自己，用自己的整个身心去做一名整个的幸福的教师！

在我看来，班主任的工作最有意义。因为，对于班主任来说，每一天的工作都是全新的。正是因为充满了不确定性，班主任才有创造教育故事的可能，才有和更多学生深入交流的机会，才会在不经意间收到很多惊喜。在这里，不妨引用我的一则教育案例，从中窥见一斑。

"报喜鸽"到我家

有一天，我上课时，学校喂养的一只爱心鸽飞进教室。很多学生的注意力都投向鸽子。此时，我并没有批评学生，而是温和地说："同学们，你们知道鸽子为什么在你们头上飞来飞去吗？"学生面面相觑。

我接着说："这是鸽恋花，因为你们是祖国的花朵。作为祖国的花朵，相信你们在课堂上一定会好好听讲的。"学生听了，都甜蜜地笑了，并且很快把注意力转移到听课上。

课后，我适时引导学生开展"鸽子"话题的讨论，并成立了"鸽子研究小组"，不断拓展延伸。此举不仅让学生对研究周围的昆虫、小动物产生了浓厚的兴趣，而且大大提高了他们的写作水平。

这个"爱心鸽"事件，还是我工作的一个重要转折点。通过这次事件的引导，我发现赏识、鼓励可以培养学生的自信心，让他们走向成功。

尝到甜头的我，从那时起，时时处处注意调整自己的教育方式方法，开展的赏识育人行动收到了很多意想不到的效果。

在我曾开展过的"我和班级每个孩子的心灵对话"活动中，我给每个学生发了一个小本子，并在本子的第一页上写了一段鼓励的话。

在张一凡的本子上，我写道："你不要把爸爸妈妈说'你在学习上是个最粗心的孩子'的话始终放在心上。最近，你可是班级里书写最出色的学生。不信，马上打开你的语文作业给爸爸妈妈看看，老师的评语全是'最漂亮'。"

在魏耀的本子上，我写着："课堂上，你是一个最忠实的听众。魏耀，还记得吗？那次，你的精彩发言，在班上竟引起了一场轰动；你的独到见解，得到大家经久不息的掌声，老师真佩服你的见多识广。"

......

43 个学生的本子上，我有 43 种不同的表达。学生读着我和他们的真诚对话，家长看着我和孩子的真心交流，心里涌出一股股暖流，都对我的用心教育赞叹不已。

2006 年，我被评为山东省十大教育创新人物。时常有人问我做班主任有哪些经验可以分享，其实我哪有什么妙招和法宝，只不过感觉班主任工作要有足够的爱心和耐心，还要善于抓住教育契机，注意方法和技巧。

一缕春风的清爽：严谨认真是我逐梦的态度

"教育是最具诗情画意的事业，因而教师要用天空般宽容的心胸、明镜般赏识的眼睛，去解读学生无穷的诗意，这样才会在平凡中创造出更多的幸福和精彩。"这是我最喜欢的一句话，我一直把教书育人作为追求幸福的最好方式。

2009 年 9 月，我调入山东省枣庄市实验学校。2014 年，又调至山东省枣庄市实验小学。

从一名普通的语文教师、班主任，到教研组长、年级主任、大队辅导员、学生工作处副主任、课程教学处副主任、教师发展处主任、副校长，再到今天的校长，我始终没有离开过我热爱的课堂。

在教学中，我努力把每一堂课都当作公开课去对待、去研究，从中体会教学、琢磨教学、享受教学。

听过我的课的很多人说，我的课堂教学就是这样，充满了阳光的味道，让学生在不知不觉中集中了精力，取得了良好的教学效果。

泰戈尔说过这样一句话：教育的目的，是向人传送生命的气息。只要一走进课堂，我就感到浑身上下散发着无穷的活力，激情澎湃。我认为，作为一名小学语文教师，重要的是守住自己的课堂。要努力让自己行走在诗意盎然的语文课中，随时向学生传递人文关怀、道德影响、家国情怀……引导学生学会感受、学会理解、学会表达、学会传递正能量，让学生感受到中国文化的博大精深、中国文字的震撼力量，从而树立起文化自信！

多年的教学实践，让我逐渐形成了"激情、阳光、扎实、和谐"的教学风格。2006年，我获得山东省优质课评比一等奖；2007年、2008年，两次获得全国优质课评比一等奖；2009年，执教全国教育艺术观摩课；2011年，获得"山东省教学能手"称号；2013年，荣获全国小学语文课堂教学大赛特等奖……

这一个个荣誉、一组组数据，无不印证着我成长的足迹。与此同时，我多次在全国、省、市执教示范课、观摩课，受邀开展教学教改讲座，给大家留下了深刻的印象，不少人说，听我的课，仿佛是一种艺术享受。

市教育局有关领导评价我："于伟利老师绝不仅仅把教育工作当作一种职业，而是作为一种追求幸福生活的方式，所以她有无穷无尽的动力。"是的，当沉浸在自己的课堂，与学生进行思维的碰撞，时时擦出灵感的火花时，当看着学生求知的眼神，分享着与学生、与文字、与作者的心灵对话，创造着属于自己独一无二的课堂时，我就感到特别兴奋！特别喜悦！我想这份兴奋与喜悦就是师生之间的幸福吧。

一杯茶茗的清香：阅读写作是我逐梦的厚度

于漪老师说：教师要有拼命汲取知识营养的素质与本领，犹如树木，把根须伸展到泥土中，吸取各种营养元素。只有自己知识富足，才能有机会让教育诗意地栖居。

我一直要求自己多读书，时常把"一个人的精神发展史就是他的阅读史"这句话挂在嘴边。在引领全校师生读书学习的同时，也更加关注自己读书。利用一切可以利用的时间，阅读了《走在教育的路上》《教育教学实践与探索》《静悄悄的革命》《小学语文教师》等多本书和杂志，我阅读着，积淀着，反思着，充实着，用优秀的文化给自己的人生涂上幸福的底色。

我从哲学书籍中体会先哲大师眼中的世界和宇宙，从文学名著中感知人性之美，从自然科学丛书中了解客观世界的奥妙，从艺术丛书中领略多彩艺术的魅力……读书使我深刻，读书使我的教育人生更加丰满，读书使我对教育、对学科教学不断产生新的理解。读书和学习，使我的教育教学思想日渐深邃。每一次从书中汲取营养的时候，我都感到了自己的怦然心动，体验到生命沉浸在思想、文字、深刻的人生哲理和美好的人性人道中！

在读书和教育教学中，我经常反思。

每节课下来，每次和学生谈心之后，都有得与失的感触和体会，有时有成功的灵感妙悟，我加以归纳总结、整理提炼。我把只能"意会"的感觉，通过总结概括变成可以"言传"的东西。经过细细梳理和用心思考，我对自己的教学经验、教育智慧和班级管理工作进行了细心的总结，我所撰写的 300 余篇教育教学文章分别在《中国教育报》《人民教育》《中小学教材教学》《小学教学研究》《小学教学设计》《语文教学与研究》《德育报》等几十家国家、省、市级专业学术刊物上发表，出版个人教育专著《弥漫花香的季节》，主编的《逐梦"幸福＋"教育》系列丛书 4 本由中国文史出版社出版。

我用阅读与写作编织着理想中的教书育人方法，我把教育当作一种幸福来追求，对教育工作的爱让我充满激情和力量，也让我收获了无数的掌声和喝彩。

一声鸟啼的欢唱：改革创新是我逐梦的深度

著名教育家苏霍姆林斯基指出：教育追求恒久性、终极性的价值就是培养真正的人，即让每一个培养出来的人，都能幸福地度过此生。

2018 年 5 月，我被评为教育部"双名工程"（教育部"国培计划"——中小学名师名校长领航工程）首期成员，接受了国家为期三年的培养，在北京师范大学培养基地朱旭东教授、杨明全教授等多位导师的指导下，我提出了"幸福＋"教育思想：即"以幸福为追求的教育不能仅仅满足于教育幸福，更为重要的是教育要服务于学生的幸福，与学生一起创造他们未来的幸福"。简单来说，就是基于核心素养打造适合师生发展的幸福教育生活，让儿童成为幸福的人。

"幸福＋"教育思想不单指向人类的情感——幸福感，还更多地指向一种追求幸福的能力，而这种能力恰是师生持续发展最重要的内在驱动力。

"＋"不仅代表着多元与融合，表明"幸福＋"教育思想应该是包容多元又彼此融合的；"＋"也代表着重塑与整合，表明"幸福＋"教育课程是打破学科界限又巧妙整合成一体的。"幸福＋"包含了学校、学生、教师等教育的各个方面，它连接着一切，在各幸福体内实现相互满足和相互认同。

在我的倡导下，山东省枣庄市实验小学开展了"课程整合"和"三三三"（三个特征：自由呼吸、健康成长、幸福绽放；三个层面：生活、生本、生命；三个步骤：预学、共学、拓学）学科教学模式的幸福实践与研究。

在整合过程中，重在打通单元内和跨单元，学科内和跨学科，以及相关拓展类的逻辑联系，紧密联系、延伸学科知识、生活实践、课内学习、课外拓展等诸多方面，想方设法激活学生的生本体验、生活积累和生命感悟的内在基因，力争让学生的素养提升成为可能并真正落地。

具体到实践中，我又总结出了单元内整合、跨单元整合、学科内整合、跨学科整合和拓展类整合的"五原则课程整合"方式。开发出"午写课程""七彩阅读课程""七彩校本课程"，并将整合后的课程形成学科"单元主题教学""校本主题教学"和"主题课程群教学"板块。

有学者说：享受生命成长是教师职业的独特幸福。我对这种幸福的体验特别深刻，因为我用自己对教育事业的执着和对学生的热爱，用自己对教育工作的责任感和事业心，不停地工作、不断地收获。

近年来，我先后被评为享受国务院政府特殊津贴专家、国家"万人计划"教学名师、全国著名特级教师、全国十佳班主任、全国三八红旗手、教育部"国培计划"——中小学名师名校长领航工程首期成员、全国骨干教师、全国优秀实验教师、山东省有突出贡献的中青年专家、齐鲁名师、齐鲁巾帼十杰等。同时，还成为教育部一线专家、教育部"国培计划"专家、教育部"班主任专业化"课题组专家、全国骨干教师成长讲师团特聘专家、教育部数字资源库专家等。

一捧花香的诗意：真情奉献是我逐梦的暖度

一花独放不是春，万紫千红春满园。作为山东省第一个入选国家"万人计划"教学名师的小学教师，我时时怀着一颗感恩的心，尽心尽力尽情做好各项工作。我深深懂得，一个人的成长只代表自己，带动大家共同成长才是我义不容辞的责任。奉献是一种美德，赠人玫瑰，手有余香。这是被需要的幸福。为此，我不仅帮助工作室的老师成长，也帮助学校里的每一位老师成长。

为促进学校教师的专业发展，我实施教师专业发展"梯队工程"的发展策略，强化教师培养过程，规范教师发展行为，激励教师自我成长，通过"三环路径"（外环历练"教学基本功"、中环锤炼"教育教学策略"、内环提炼"教育教学思想"），借助"三个平台"（汇报学习收获、分享读书体会、聆听窗外声音），培养"三格教师"（新任教师的"合格"培养、中青年教师的"升格"培养、骨干教师的"风格"培养），着力打造一支师德高尚、业务精湛、素养全面的教师队伍。

为深入贯彻习近平总书记指出的"要把发展教育扶贫作为治本之计"的具体要求，我先后到新疆、西藏等多个地区进行"援疆援藏送教"活动。

2019年，我被山东省教育厅遴选为山东省唯一的小学语文教师到西藏进行"援疆援藏送教"活动。在一周多的时间里，分别到了西藏的日喀则市小学、南木林县、桑珠孜区、白朗县、聂拉木等地执教观摩课，与当地教师同课异构，听取当地教师上课、评课、议课，讲座交流，等等。

同年10月，我作为教育部"国培计划"——中小学名师名校长领航工程首期成员，又被选派为"教育部帮扶凉山送教援培"工作成员，为四川省凉山彝族自治州的宁南县、会东县、普格县的支教教师和当地教师作报告、听课、评课、研讨交流、实地调研、问题诊断、现场座谈。

自2006年以来，我先后到全国30余个省、自治区、直辖市，就"班级管理""班主任成长""教师成长""师德教育""教育科研""小学语文教学"等方面讲学、作报告600余场；被推荐到澳大利亚、英国、德国等国家和我国香港特别行政区等地区学习、考察、交流。

如今，我成为教育部"国培计划"——中小学名师名校长领航工程首期成员，入选国家"未来教育家成长计划"，正思考如何成长为"教育家型教师"，并总结了自己的教育理念：

　　第一就是要有教育情怀。要想成为教育家，必须有自己的真正的教育情怀。就像苏霍姆林斯基，一辈子都躬行实践、亲力亲为。这种情怀让我对教育事业充满了热爱，有了更多的责任与担当。除此之外，教育情怀也包含要当好老师的一种使命，以及对教育的一种信仰和追求。

　　第二要有教育的话语权。这就要求教师要有自己的思维、自己的价值观、自己的实践创新能力和自我独立的判断能力。

　　第三要有社会影响力。《左传》中："太上有立德，其次有立功，其次有立言。"其实最重要的就是要追求一种师德，把师德放在第一位，然后再进行自我专业的"建功立业"，最后就会有教育成果产出，也就是说要著书立说。

　　今天的积蕴是为了明天的放飞。我勤勤恳恳地躬耕在教育的沃土上，给学生播下幸福的种子，让学生收获涵养一生幸福的能量，引领着他们向幸福的"大写的中国人"迈进。

名师档案

于伟利

　　山东省枣庄市实验小学党支部书记、校长，特级教师，正高级教师（二级教授），国家"万人计划"教学名师，享受国务院政府特殊津贴专家，全国教学名师，教育部"国培计划"——中小学名师名校长领航工程首期成员，获全国小学语文课堂教学大赛特等奖、全国十佳班主任、全国三八红旗手等荣誉。2021年4月入选国家"未来教育家成长计划"（全国评选20人）。山东省有突出贡献的中青年专家，山东省十大教育创新人物，山东省教学能手，齐鲁名师，齐鲁巾帼十杰。山东省党代表，山东省妇女十三大代表，山东省青联常委，山东省枣庄市人大代表等。教育部"国培计划"专家，教育部一线专家，教育部重点课题"班主任专业化"课题组专家，国家教育行政学院特聘专家，中国"骨干教师成长"讲师团特聘专家等。主持国家、省市级课题20余项，出版个人专著及编著10余部。应邀到全国30余个省、自治区、直辖市讲学、作报告。曾赴澳大利亚、英国、德国等国家和我国香港特别行政区等地区考察、学习、交流。

探究语文课改之道
培育一代智慧之花

北京师范大学实验小学　陈延军

　　我 1981 年中师毕业，凭着一心想当好教师的愿望，来到农村小学教书六年，单纯执着地全身心投入，4 次赢得省"优秀园丁"的荣誉，又于 1987 年到北京师范大学教育系读书，1991 年毕业后牢记恩师们的嘱托，铭记"学为人师，行为世范"的校训，来到实验小学任教。我扎根在这所小学三十年不动摇，以教育前辈、著名语文教育教学专家斯霞、霍懋征、于漪、李吉林等为榜样，教书育人，倾心小学语文教育，有滋有味引领学生"慧性"成长，享受着无限乐趣。

一、锤炼教学基本功

　　开放的生活视野、扎实的知识功底、过硬的教学能力、勤勉的教学态度、科学的教学方法，是做好教师的基本素质。我越来越认识到，做一名优秀的语文教师是需要多种独到的本领的。其中过硬的"读写"基本功，显得格外重要。这里的"读"，是指能读书、会读书、达到足够数量的经典阅读，也包括基本的朗读本领；"会写"是提笔能写文质兼美的各种文体的文章。

为了苦练教学基本功，我把功夫下在平时，毫不松懈。初做语文教师上课，可能教学不得要领，但是好的朗读示范，可以赢得好彩头。我从小生长在河北南部偏西和山西交界的乡村，许多字发音不准。为了练就朗诵的硬功，我扬长避短，充分利用我磁性嗓音的优势，用心练习。我经常观看朗诵艺术家的表演，感受朗诵文学作品的技巧；我注意聆听电视台播音员和主持人的播音，记录习惯性误读音，矫正自己的发音，掌握不同文章的朗读基调，并时时模仿和揣摩。语文教师和学生打交道最多，形象也很重要。在家里，我经常对着镜子练习微笑的表情、发音的嘴型，经常让家人帮助倾听、纠正；在学校，一有空隙我就声情并茂地练习朗诵。每遇到上大型展示课，课前，我不是急于备课，而是多遍朗读，进入角色，和文章作者实现心与心的沟通，做文中人，达到"文"而"化"之的效果。在此基础上的备课，显然要比照着教参讲深刻灵活得多。每年我利用寒暑假，分别将本学期的课文，在自己理解消化后逐篇朗读多遍，读到不打一个磕巴、没有一处重复、自己满意为止。听过我课的老师，都会为我有声有色的范读而留下印象。这全得益于平时的多读多练。

写作基本功是语文教师需要具备的另一基本素质。有人说，不会写作表达的老师上不好语文课，是很有道理的。写作不是一日之功，需要勤写多练。我从小偏爱理科，自己的写作功底比较薄弱。为了练就写作的基本功，我从最基础的小学生作文开始练起。要求学生写的作文，我都认真写"下水"文。这样能了解学生的写作困难，知道帮助学生什么。生活中，我养成了仔细观察生活的习惯，用多种感官观察事物，用文学的眼睛发现真善美，用个性的笔触赞美生活。我还经常拿每日写的内容和学生交流自己的写作体会。如，我写的20多首养花的诗篇，热爱生活、传达正能量、反映社会新风尚的作品，都受到学生的青睐，我便将我的创作美化，打印出来奖励进步的学生。

读和写，是我的教学生活中不可或缺的内容。

板书也在写的范围，这写字的功力，对语文教师同样是很重要的。小时候，我养成了横平竖直、一笔一画写字的习惯，这样写出的粉笔字比较生硬死板。我发现许多优秀教师的粉笔字都是以流利的楷书呈现，锋棱明显，如行云流水，挥洒自如，很是漂亮。为了练好粉笔字，我找来楷书字帖先练习走笔的行迹，养成有倾斜角度的书写。另外，我一有空隙就主动去请教书法老师，请他们指导我怎样写得好看。每次上课，我从整体出发设计板书，从字的大小、多少、色彩和位置等全方位设计。我每上完一节课，都能给学生留下字迹规范、美观的板书。听课老师听完课，都会和我在写有精心设计的板书的黑板面前合影留念。

走进我的课堂，无论朗读的语调、节奏，还是教师的教学语言，乃至板书，都能给听课者带来一种独特的享受，而这也正是一名优秀语文教师的基本素养。

二、提升自己读书素养

一名优秀教师要在学生心中有影响力，既要有胜任教学的深度的专业知识，又要有广博的通用知识和宽阔的生活视野。学科不同，教师的特色也不同。各学科教师必须学习善于做自己的事情，语文教师也不例外。学生核心素养的达成最终在于读书的积淀。小学生虽小，但随着年龄的增长，加上教育功能的透明化，家长和学生会判断教师一言一语的水准。

在知识爆炸的信息时代，"万维空间挑战三尺讲台"。要做一名好教师，自己所知道的必须大大超过要教给学生的知识技能的范围。我越来越认识到，学生往往可以原谅老师严厉刻板，但不能原谅老师学识浅薄。作为一名教师，仅仅靠吃自己的老本远远不够，必须不断开阔自己的视野，广泛涉猎各种与教学相关的知识。教学功夫在教学之外！我自觉践行"读书伴我一路行"，认真、勤奋、诚实、有选择地读书，为做好自己、提升自己、展示自己做充足的积淀。我努力通过读书提高自己的文学素养和文化素养，促进自己的教育行为由不自觉向自觉转变，促使自己的教学行为由随意无边转到积极健康的轨道上来。

为了能让自己多读书，我工作之余，经常到北师大图书馆和国家图书馆去读书、学习；利用工作间隙，经常在网上大量阅读。有时在外出的火车上、飞机上，也手不释卷。读书、学习时忘记吃饭是常有的事情。有人问我："你最喜爱什么？你经常去哪里？你最大的兴趣是什么？"我的回答是"书籍—书店—读书"。读书让我开阔了眼界，有了思考，形成了智慧，产生了思想。我常说：读书是我工作的需要，读书是我工作的状态，读书是我良好的习惯，读书是我前进的动力，读书是我精神的营养，读书是我做教师的资本，读书帮助我形成特色。

"博中有专，专中挑精，精略结合；读以致用，用以促读，读用结合"是我读书的经验。文、史、哲是我所读书中最爱的。如，《东周列国志》《三国演义》，简直可以说是智谋大全；《中国通史》《世界通史》，让我了解上下五千年，天下无限事；恩格斯的《自然辩证法》、康德的《宇宙发展史概论》、怀特海的《科学与近代世界》等，帮助我树立正确的人生观，使说话、做事比较辩证、客观、合理。又如，在工作和学习之余，抽空读几页曹雪芹的《红楼梦》、塞万提斯的《堂吉诃德》、屠格涅夫的《猎人笔记》、果戈理的《钦差大臣》，便觉心神飞越，仿佛进入另一境界，顿时忘却眼前的疲劳和困难。又如，《史记》的豪放，《庄子》的旷达，杜甫诗的严整，李清照词的婉约，都独具一格，斗奇争艳。在受到某一科研课题或者教学问题长期困扰而不得其解时，读一下这些作品，往往能使我头脑清醒，思路开阔，有助于产生新思想，发现新线索。

记录读书的瞬间感悟，是我多年养成的好习惯。过去多年，我的办公桌上、家中的茶几和床头柜上等摆得多的是纸条，就是书包里，见得多的也是纸条，上面经常记录我随时读书时的思考和感悟。后来手机大大方便了我记录，我经常把一些好的想法随时记在备忘录里。我时时记下感兴趣的句段、深刻的心得体会，时时思考对人生和教学的启迪帮助，时时把背诵的句段用在教学语言中。我感受到了读书带来的思考的快乐。读书让我的眼界开阔了，内涵丰富了，也使我的教育教学多了一些艺术。

三、心装献身事业引路人

榜样的力量是无穷的，教育新时代需要榜样引路。中办人才培养项目委托北大博士采访我时，问我是否关注其他行业的优秀人物，我毫不犹豫地回答：当然了。如今，各行各业的楷模非常多，每次在电视上看到"感动中国""时代楷模"等颁奖晚会，我都激情澎湃，热泪盈眶。他们的敬业精神影响着我，他们的大国情怀感染着我，他们的智慧启迪着我！多接触这些平凡而又不平凡的人，就拥有了一半做好教师的情怀。

同时，我非常关注语文教学发展的历史，其中包括每一阶段的代表性人物。语文教育史上有许多前辈值得我们敬仰。著名语文教学专家斯霞、霍懋征、于漪、李吉林等是我学习的榜样。"没有爱便没有教育。""工人爱机器，农民爱庄稼，解放军爱武器。""选择了教师，就选择了高尚，虽九死而不悔。""课不要只讲在课堂上，要讲在孩子的心上，成为他们素质的有机部分。"这些是他们对教师工作最通俗的诠释。前辈对学生的爱，对教育事业的执着，令我钦佩。我在北师大实验小学工作的三十多年里，有机会接触终生致力于中小学语文教育研究的专家，如人教社的袁微子、陈国雄、崔峦等先生，中央教科所的张田若、潘自由先生，北师大的刘锡庆、张锐、高慧莹、刘秀英、赵敏成等教授，华中师大的杨再隋教授，首师大的王云峰教授，华东师大的方智范教授，小语界四大名师贾志敏、于永正、支玉恒、靳家彦，还有海淀区、北京市以及全国各地多名语文教育专家、名师。可以说，对每位名师的研究和特色，我都基本了解。从他们身上，我感受到他们对语文教育的爱，更了解了语文教育教学领域的过去和今天、传统和创新，这为我的实践研究，乃至做好语文教师奠定了事业的基础。我经常说，青年教师要敢于和高人过招！一名优秀教师是有教学定力的，是不随便跟风的。《新中国 70 年的语文教育回顾与展望》一书，刊登了我撰写的《前进中的小学语文教学》一文，叙述了我和小语界前辈交往的桩桩件件。

我不断从他们身上汲取精神营养，他们也给我许多成长的机会。我立下志向：扎根一线不动摇，终生致力于"培养具有中国根的现代中国人"的实践和研究，做研究型的教师，做脚踏实地的党和人民满意的专家型教师！这就是我永远的语文教育梦想！

四、形成独特教学风格

近四十年的教学，我感到小学阶段是"立人"的基础阶段，是为人生奠定基础的六年。深深理解叶圣陶的"教育就是为了养成习惯"的含义。语文学习在小学有着举足轻重的作用，从语文教学来说，有效培养学生听说读写的良好习惯，培养他们的语文核心素养，是我们的无限探索。

2001 年，"十五"时期，课改给我带来了新认识、新思考。我认真学习课标精神，转变自己旧有的不合时宜的教学理念，转变过去所强调的教师教教材、知识技能教学，开始了为学生可持续发展着想，以学生为主体、全面提升核心素养的研究和探索。我不断学习课改新理念，如北师大裴娣娜教授倡导的"主体性教育""合作学习""快速阅读""个性化作文"等，研究和探索语文教学改革的新思路。我的市级课题"基于新课程标准下的语文综合素养发展性评价研究"，主张把学生推到课堂中央，把培养学生学科素养放在首位，增强自主合作探究的学习过程。课题研究促进了我的学习，革新了我的思想，也让我认识到，教材无非是个例子，不是唯一。用好教材，创新性地使用教材，是改革语文教学、提高课堂教学效率的前提。我开始转变过去那种围着教材转的条分缕析地肢解教材、追求完美课堂的做法，努力探寻"用有限的课时撬动无限的学时"新路径，引导学生学会主动学习。在后来的课堂观察中，我发现学生学了不少课文，量是大了，但是他们对语文兴趣不高，访谈学生后得知语文学习成就感不强制约了他们读写水平的提高。我每个学期听上百节不同的课，发现我们的语文教学死的、重复的东西很多。教师教得很苦，学生学得很累。减轻负担一直是困扰教学的问题。我寻思着，症结在哪里？我发现，多年来，教学手段新颖、花样翻新、课件唯美的课堂，炫人耳目、夺人眼球，但是学生语文实际获得和最终社会期待的质量还有很大的距离。我们的课越来越失去了语文本身的味道。

语文本该是生动活泼的。一篇篇课文、一本本书，充满着无穷的智慧，语言文字托起的智慧，应该是小学语文教师最要关注的。积累背诵固然重要，关注事理、关注情节的"是什么"等也很重要，但是教学生智慧思考、智慧学习，更为重要。语文教师是教给学生文学智慧的最直接的传授者。我们不能把大量时间用在无谓的重复学习和一个答案的回答上，否则会失去语文可爱的天性！于是，我开始了"智慧学习"的整体思考。我不断参加教学研讨会，上中国知网，集中搜集"智慧学习"类论文，拓展研究思路。我大胆探索富有教学智慧的新型课堂，以实现学生生动、活泼、主动地学习为根本目的，把学生看成学习的主人，引导学生通过积极的思维来分析、判断和总结语文学习门径，经过主动的学习实践来掌握和运用言语规律。引导每一个学生对语文课程发生兴趣，潜心智慧学习，不断探索，把自己的灵气、才气和思想释放、表现出来，从而使语文学习变得生动有趣。

新时代的语文课堂是"立德树人"的主战场。立什么"德"，树什么

"人"，内容为根。依托课本，"智慧"发现，学会学习是本。我的"慧性教学"思想的实质是使学生从一个"知"者不断地走向"智"者，使学生从"会"者走向"慧"者的过程。

我观察"智慧"教学与学生创新思维发展的相关度，观察干扰"慧性"生长的因素，研究"已知"和"未知"与"慧性"生长的关系，研究"知"和"智"、"会"和"慧"的关联，等等。我越来越认识到"智慧学习"，学会思维是前提，精心设问是关键。我开始研究精心设计、瞄准思维的智慧提问。比如《曹冲称象》只关注了什么样的大象、官员想法和曹冲想法的区别，没有关注曹冲的办法是怎么想出来的（听到了"沉"，看到了大石头，所以用了置换的办法），是远远不够的。我主持的教育部"十一五"重点课题的子课题"精心设计课堂提问的策略研究"，总结出对"精心设问"进行容量和节奏控制的方法，如：（1）数量和质量相统一；（2）主问题和支撑问题相结合；（3）全面、立体、动态地提问（看时机、看技巧、看质量、看联系、看间隔、看效果）。课题成果获得了一定的效果，产生了一定的社会效应。

我带领多位特级教师、市级学科骨干教师，把握学科本质，探索优质教学，正确处理教学形式和内容的轻重关系、思想和语文的关系，在把课文读好的基础上，多一些元认知的研究。首先通过分析、归纳去寻求作者的"原意"，提炼作品的意义，欣赏作品的艺术，进行"溯源性"理解；其次让自己沉浸到作品之中，做文中人，通过思维和精神的游历与探寻，形成独特的理解与感受，也就是注重生发性理解。

"守正出新教好语文"，是我的主张。我带领老师们明确"得法于课内，得益于课外"的语文优秀传统经验，实践单元整体备课。我倡导在小学阶段，名家名篇可以引导学生精读细讲，让学生获取名家读写的基本功力。根据语文教学规律，倡导一般课文取舍性地略读略讲，用一两节课学习2—3篇课文，大体了解内容，增长见闻，拎出主题，体悟表达，做到"1+X"的语文学习。注重阅读量的积累，引导各段学生读不同层次的书，鼓励学生读自己喜欢的书，一本书可用多种方法读，多元获得。

我上的 30 多节课成为近十年来的经典课，被刻成光盘，在全国、市、区多所学校推广。我的多节课获得各种级别的特等奖、一等奖。我做过大大小小各级各类研究课 126 节，朴实扎实的课风受到各界的好评。"陈延军语文课程"获教育部科技司"精品课程"奖。我的"智慧教学"研究取得了实效，也产生了一定影响。2014 年 12 月 24 日，中共海淀区教工委和教委为我召开了基础教育名家——"陈延军教育教学实践研讨会"，为我拍摄 15 分钟"为儿童开启智慧之门的行者"的专题片，宣传我一路走来献身教育的事迹。我的课堂教学《落花生》和报告"做语文教育创新永远的追梦人"引起参会领导、专家、老师的高度好评。我的专著《智慧灵性的小学语文教学》（清华大学出版社 2016 年版），是专门为青年教师教学量身定写的，全面总结了我从教以来的经验体会，成为 2016 年影响中国教师的 100 本图书之一。

2020 年我的市级课题"提升核心素养下的语文'慧性教学'研究"结题，获得北京教育学会优秀课题一等奖。

经过多年的潜心研究，我摸索了"慧性教学"的有效实践途径：（1）备课切入寻支点。其根本在于教师不是唯教参的教学，而是用自己的智慧、语文的自觉，去破解教材的"冰"，找准"智慧"生成点。（2）设计问题好而真。问题不在多，而在击中学生智慧的生长点。在分析学情的基础上，了解"已知"和"未知"，找准基础知识和创新思维发展和提升点，设计好而真的问题。学生知道的少讲，或者不讲。尽量让学生自读、自悟、自讲。即使学生"未知"，教师也尽量不讲到底，要创造情境、巧妙设问，搭设台阶，让学生揣摩。（3）教学程式不拘泥。"守正创新"教学是硬道理。"守正"是守住语文核心素养发展的正果，"创新"是抓住"实践与活动""合作与交往""差异发展"这些重大命题，探讨通过有效的教与学活动，个体与群体的交往活动，学生是如何学会学习、学会发展的。在强调教学过程的实践性、文化性及主体性等特质的基础上，将实践活动、交往、主体性作为理论基石，从而由知而"智"，由会到"慧"，最终发展学生的"智慧"。（4）评价体系有针对性。采用多元立体的方式评价课堂，评价教和学，共性评价和个性评价相结合。

"在教学和实践的结合点上做出成绩"，是北师大老师早年对我的期望，也是现代教师发展的需要。我始终站在一线教学岗位上认真教书，勤于思考，善于总结，对语文教学工作和科研工作有着极大的兴趣。我任现职以来，从"九五"到"十三五"，申报各级各类大小课题 17 个，均已结题。其中一项课题获国家级成果一等奖，一项课题获市级优秀课题一等奖，三项课题的研究报告获区级优秀成果奖。我撰写了 28 篇语文教育教学的专题论文，其中 4 篇获全国论文一等奖，16 篇获市级一等奖。我在市级以上刊物发表专业论文 28 篇，其中《古诗教学之我见》被《人民教育》《小学语文教师》《小学语文教与学》等转载。我出版的代表性个人专著有《培养学生的读写表现力》《小学语文教学理论和实践》《塑造灵魂的小学语文教育》《语文教坛永远的舞者》《智慧灵性的小学语文教学》等 5 本。

五、做青年教师带头人

我认识到，大家对优秀教师的期望是高的。因为你优秀，所以就会受到各方面的关注，就会听到来自各方面的评价。这绝对不是坏事，而是大家对你的爱。

名师不能只名在"外"。在学校，我做教科室主任，一方面坚持一线教学，一方面主持自己的研究，同时还要指导和引领我校教师走在科研和教学相结合的道路上，这是我的责任！学校青年教师学历高、素质高、起点高，为了继续促进他们的专业成长，提升整个实验小学语文教师的影响力，学校领导信任我，让我发挥作用，给我空间，帮助和引领更多的青年教师进步。我除了指导他们做课题研究、听课、备课、评课等，还给他们找机会，搭平台。我循循善诱，给予帮助，和青年教师一起成长，发挥"传、帮、带"作用。带领做课题，指导写论文、反思，"十三五"期间，学校各级各类立项课题 50 余项，在市区名列前茅。北师大实验小学多年来的科研工作在市、区取得了突出的成绩。2005 年以来，学校多次被评为北京市、海淀区"先进科研学校"；全校教师的讲课、论文获得各种级别的奖 530 余项，在市、区走在了前面。青年教师以课题带动研究，促进了教学，多名教师评上了市、区骨干。他们又带动了学校一大批教师在专业上快速成长，体验着职业的幸福感。

名师还要有名人效应。我是各级领导培养的。大学毕业三十年来，没有离开北师大实验小学，没有离开海淀这块沃土。我深知，没有党和人民多年对我的培养，就没有我今天的幸福。我是海淀区名师工作站导师组组长，四期十二年指导了 130 名教师的教学、科研，培养了研究能力。我在北京市和全国有多个工作室，在我的带领下，一批批学员同舟共济，经过努力，15 名教师被评为正高级教师，30 多名语文教师成长为特级教师，500 多名教师成为省、市、区骨干教师。

我做的工作得到了上级领导的肯定，获得了一些奖励。但这些并不重要，最让我欣慰的，是我教过的一拨拨学生长大了。他们无论走到哪里，都铭记着我对他们人生的教导，记得我上的语文课对他们幸福生活的影响。

一路上，我和小学生一样，和语文教育一起成长。近四十年的学习和实践，让我感受到做语文教师的莫大幸福。回首走过的成长路程，我逐渐认识到，教育是一门极富创造性的艺术。它没有捷径，没有重复，贵在"静心"和"精心"，"潜心"和"恒心"，"改革"和"创新"。我只是新长征路上的一名新手。"不管风云怎样变幻，我的追求不会改变！""扎根小学沃土，站稳三尺讲台"是我永远的定力。做专家型教师是我永远不变的语文教育梦想。我的语文教育梦想还没有完全实现，还需"百尺竿头，更进一步"！

　　我会在各级领导的关怀下，以时间为骏马，以荣誉为鞭子，事事从头开始，从零做起，谦虚谨慎、戒骄戒躁、马不停蹄、一如既往地为促进教育发展，为推动首都教育的均衡发展作出自己的贡献。

名师档案

陈延军

中共党员，北师大正高级教师，首都名师，全国模范教师，全国著名特级教师，国家"万人计划"教学名师，教育部"国培计划"专家，中国青少年写作教学研究会副秘书长，北京教育学会学术委员会副主任，北师大鲁迅研究中心特聘教授，北师大继续教育学院、首都师大初等教育学院兼职教授，团中央中少"精品阅读工程"特聘专家，北京市教育学会学校发展与学生学业评价研究分会小学语文项目组秘书长，北师大示范性教师"工作坊"高端研修项目语文总策划和首席专家，海淀区"基础教育名家"。

从事一线语文教学近四十年，深耕小学教育沃土，探究语文课改之道，积累了丰富的阅读和写作教学经验，形成了"慧性教学"独特风格，培养了一批批智慧的小学生，带出了一批批优秀的青年教师。承担 17 项区级以上研究课题，公开发表 28 篇教育教学学术论文，出版个人专著 5 本，其中《智慧灵性的小学语文教学》被评为 2016 年影响中国教师的 100 本书之一。

"慧" 爱学生

湖北省武汉市汉阳区钟家村小学　桂贤娣

　　我叫桂贤娣，59岁，武汉市汉阳区钟家村小学语文特级教师，班主任，湖北省首批正高级教师，国家"万人计划"教学名师，荣获50万元个人专项研究经费。曾获评全国十大教书育人楷模、全国劳动模范、全国第二批改革创新先锋教师、全国模范教师、全国五一劳动奖章、全国中小学优秀班主任等国家级荣誉，是湖北省人大代表、党代表，曾被武汉市委、武汉市人民政府授予全市唯一的"敬业爱生的模范班主任"称号，被武汉市教育局特聘为唯一的一名"班主任导师"，三次被武汉市委和湖北省教育厅树为重要典型。2015年，湖北省宣传部以我为原型拍摄电影《班主任》。近四十年来，我始终坚守在教育教学第一线，被誉为全国教坛常青树。

一、"慧"爱的教育

（一）提出"爱生三问"

　　多年在班主任工作岗位上，我乐于探索，勤于反思，对班主任爱生工作和方法做了深入的探究，提出了著名的"爱生三问"：一问桂老师，你爱你的学生吗？二问桂老师，你会爱你的学生吗？三问桂老师，你的学生感受到你的爱了吗？在 2011 年中央电视台教师节晚会上得到了中央领导李长春和刘延东同志的高度称赞。

（二）总结出"因生给爱十五法"

我根据孔老夫子提出的"因材施教"的教学原理，在实践探索中总结出"因生给爱十五法"：体弱生爱在关心；病残生爱在得体；过失生爱在信任；屡错生爱在耐心；向师生爱在珍惜；背师生爱在主动；个性生爱在尊重；普通生爱在鼓励；进步生爱在赏识；后进生爱在鞭策；单亲生爱在无痕；自尊生爱在隐秘等。这可能是国内外教育界第一次在爱生方面提出系列化的具体方法。多年的实践证明，这些方法效果良好。

"病残生爱在得体"。作为班主任，我特别关注那些有特殊生活经历或特别病史的学生。1999 年，聪明可爱的小女生因不幸身患癌症，经常做化疗，她满头的黑发脱落了。小女生害怕掉课太多，更舍不得老师和全班同学，但如此模样去见老师和同学，小女生犹豫了！我得知此事后，悄悄地送了一顶小红帽给她妈妈。第二天一早，"小红帽"在爸妈的陪伴下，羞涩而紧张地出现在教室门口时，她惊呆了，因为教室里的每一个同学都戴着与她一模一样的小红帽。在全班同学雷鸣般的掌声中，小女生灿烂地笑了，笑出了满脸的泪花。她的妈妈眼含泪花边给我鞠躬边说："谢谢！谢谢桂老师的良苦用心。"从那天起，我们班上总有五六个同学戴着小红帽上学，直到这个小女生又长出满头的秀发，我们班上的小红帽才正式下岗。

"单亲生爱在无痕"。陈强（化名）四年级转到我的班上，情绪很低落。我登门家访，原来他父母离婚了，孩子的外婆硬是逼着孩子改随母姓。母亲征询儿子意见，儿子不同意，这位年轻的母亲请我帮忙解决这个难题。

经过两周的思考后，我决定在班上召开班会，班会的主题是"谈谈我们的名字，体会长辈的爱"，孩子们侃侃而谈。

"我叫高歌，是我爷爷给我取的名，他希望我在成长的路上一路高歌。"

"我和我姐姐是双胞胎，我叫刘文，姐姐叫刘雅。长辈们希望我们成为文雅的淑女。"

……

快下课了，我发现还有几名学生没发言，其中就有陈强。我故意问："还有没有没讲的啊？"一连问了两次，几个孩子依然没有要讲的意思。我说："同学们，那我讲讲我的名字吧。我叫桂贤娣，我的大姐叫桂引娣，我的二姐叫桂有娣，说明我的父母很希望生个儿子。结果我一出生，又是个女儿，奶奶一怒之下就不许我随爸爸姓，要我随妈妈姓。所以我的户口本上有两个名字，一个是桂贤娣，一个是廖贤娣。"

"桂老师，一般名人都有两个名字。您看鲁迅，他还有一个名字叫周树人。"王琰抢着说。

"同学们，我是班上有两个名字的'大名人'，那我们班上有有两个名字的'小名人'吗？"我问道。

这时，陈强鼓足勇气站了起来："我叫陈强，这是随我爸爸姓的，我还有个名字叫王强，这是随我妈妈姓的。"

我三步并作两步来到他跟前，摸着孩子的头说："十年来都一直随爸爸姓，也算对得起爸爸了，那以后你就跟妈妈姓，让妈妈的心里也平衡点，你同意吗？"小家伙连忙答应说："同意。""那我们就叫你王强吧！"王强点点头。"那我叫你王强你得答应咯。""答应。"

"王强。"

"到。"

"来，我们全班同学都叫你王强，你答应吗？"

王强使劲点头。

全班同学一起大声喊："王强。"

"到。"

名字改过来了。

有人问我："桂老师，你的教育智慧是从哪里来的？"我回答说："如果我有教育智慧的话，那应该是爱。因为只有爱才是智慧的源泉。"

"个性生爱在尊重"。小范勇（化名）自尊心很强，最不喜欢被当面揭短，三年级的孩子就显出了极强的个性。

有一次，刚一上课，我后脚还没跨进教室，就看到教室第一、二组后面的学生几乎都离开了座位跑到了前面，有的还用手紧捂着鼻子，嘴里不住地叫着"好臭""难闻死了"……其实我一进教室也闻到了异味，但我绝不能露声色，因为我发现只有小范勇一个人趴在第一组的最后的座位上，一动不动，脸上的表情也不自然。我明白了八九分，脚步缓慢地朝讲台上走，任凭学生大呼小叫，我也"不闻不问"。等我走到讲台边，就"哎哟"一声，双脚渐渐软了下来，脸上露出难受的表情。这下，班上就全乱套了："桂老师，您怎么啦？！""桂老师，我们叫数学老师来送您去医院！"……我偷偷观察到学生的注意力已经转移到我身上了，就无力地摆摆手说："同学们不要怕！桂老师可能闹肠炎。哎哟，哎哟……班长，快上来给全班报听写。范勇，你妈妈是医生，快来把桂老师扶到办公室去，给你妈妈挂个电话，问她吃什么药好。"小范勇身子动了动，没站起来。我就提高嗓门，"哎哟，疼死我了！"同学们不依了："范勇，你磨蹭什么？""你想疼死桂老师呀！"……范勇终于站起来了，可走起路来极不自然。我确信了自己的猜想是对的，我庆幸自己的"阴谋"得逞。还没等范勇走到我跟前，我就一把抓住他的手："你快点！桂老师都快要疼死了。"师生俩一走出教室，我就将教室门一带，拽着范勇往厕所冲去。一进厕所，我问他，他点头；我扒他的裤子，没想到，三年级的小家伙死死地捂着腰部不松手。我贴着他的耳朵根说："桂老师和你妈妈没什么两样。""我……我……我怕臭你。""不洗干净不是更臭桂老师！快松手！"他松开了手。可刚等我把他的裤子脱下来,就听到了跑步声,小范勇很敏感,抓起脏兮兮的衣服要穿,我连忙将范勇和衣服一起,抱进了厕所的最里间,并嘱咐他赶紧插上门栓,不出声,等我到办公室拿了衣服就来。让他待在里面不动,上体育课的同学上完厕所就会走的。

安顿好了范勇,我从容地走出男厕所。高年级的几个小伙子笑嘻嘻地看了我两眼,其中一个调皮地问:"桂老师,您是不是走错门了?""桂老师没老到那个地步吧!我们班同学吐了,搞得你们男厕所的最里间有异味,我来洗洗。这不,找工具去!""我们俩帮忙。""傻小子,体育课也是课,此地不可久留。""遵命!"

等我将衣服拿来,给范勇换上内裤后问他:"外面的裤子不换,可不可以?"他连连点头。我们忙乎了一阵子,大大方方地进了教室。

从那以后,小范勇一见到我就挨到我身边。有时我到班上改作业,他就一直站在我的身边,靠着我。有时旁边的老师开玩笑:"桂老师没有儿子,她最喜欢儿子了,你给桂老师做儿子好不好?""不!"小家伙嘴里说不,身子却在我的胳膊上蹭来蹭去……我俩心里都明白:小范勇喜欢桂老师,桂老师喜欢小范勇!

(三)摸索出"生进师访"家访方法

家访是一项费时耗力的工作,但我却乐此不疲,坚持不懈地做了下来,并且总结出了"生进师访"的激励性家访策略:"学生进步,教师家访;学生再进步,教师再家访。"这种良性循环的办法改变了"教师家访,学生遭殃"的弊端,家访成了教师的乐事和学生的荣耀。

记得我刚工作不久,班上一个男生屡教不改,我决定家访。谁知道,当我拿着他告诉我的他的家庭住址前往时,却吃了闭门羹。这个门牌号码是错的,显然,学生在跟我耍心眼儿,这说明他拒绝我家访。这件事促使我改变家访策略,变报忧为报喜,变被动为主动。

如今，我每接一个新班，必利用暑假家访，尽快与家长取得联系，开学初在第一时间召开家长会，告诉家长我的手机号码，并宣布我家访的原则：一是"生进师访"；二是家访时间不超过 40 分钟；三是家访地点在孩子的房间，因为我要查看孩子学习、睡觉等情况。

多年的教育实践使我明白，那些品德、学习不佳的特殊学生和他们的家长，往往是最需要理解、尊重和鼓励的教育群体。作为班主任，一定要宽容、有耐心。

学生小赵成绩不好，尤其是作文，一开始几乎连话都写不清楚。每次，我都力求在他的作文里找几句通顺的话来表扬他。渐渐地，他的作文有了起色。一个周末，我带着他的作文本来到他家，我给他的评语是："看了你的这篇文章，我很高兴。你已经有了很大的进步。桂老师决定到你家家访，当面感谢你的家长，他们养了一个多聪明的儿子呀！你能在我的班级里，我很幸运！"小赵和妈妈看了评语，都乐得合不拢嘴。临走时，他妈妈把我叫到一边，悄悄地说："桂老师，小赵曾有两次拿过同学的文具，我批评他，他都不听。"我吃惊地问："你怎么不早告诉我？"她流着泪说："这些事以前我是绝对不会说的，您今天到我家里来，跟我像朋友一样，我也就无话不说。今后我一定全力配合。"

第二天，小赵笑着来交作文本，我看到他妈妈在上面写道："桂老师，您的家访和不一样的评语，都有助于孩子更加自信地成长。上周，小赵捡到了同学的书能主动交还给失主，他的确进步了，谢谢您，我和孩子会继续努力，不辜负您的期望！"

这是一个聪明的妈妈，这些话既是写给我看的，也是写给小赵看的。在这样和谐的教育氛围中，小赵有了更多令人欣喜的变化。

学困生小张自从我家访后，学习的劲头更足了，她自信地说："我要让桂老师多到我家来。"因为担心我家访不方便，她特意送给我一个手电筒。那年除夕，她的妈妈从老家打来长途电话说："桂老师，是您与众不同的家访，使我的孩子抬起了头。祝您一生平安！"

我在教师手记中这样写道："家长是孩子的第一任教师，他们最了解自己的孩子，他们是重要的教育资源。作为教师，做好家访工作，搭建与家长沟通的桥梁，充分调动家长的积极性，能够使我们的教育达到事半功倍的效果。"因此，近四十年来，我累计家访了多少人次，我自己也记不清了。在欢迎新园丁会上，有年轻教师这样问我："如今通信如此便捷发达，您为何还要家访？"我回答说："大灵通小灵通永远没有人灵通，再发达的高科技也永远代替不了人与人之间面对面真挚情感的交流。"

为此，《人民教育》记者这样评价我的"生进师访"激励性家访策略："……这是因为桂老师把老式的'学生犯错，老师家访'告状式家访倒过来，变成了'学生进步，老师家访；学生再进步，老师再家访'的激励性家访方法。此法变报忧为报喜，变被动为主动，当然备受学生、家长的欢迎。"

二、"慧"爱的教学

我在教学手记中说："教学，是教师的首要任务，是教师的第二生命。"

为了上好课，我规定自己没有被课文的内容和情感所打动，绝不给学生上。因此，我的很多教案是用泪水写出来的，感动得备不下去是常有的事，为此上课时的真情流露令许多老师折服。年轻教师问我："为什么您的课如此感人？"我坦诚地回答："我和课文中的一切都有着密切的关系，都有着深厚的感情，特别是文章中作者笔下的那些的确可歌可泣的角色，我没办法不为他们亦歌亦泣，因为性情中人并非草木。我备课时有了这样的情感，教学时怎会不激起学生强烈的感情共鸣呢？正所谓'动人心者，莫先乎情'，情不深，则无以惊心动魄。"

一分耕耘一分收获，当我的情感教学之路迈出第二个十年的时候，终于形成了独具风格的"小学语文情感教学"风格，即探索出"情真意切的语言，美丽动人的画面，悦耳动听的乐曲，声情并茂的朗读，发自肺腑的交流，妙趣横生的表演，情趣结合的练习"操作性极强的情感教学方法；总结出情感教学"感染、启智、晓理、激趣、移情"五种功能。

用爱心感染爱心，用人格影响人格，用心灵照亮心灵，用真情培育真情，这就是我桂贤娣老师"'慧'爱学生，情感育人"的理想追求。

名师档案

桂贤娣

　　1961年11月出生，1981年7月毕业于武汉师范学校，1995年3月毕业于华中师范大学，现任武汉市汉阳区钟家村小学特级教师，湖北省首批正高级教师。曾获国家"万人计划"教学名师，全国十大教书育人楷模，全国劳动模范，全国五一劳动奖章获得者，全国模范教师，全国优秀班主任，全国改革创新先锋教师，全国三八红旗手等。2016年以桂贤娣为原型拍摄的电影《班主任》首映，2018年公映。

成长之路，重在得"道"

江苏省徐州市大马路小学　刘杰

在很多人的眼中，我的成长道路是很平顺的，没有遇到过什么挫折，也没有什么大起大落。先是十多年的努力，再就是近年来不断的收获。荣誉就像潮水一样涌向我：国家"万人计划"教学名师、全国模范教师、全国优秀班主任、江苏省特级教师、江苏省名教师、江苏省先进工作者、苏教名家培养对象……同事们说："刘杰，你真顺！"是啊，这些年的确很"顺"：班级管理游刃有余，课堂教学得心应手，教育科研驾轻就熟，荣誉奖项不期而至……但是细细回顾二十多年来的努力，我也是逐渐蜕变、慢慢成长起来的。

一、明确发展目标，走上成长之"路"

1992年，我开始从事语文教学工作，第一次的学校汇报课，讲《瀑布》一课，我认认真真地备课，糊里糊涂地上下来。同事都对我这个"刚参加工作的"另眼相看；校长也说："小刘杰，你真行！"听到这样的评价，我喜不自胜，更加努力地工作，浑身有使不完的劲儿。没多久，区里来检查工作，学校推荐我上公开课，年轻的我贸然选了《十里长街送总理》，认认真真备课，结果上得很失败。一位听课的领导毫不客气地说："连基调都没把握住！"这句话将我打到"无底深渊"，学校再也不敢让我"展示"了，我也不再奢望领导能"看到"我，就这样"沉默"了六年。在这六年里，我带了三个毕业班——这对当时的年轻教师来说是很少见的，我只是凭着自己的良心踏踏实实把学生带好，在老师中属于"认真、能干、能拼"的类型。

1998 年 9 月，新任业务校长江苏省特级教师徐善俊找到我，问我是否愿意申报"区教学能手"，这让我大吃一惊："区教学能手？我？这是我想也不曾想过的……"看着徐校长期待的眼神，我嗫嚅地说："我……什么都没有呀？"他很惊讶："你什么都没有吗？公开课、文章都没有？"我惭愧万分，有点考试交白卷的感觉，但突然之间我就下定了决心，说了一句："徐校长，您给我一年时间，我明年一定申报！"徐校长笑着点头说："好，我等着！"

为了这份承诺、这个目标，我开始拼命买书、读书，在书籍中寻找写作的灵感。教育教学的书太多了，我也不知道应该读什么书，只是凭着自己的兴趣漫无目的地阅读。先后读了《教育漫话》《给教师的一百条建议》《语文教学艺术》……各种教育教学杂志也都拿来翻一翻。我一边读一边琢磨："这和我的工作有没有联系？能不能让我写点东西？"看书总会有收获，我看呀，写呀，课余时间都用来读书、写作、投稿，熬得很辛苦。

明确的发展目标，强烈的成长意识，点燃了潜藏在我内心的"超能量"，我就像拉满了弓弦的箭朝着目标飞射出去，势不可当。1999 年，我一共发表了 11 篇文章，虽然刊用的杂志名气不大，但对我来说是极大的鼓舞。1999 年 3 月，一个刊物的编辑打来电话，说要刊用我的文章，我的心情非常激动。从等待发表到拿到稿费的那一段时间里，我始终处于亢奋状态，经常捧着自己的文章一读再读。在当时，普通老师发表文章在学校里可是一件"大事"，由此，幸运的事情接踵而来，学校再次"看到"了我，区教研室也"看到"了我：先是论文在区里获一等奖，后是赛课获一等奖，接着又在徐州市鼓楼区的两次大型教学研讨会上执教了公开课。不久，我顺理成章地评上了"徐州市鼓楼区学科带头人"，超额完成"区教学能手"的目标。从那以后，我就养成了一个习惯——不断地给自己树立切实可行的目标，一个一个去完成。比如，要在一个月内转变某个学生，要在一个学期内深入开展班主任工作，要在一年里发表3—5篇高质量的文章，要在两年内让作文教学有所突破……无论是长期目标还是近期目标，我都按照计划有目的有步骤地进行，在实现一个个目标的过程中，我渐渐走上成长之路，也渐渐成长起来。

回想成长之初，我要特别感谢江苏省特级教师徐校长！没有他的鼓励和提醒，我可能还处在茫然的状态。由此我想说："亲爱的领导们，每一个老师都有发展的潜质，都渴望得到肯定和欣赏，请小心呵护年轻老师的工作热情，在他们遇到困难、遭遇失败的时候，多用期待的话语鼓励他们，他们就会动力十足，不断进步。"

我更想对年轻的同行们说："每个人都不会一帆风顺，即使在受挫的时候，也一定不要放弃自己的目标。朝着目标不断挺进，你就能够挖掘自己的潜能，迸发巨大的能量，从而走上成长之路！"

二、智者不断引领，拓宽成长之"路"

"和什么样的人在一起，就会有什么样的人生。和勤奋的人在一起，你不会懒惰；和积极的人在一起，你不会消沉；与智者同行，你会不同凡响；与高人为伍，你能登上巅峰。爱情、婚姻如此，家庭、事业也如此。"——这是我在成长历程中体验相当深刻的一段话。"问渠那得清如许，为有源头活水来"，不断地接近高人和智者，不懈地读书和学习，就会给自己注入源头活水，发现美丽而广阔的风景。

2001 年 9 月 18 日，我正式拜江苏省特级教师于永正老师为师，从那以后，我的成长得益于师父的一路引领。他曾经欣然在我的教学随笔本上写下了这样一段话："写三年教案，未必能成为一个优秀的教师；写三年教学札记，说不定能写出一位教育专家来。"自此以后，我就养成了做"思维体操"的习惯。2001 年 12 月，我代表鼓楼区参加徐州市语文优质课比赛，于永正老师和王晓虹师姐手把手地教我，在他们的指导下，我获得了徐州市语文优质课一等奖的好成绩！ 2002—2005 年，我参加了江苏省教育学院王铁军教授主持的江苏省重大课题"江苏省名校长、名教师成长机制与规律的整体结合研究"，主持子课题"名师于永正成长的个案研究"，我写了近三万字的研究报告，研究成果先后刊登在《小学语文教师》《湖南教育》《中国教师报》上。2007 年，我被评为江苏省特级教师，于老师在向我祝贺时语重心长地说："一定要带好自己的班，让学生喜欢你，让家长满意，否则什么名师都不是！"这句话一直铭刻在我心，所以我一直担任班主任，踏踏实实地在一线努力工作。2012 年，于老师从教 50 周年，作为徒弟，我有幸与师父同台执教，课后于老师握着我的手说："刘杰，你的课上得不错！上得不错！"2013 年 6 月，我参加南京师范大学特级教师高级研修班时，又与于老师偶遇，他在讲座中特意请我读"下水"文《冯骥才》，我的朗读给与会的老师留下了深刻的印象，于老师满意地说："找你读，找对了！"从那以后，我迷上了朗读，每每给年轻老师做朗读示范的时候，我总是想着于老师的朗读艺术……2017 年 12 月 8 日，于老师永远地离开了我们，我们心里都很难过！我知道，唯有不断地传承和发展于老师的教育思想和教学艺术，做好江苏省基础教育前瞻课题教学改革实验项目——"于永正'儿童的语文'教学思想的研究与推广"，才是对他老人家最好的回报！

在我的成长之路上，还有一位老师改变了我的成长轨迹，引领我从

"经验型教师"走向"研究型教师"，不断在高位发展。他，就是徐州市教育科学研究所前所长郑飞。2002年，我有幸聆听了郑所长"教师专业化发展"的专题讲座，其中提到"教师首先应该是一个教育工作者，其次才是学科教师。在师生共同度过的这一段生命的过程，要珍惜这种交往。影响学生、引导学生、帮助学生感受生活的美好，获取发展的力量"。这句话突然间"点醒"了我，让当了十年班主任、开始有点职业倦怠的我于困惑中找到了答案。2003年，我参加江苏省重点课题子课题的研究，从研究方案、研究思路到研究成果，郑所长都给予我很大的帮助，使我的研究报告受到课题主持人王教授的好评，郑所长充满期待地跟我说："我相信你一定能够成为一名特级教师！"2003—2006年，我又荣幸地加入了郑飞所长主持的江苏省"十五"规划重点课题"信息加工教学策略研究"的研究团队。在研究过程中，我懂得了只有理论指导下的课堂，教师的教学设计、教学行为才会有所依托，学生在情感、能力、知识方面才会得到更有效的发展和提升。2007年，我被评为江苏省特级教师，郑所长在祝贺的同时继续提出了他的期待："我相信你一定会做一个名副其实的特级教师！"2011年的10月，我在江苏师范大学省级农村校长培训班上做讲座，请郑所长给予指导。郑所长总结了我的长处，并提出宝贵意见，这些建议使我豁然开朗。2014年，我被评为全国模范教师、全国优秀班主任。郑所长祝贺的同时再次提出了他的期待："我认为你一定能够形成自己的风格，总结出自己的核心理念，影响更多的老师和学生……"我们学校的"名师工作室——自主成长团队"也得到郑所长的多次指导，他对我们学校重视教师专业发展极为赞赏，并对我团队中的每一个成员都给予了高度关注和真诚的期待："我相信大马路小学会出一批优秀的教师！你们每个人都会发展得很好！"

就这样，我和许多青年教师一样，在郑所长的期待和引领下慢慢成长起来。无论是工作还是生活，无论是做事还是做人，无论是教育学生还是教育孩子，他亦师亦友，让我受益匪浅，让我少走了很多弯路，少做了很多违反规律的事。

三、开展专题研究，掌握成长之"道"

道，是事物的本质与规律。万事万物的存在都有其本质特性，万事万物的运行都有其基本规律，教育教学也不例外。所谓教育教学之道，就是教育教学的本质和规律。教师只有学习规律，掌握规律，遵循规律，才会快速地发展。

我从工作的第二年至今一直都和课题打交道，1993 年，我参加学校教科研研究小组，参与"写字教学的激励性评价"研究。1994—1998 年，参与省级"九五"重点科研课题"教师教学技能的提高及在教学中的应用"研究。2000—2004 年，参与国家"十五"规划课题"研究型教师成长的实践研究"研究。2002—2005 年，主持江苏省级课题"江苏名校长、名教师成长机制与规律的整体结合研究"子课题"名师于永正成长的个案研究"。2003—2006 年，参与江苏省重点课题"信息加工策略"研究。2006—2009 年，参与省级课题"基于信息加工原理的有效教学研究"研究；独立主持徐州市重点课题"小学中高年级阅读教学中培养学生口头表达能力的策略的研究"。2010—2016 年，参与国家级课题"尊重理念下的自主习得教学模式的研究"。2017 年，参与江苏省基础教育前瞻课题教学改革实验项目"于永正'儿童的语文'教学思想的研究与推广"。2018 年，我主持徐州市规划课题"情趣作文，自主表达：于永正作文教学课例研究"。在一个又一个课题的参与、主持与研究中，我渐渐掌握了教育教学之道，逐渐成长起来。

写字教学是我研究的第一个课题，从 1992 年开始至今，我研究写字教学二十多年，无论外界怎么"风吹雨打"，我始终坚持"学生一定要写一手好字"的理念，带了那么多的班级，我不断地实践研究，渐渐掌握了中高年级学生写好字的规律，总结了一套学习方法，自编了一套教材，学生学起来简单高效，不仅减轻了负担，而且增加了乐趣。

提高学生的写作能力曾经是令我和学生都很头疼的事情。每每家长问道："刘老师，我孩子的作文总写不好，怎么办呢？"我常常哑口无言，因为我自己也说不清楚，这份苦恼折磨着我。我告诉自己：学生的写作一定有规律可循，教学生写好作文也一定是有方法的。我一定要攻克这一项难题。我观察周围的老师，发现有一位老师作文教学很突出，我就去听她的课，琢磨她的教法，再用到我的实践中。我买来关于作文教学的各种杂志、书籍认真阅读，找到给我启发的地方就记录下来，反复实践，总结经验。新加坡四年级一次作文考试的形式给了我灵感，江苏省特级教师袁浩的《袁浩小学作文教学心理研究与实践》给了我启发，同事的"作文无劣评价"的课题研究改变了我的理念……就这样，在实践前思考，在实践中体验，在实践后总结，我得到了写作教学之"道"。再接一个新班，没多久，家长反馈最多的就是："刘老师，太好了，我孩子现在不怕写作文了！"教了一两年，家长又会反馈："我孩子可喜欢写作文了！"每一次考试，我们班学生的作文都很占优势。有的学生甚至迷上了写作，甚至到了初中还会打电话告诉我，他们还在坚持写日记、写小说……

如何引导教师团队成长，这是我近几年深入思考和研究的问题。作为江苏省于永正语文教学研究所成员、江苏省基础教育前瞻性教学改革实验项目"于永正'儿童的语文'教学思想实践研究与创新推广"的核心成员，我带领徐州市各地精选出来的30余位"种子教师"成立了工作坊团队。我还带领着由鼓楼区20余位青年骨干组成的项目研究团队，同时带领着我校10余位教师组成的自主成长团队，2020年，我们的团队又被确立为江苏省"四有好教师团队"的省级重点培育团队。引领青年教师成长成了我义不容辞的责任，我更懂得遵循教师成长之道。于是，我们坚持遵从"系统读书＋实践反思＋勤奋写作＝教师成长之路"的公式，让读书成为教师自主成长的前提，让实践成为自主成长的源泉，让反思成为自主成长的关键，让写作成为自主成长的捷径。同时我拟写了《大马路小学名师工作室成长保险启示》，鼓励老师们注重阅读，不断实践，加强反思，笔耕不辍。我建于 2010 年的"秋雨桐"个人网站是动态的工作站、成果的辐射源和资源的生成站。目前，"秋雨桐"网站已经上传文章 3 000 余篇，回复 5 000 余条，点击量 90 万余次。在我的带动下，团队的教师们也都建立了个人博客、微信公众号等，定期更新文章。当年轻教师不断报告成长的好消息时，我知道那是因为团队的建设依循了管理之道；有道可循，才能帮助青年教师不断进步和发展。

在被评为国家"万人计划"教学名师的时候，激动之余，我告诉自己：这是我成长道路上的一个新的起点，我要继续踏踏实实做好班主任工作和语文教学工作，并认认真真带好市、区和学校的各个青年教师团队。这是我的做人"根本"，这是我的为师之"道"。

成长的道路，还会有许多值得探索的地方，我还需要坚持走好……

名师档案

刘 杰

本科学历，正高级教师，江苏徐州大马路小学教师，工作二十九年来一直担任小学语文教师和班主任工作。江苏省师范大学小学教育硕士研究生实践导师，江苏省劳模工匠讲师团成员。主持并参与多项国家级、省级课题和前瞻项目，发表国家级、省市级论文120余篇，出版《走向美好》《于永正作文教学经典课例评析》。先后被评为国家"万人计划"教学名师、全国模范教师、全国优秀班主任、江苏省特级教师、江苏省劳动模范、苏教名家培养对象，所带班级被授予"江苏省优秀少先队集体"，领衔的名师工作室被授予"江苏省示范性劳模工匠人才创新工作室"。个人网站"秋雨桐"浏览量90万余次。

践行理想初心，打造一间"没有门"的教室

浙江省丽水市实验学校　杨丽佳

"为中国人民谋幸福，为中华民族谋复兴"是我们这一代共产党人的初心。作为一名教师，我的初心又是什么？是一种孜孜以求的敬业精神，更是一种乐以忘忧的工作境界。

理想·初心："我就是要当老师"

从小，我就与别的孩子不一样。刚出生时，我右脸便长了一块黑黑的胎记，随着年龄增长，胎记越变越大，扩散到整张右脸，为此我没少被人嘲笑。小学一年级，我遇到了这辈子我觉得最好的老师——李慧芬老师。年轻的李老师用她博学的知识、母亲般的关爱，让我在一年级便定下人生理想：要当一名像李老师一样的小学老师！

理想扎下根，就再也没变过。

然而，脸上的胎记差点成为我教育理想的拦路虎。

1993年，初中毕业的我，毫不犹豫地报考了师范学校。然而就在如愿考上师范学校要过体检关之时，医生告诉我，因为脸上的胎记超过了3×3

平方厘米，我不能就读师范学校。这晴天霹雳，把我教育理想的天打塌了。然而，对教师有执着信念的我怎会接受命运的摆布？面试时，我以令人热血沸腾的即兴演讲《我就是要当老师》，让现场的老师为之动容！最后，我以面试第一名的成绩被浙江省松阳师范学校破格录取。

1998 年，我以省级优秀毕业生的优异成绩从师范学校毕业，正式成为缙云县实验小学的一名语文老师。刚入教坛，我就以火热的工作热情和开朗的性格赢得了同事和学生的喜爱。学生亲切地称我为"小杨老师"。

2000 年，是我当老师的第二年，我带的第一届学生还有一个月就毕业了。一天，由于身体不适，我到医院检查，医生竟诊断我得了脑瘤！这犹如当头棒喝，瞬间把我击垮了。接下来的日子，我不停地辗转于上海、杭州看病，在大家都觉得我要离开讲台之时，一个好消息传来——我没有得脑瘤，是医院误诊了！听闻这个消息，我喜极而泣，孩子们更是欢呼雀跃。但，命运似乎有心考验我，虽然我被误诊为脑瘤，但得了甲亢却是真的。因为得了甲亢，我眼球突出，晚上睡觉合不上眼，白天还经常流泪，为此我整整吃了七年的药，一天也不曾间断。其间妈妈劝我说："你得了甲亢，还不是因为累的。你天天晚上备课备到十二点多，每篇作文都这样一字一句地批改，怎能不累呢？要不换个清闲的工作，不要当老师了。"我一听，瞪着那本来就很大又突出的眼睛，斩钉截铁地说："什么工作也不换，我就是要当老师！"

生活的磨难是一种考验，当你回头看时，那些经历都是财富。的确，我的教师之路，可谓荆棘遍地，磨难重重。但不管是为医治胎记而受的痛苦，被误诊为脑瘤四处求医的辛酸，抑或是得了甲亢不间断吃七年药的煎熬……这一切的磨难，我都以一种异于常人的乐观扛了下来。也正因这些经历，我更珍惜和学生相处的每一刻，埋首自己的工作岗位，热爱从事的教育事业。我曾说："生活吻我以痛，但我要报之以歌。哪怕在人生最黑暗的时候，我也不会放弃我的理想，学生是我战胜病魔和困难最好的药方。"

理想·爱心："把爱心传下去"

一个好的环境，能给学生良好的教育熏陶。平日里我就喜欢让学生在行动中展示个性，陶冶情操。

入职第三年，我教小学四年级兼班主任。有件事至今记忆犹新。在上一节听说训练课的时候，有一道题目是："某贫困山区要建一所希望小学，你该怎样贡献自己的一份力量？"学生纷纷发表自己的意见。接着，我引导学生为县里的石笕手拉手希望小学的同学捐款捐物。下午的班队课上，我借此机会组织了题为"让爱传播"的班会。才一节课时间，学生捐的物品便把整个讲台堆满了。学生把它们扎成一捆捆，并写上祝福。放学后，几个班干部把所有物品分装成好几个塑料袋搬到邮电局，再装到大箱子里，寄到石笕手拉手希望小学……过了一个月，从石笕手拉手希望小学飞来一个大信封，同学们打开一看，里面装着一大堆信，那是给全班每个同学的！瞧，有的是用铅笔写的，有的写得很漂亮，有的还很稚嫩，甚至用上了拼音，还有的不知对方是男是女，性别也搞错了，可这又有什么关系呢？信里说学习用品已分发到困难学生手中，他们正在用呢！全班学生高兴得不得了，都为自己付出的爱心能发挥作用而兴奋不已！

接下去几年，我又组织学校与新疆教育学院附属小学、云南大理州实验小学、新疆新和丽水小学、青海省玉树藏族自治州玉树市小苏莽乡寄宿小学结成学习互助对子，让更多学生受益。2003 年 5 月，才 25 岁的我，就被中国少年先锋队全国工作委员会评为全国优秀少先队中队辅导员！

我教学生要有爱心，自己当然要以身作则。在爱与榜样的驱使下，二十余年来，我用自己微薄的工资资助了 10 余位孩子读初中、高中、大学。现在这些被资助的孩子有的已成为医生，有的成为银行职员，有的还在读书。

2009 年，我被浙江省关心下一代工作委员会和浙江省青少年英才奖励基金会授予"浙江省青少年英才奖"，并在省人民大会堂受到全国人大常委会原副委员长顾秀莲等领导的亲切接见和表彰。当大家钦佩于我的付出时，我说："教育者的初心，不仅是教授孩子学业，更要培养孩子成为一个有责任心、知感恩的人！我希望我能用自己微薄的力量让孩子感到爱的温暖，并让这爱在他们心中发芽、长叶、开花！"

理想·匠心："把这片树叶'听'出来"

"把这片树叶放到耳边听，可以听到流水哗哗的声音，还可听到树叶在树上快乐的时光……发挥你们的想象力，把这片树叶'听'出来。"看，这是我在上作文课呢！我告诉学生作文源于生活。"写作文真是件快乐的事。在杨老师的作文课上，每个人都能被表扬。"学生小刘兴奋地说。原来，每次批改完作文，我都会把每篇作文中的优秀语句打印出来，作为学生自己的"名人名言"，激发他们对写作的兴趣。

因为我的课风趣、大气，学生、老师都特别喜欢听。早在 2005 年，我执教作文课《记一件成功的事》，获得首届全国青年教师作文教学一等奖，并代表浙江赴河南上课。面对台下来自全国各地的两千多名老师，我并没有怯场，听课者的阵阵掌声便是对我的最大肯定。

有了一点名气后，来听我课的人也越来越多。我索性在学校里推出"杨大人开放日"，时间定在每周三。到了 2015 年，我的"开放日"变成了"开放周"，这样一来，听课老师就能系统听到一个主题单元的各种课型。如今，我的教室早已成了开放的课堂，每天都是开放日。这间敞开的教室大门，永远保持一股毫不保留的态度——无论哪节课，什么课型，老师都可随时推门听课。这样多样化、高强度的公开课，很受前来听课的老师的欢迎。甚至有老师专程从金华跟着我脱产学习。更有一位青田的谢老师，每周必抽出一天时间，驱车一个多小时来听课。《浙江教育报》的记者听说我的事迹，连着采访一天，为我写了一篇文章《一切皆语文》……我班的教室成了一间"没有门"的教室。

我感到站在讲台上才是我最快乐的时刻。正因如此，我将满腔热情都投入教学工作中，不仅总结出"习作教学六结合""习作讲评三要"等新型作文教学方法，参与的多项课题研究更多次获省、市一等奖，数十篇教学论文、教学设计、教学随笔在《小学语文教学》《小学教学设计》《教学月刊》等各类报刊上发表、获奖。我是《小学生优秀作文》杂志"特级教师开讲吧"专栏作者；我也是《作文新天地》杂志特聘小学生习作点评专家，《作文教学研究》杂志的封面人物。2017年6月，经十几年潜心探索后，我撰写的著作《小学生作文训练策略》由吉林大学出版社出版。

现在的我虽然忙忙碌碌，然而再忙也不丢下课堂。我每天把上课的板书发到朋友圈，让青年教师学习借鉴，"杨大人的精美板书"已达上百课，转发量达10万多次；我每周坚持对每个学生的作文精批细改，细致点评，一学期下来，点评的字数达20万；我每学期坚持上公益课，2020年假期，为全省的小朋友上作文公益课，其中的"疫情作文三部曲"之"最美逆行者""等疫情过后""生命的思考"公益作文课，全省观看量达10万人次以上。5月，我又参加了由团省委组织的浙江省少儿公益课堂的录制，《疫起奏响亲子爱的交响曲》在浙江少儿频道播出。

看着我忙碌的身影，身旁的同事总会劝道："你都是特级教师了，别上课了，指导青年教师就行了，身体要紧，别总那么拼命。"而我却认为，特级教师不是拿来摆着看的，必须做好表率；课一星期不上，课感就会变弱。在那间"没有门"的教室里，溢满的是我对教育喷薄而出的爱。

如今，以我名字命名的特级教师工作室也吸引了一大批骨干教师前来取经，我的名师引领作用慢慢向浙江乃至全国辐射开去；我提倡的"学思融合"阅读教学主张和"有物可写，有法可循，有趣可爱"习作教学方法，正在教师、学者的心中慢慢开花。受各方邀请，我到辽宁沈阳、黑龙江黑河、湖北十堰、上海、杭州等地共上过各级公开课数百节，做专题讲座数百场，得到广泛赞誉，许多课例被全省各地的听课老师整理成教学实录放在其博客、空间，不断转载、推广。

其实，能写一手漂亮小楷的我还是全国规范汉字书法协会会员，与人合作出版了《钢笔规范楷书教程》一书，由中国国际广播出版社正式出版，书中字例均由我书写；此外，我的《张黑女墓志》硬笔书法作品入选浙江省新编义务教育教科书《写字》二年级下册；由我自创的"近距离回宫格临摹"写字教学法在浙江省写字教学研究会上向全省推广。

理想·本心："为家乡的教育事业奉献自己的青春"

二十二年教学生涯，我付出了汗水，也收获了成功，全国模范教师、浙江省杰出教师等荣誉接踵而来。2017 年，我又入选国家"万人计划"教学名师，成为丽水为数不多的二类人才。我的教书育人先进事迹被《浙江教工》、丽水电视台、《处州晚报》、丽水信息网等媒体多次公开报道。

在众多荣誉面前，人很容易迷失自己。我时刻提醒自己，处在舒适场，更要时刻保持头脑清醒，不断告诫自己回到初心，不要在繁花似锦中迷失自己。

坚守本心，更难的是抵挡诱惑。从教二十二年，我遇到过很多诱惑。当我教学第四年获得全国优秀少先队辅导员的时候，就有别的单位来挖我，我回绝了；当我 31 岁评上全国模范教师的时候，有大城市向我抛来橄榄枝，我摇头了；而当我成为特级教师、正高级教师、国家级教学名师的时候，更多发达地区以特别优渥的待遇想高薪聘请我去任教。我告诫自己要静，面对金钱、地位等诱惑，要时刻牢记，是丽水教育这方沃土培养了我，现在正是回报家乡，为家乡教育洒热血的时候。我是一只飞翔在秀山绿谷里的白鹭，我愿为家乡丽水的教育事业挥洒汗水，奉献青春！我要用行动为青年教师提供前进的动力，也要让优秀、特级、杰出等词语散发更闪亮的光芒！

现在，学生、老师和家长都喜欢称我为"杨大人"。一声杨大人，流露的是大家对我发自内心的真情。我更应该坚守理想初心，博大教育胸襟，厚植职业情怀，打造一间"没有门"的教室，冬夏恒久，一世温良，驻足在最纯粹的灵魂深处。

名师档案

杨丽佳

1978年7月出生，浙江缙云人，正高二级教师，享受国务院特殊津贴，浙江省第十四次党代会代表，现任丽水市实验学校党总支书记，兼任浙江省教育工会副主席、丽水市妇联副主席。

荣获全国模范教师、国家"万人计划"教学名师、全国三八红旗手、全国教育系统巾帼建功标兵、全国五一巾帼标兵、全国优秀少先队辅导员、浙江省杰出教师、浙江省特级教师、丽水市杰出创新人才、"丽水之干"杰出人物。作为一名国家级教学名师，一直坚守教学一线，坚持"开放课堂"，教师、家长随时可进班听课，她的教室被称为"一间没有门的教室"；倡导"学思融合"的语文教学主张，形成了"扎实、精致、大气、激情"的语文课堂风格；热心公益，以自己的实际行动助力新冠肺炎疫情线上教学，形成广泛影响。

学做好老师

江苏省南京市琅琊路小学　周益民

　　最为无情是时间，不知不觉，我已经从那个众人口中的"小周"长成了年轻同行眼里的老教师。回首走过的路，深感做个好老师着实不易。我这么多年孜孜以求的，就是努力使自己成为一个真正的好老师。

　　好老师是什么样的？不同的站位似乎有不同的标准，管理部门甚至会有清晰的量化指标。而在我，最为看重的其实十分简单，就是人们口碑中的"好老师"。

一

　　同很多人一样，年少的时候，我也有偶像，也追星。不过，我的追星有点特别，除了通常意义的明星，我还追教师中的"明星"。斯霞、李吉林、左友仁、张平南……他们都很朴素，很安静，可是，在我心中，他们是光芒万丈的巨星。在我最初从教的日子，他们是我的指路灯，让我心中的那个"好老师"形象清晰可见。因为他们，我知道自己要去的方向，于是没有犹疑、没有顾盼。

　　如今回顾，他们对我的最大意义，在于让年轻的我看到了教育教学的魅力所在。"薪火相传""太阳底下最光辉"之类的口号毕竟过于抽象，过于遥远，而这些优秀教师以其高超的教学艺术和人格力量，真真切切地展现了教育教学的无穷魅力与辽阔天地，让年轻的我心驰神往。正是鉴于这种自身体验，我一直认为，帮助年轻教师体验到教师职业自身的魅力，是教师教育中最为紧要的。

　　我是如何"追"星的呢？20世纪90年代初，还没有网络，没有现在的海量资源，我找来相关的书籍、刊物，找来他们的教学录像带，反复阅读、观看，学校资料室几乎被我翻了个遍。那时候，对他们整体的教学理念、教学主张并没有多少理解，更多是沉醉于一个个生动的课堂教学片段，那些片段在我的心里被反复咀嚼、积淀，常常成为我津津乐道的话题。渐渐地，那些场景、那些片段内化为我个人意义的一种范式，无声地规范、引领着我的教学实践。一个人的成长总是从模仿开始的，经历过最初的亦步亦趋、东施效颦，才会有之后的顿悟与贯通吧。

　　我所在的学校十分重视青年教师的培养工作，其中，又尤为重视课堂教学，提出"向四十分钟要质量"。校长张兴华是要求严格的知名教学艺术家。老师们一般只知道他是培养了张齐华、徐斌等人的数学特级教师，其实，他最初申报并已获批的是语文特级教师。他就像雕刻家一般，对我们这群年轻教师精细打磨，教材理解、教学语言、问题设计、反馈评价，乃至眼神、手势，反复指点，不断训练。有一回，他指导一个年轻教师磨课，某句教学语言的语气表达总是不能如他意，竟反反复复练了三十多遍。还有一回，他邀请特级教师刘军老师来校上课，活动结束后，他组织我们回看刘老师的教学录像，聚焦课堂的即时评价，要我们谈感想，说启发。

　　现在常看到一种观点：将如此多的精力投放在上好课上，值得吗？课堂是学生极其重要的生命历程，教师为之不懈探求，同时获得自身的不断完善，这不该是应有之义吗？

二

1994 年 4 月，我得以参加杭州大学（现已合并至浙江大学）教育系主办的著名语文教育学者朱作仁教授语文教育思想研讨会。在研讨会上执教观摩课的，有于永正等著名特级教师，也有张伟、贺诚这些刚获全国赛课大奖的优秀青年教师。我是其中最年轻的，既感幸运，也压力巨大。

更让我惊讶的是，每日就餐时专家们对各种教育观点、教改实验的评述。因为是闲谈，所以随意、坦率，不乏尖锐。以前我所闻、所见的，几乎是确定的一种声音，我当然地认为，报刊上宣传的、书本上写着的，就是真理，压根儿没想过要去怀疑、去追问。记得当时有位专家就"注音识字、提前读写"实验提出诸条异议，其时"注音识字、提前读写"实验正如火如荼开展，我所在的学校就有实验班。原来，如此影响巨大的成果也有应该反思之处，这极大地震撼了我。

这次活动还让我遇到一件尴尬的事。当年，朱作仁教授呼吁小语课堂一定要有"写"的内容。我准备的是一节古诗教学。上课前一天，他拍着我的肩，叮嘱说，课上一定要安排学生默写。这下我慌了，我的设计走的是"情境体验"的路，加个默写不伦不类。不这么上吧，朱教授就在一旁听课呢，怎么交代？犹豫半天，我决定压缩前面的内容，最后安排默写，一堂课就那么稀里糊涂上了下来。大概由于我年轻，大家给予了很多鼓励，可我自己十分沮丧，本来，完全可以上得令自己满意些的。

现在看来，不同风格的教学思路并非不可调和，教学内容的临时调整也属常事，课堂教学不同于舞台艺术，不必追求观感的完美，而应该真正从学习者的角度考量教学内容与教学形式。但这的确成了我教学生涯的一个事件。

回到学校，我向张兴华校长汇报了研讨会的情况，诉说了我的困惑。

张校长批评我说，站在讲台前，不该患得患失，再大的专家、再大的学者，都应该视而不见，一心上好自己的课。你的课是为学生而上的，而不是上给某个专家听的。

冷静后反思，无论是对餐间议论的讶异，还是对课堂教学内容改动的彷徨，根本问题在于自己见识匮乏、视野狭窄，对教育和学科问题欠缺深刻的理解，片面追求技术与艺术，忽视了"学术"的支撑，没有主见，因而缺乏"定力"。教育，需要"诗"，更需要"思"。

我的专业阅读开始转变，由原先的纯实践经验类逐渐转向理念与理论。学校也成立了青年教师研究中心，大伙儿利用晚间、周日（那时还是单休制）时间集体学习、讨论，有时还就某个教育问题举办辩论会。教育，几乎就是我们的大部分生活。

三

最近，有两篇文章触动了我。

一篇是作家吴然先生多年前的随笔《圣野的批评》。文中，吴然先生深情讲述了老作家圣野先生评改自己作品语言的事情。圣野先生在信中说："你对幼儿文学的语言似有一些陌生"，"你要走进娃娃的天地，就得以娃娃之心为心，仔细做些体会，否则，写一辈子，也可能还在'门外'待着呢"。

吴然投去的散文是《草地联欢》，圣野将题目改为《草地上的联欢会》，说："加三个字就比较具体了，否则太成人化了。"散文的第一段，原文是：

一场夏雨过后，林中的草地上，多了些蘑菇娃娃们的小花伞。

圣野改为：

下过雨了，林子里的草地上，多了些小花朵，还多了些蘑菇娃娃的小花伞。

圣野说："一场夏雨过后"改为"下过雨了"，就要浅得多。幼儿不懂什么叫"夏雨"（夏天的雨）。"林中"，小孩子不懂，改成"林子里"，就要好接受一些。"娃娃们"，不加"们"，更幼儿化，"娃娃"也有多数的意思，幼儿很少用"娃娃们"。

另一篇，是我们区退休教研员朱老师在她的微信公众号讲述的一件事，事情的主人公恰是我的同事。

同事的孩子上三年级，一日，写了满满一页纸的作文，兴冲冲来到办公室递给妈妈。同事接过作文，急着去开会了。到了会场，同事开始阅读并细致修改了儿子的作文。回到家，儿子就扑上前问妈妈作文写得如何，眼里满是期待。同事将改后的作文还给儿子。儿子一看，哭了，"蓝作文都被你改成红作文了"。

这两篇文章再一次提醒我，我们的工作具有特殊性，它不以自我为中心，而要时刻惦念着教学的对象——学生。学生是教学活动的主体，每一个接受过教育学学习的人都知道这点，然而，将这种理念真正转化为行动却要一番努力。把儿童视为完整的生命个体，发自内心地去关注，去尊重，看似虚无，其实有着最基本的衡量方式。比如，我们可以这样问问自己：你知道儿童能听懂什么样的话吗？你知道儿童的心里在想什么吗？你知道他们的需求吗？

刚参加工作的时候，张兴华校长要求我们坚持收听电台的少儿节目，注意电台主持人说话的语气、语调，学习他们的话语方式。他一直提醒我们，与孩子交谈是一门学问。这一点，数学特级教师徐斌在回忆文章中也曾提及。

有一回在李吉林老师那儿，学校一个年轻老师拿了份教案来请教。李老师接过教案，读起了导语。这是篇写春天的课文，教师的教案语言仿佛一篇散文诗，十分精美。李老师却问，这些优美的话是说给谁听的？这样的书面表达，低年级学生一下子能听进去吗？"小朋友，这几天，天气渐渐地暖和了，你们去小河边了吗？看到柳树抽芽了吗？春天已经来到我们身边啦！"要这样，亲切地交谈，就像拉家常一样，说孩子能明白的话，不知不觉，就把他们拉到情境之中了。

研究学生，关注学生，尊重学生，从学生出发，成了我牢记的信条。

四

2006 年 12 月 27 日，中央教科所深圳南山附校，首届"课程建设精英论坛（文化专题）"在此举行，学界精英云集。我有幸为论坛提供研究课堂，执教金波先生童话名作《乌丢丢的奇遇》片段。听课中，有著名哲学家、同济大学博士生导师陈家琪先生。

晚上是"得意忘言"文化沙龙，大家自然谈及我的课。其间，有个博士对文本本身的价值取向提出疑问，引起众人讨论。轮到陈家琪先生发言了。我很好奇，同时有点忐忑，哲学家似乎就是为着思辨而生，使用着不同于我们的话语方式，深奥地讨论那些生与死、存在与意识的玄妙命题，他们会怎样剖析一堂小学语文课呢？孰料，陈先生转头问我，是否注意到有一个男孩的嗓子很沙哑。我一愣，回想起课堂发言的学生中，确实有个男孩嗓子很哑，当时心里还有点奇怪。陈先生接着说："你最好问问他嗓子为什么那么哑，是否需要吃些响声丸之类。"看着他笑意盈盈的目光，我一下子有些呆住了。当我们使劲地想用那些所谓的理论武装自己的时候，未曾想真正的思想者如此平实与真切。

我们在课堂上关注的是什么呢？是教学内容。我们当然也关注学生，可是，我们关注的多是学生对学习内容的掌握情况，进一步地，我们也开始关注学生的学习方式、学习机会，可是，我们关注他们学习时的情绪波动了吗？关注他们课堂上的身体感受了吗？核心问题就是，我们将学生作为一个完整意义上的"人"来看待了吗？我们将课堂教学看作一种生命之间的交往了吗？

对学生的关爱应是现实的、具体的、细节的、当下的。陈家琪先生给我上了深刻的一课。他让我意识到，我的课堂还应该发生改变。

五

20 世纪 90 年代，各界对中小学语文教学展开了大讨论，其中一点是批评语文课程的封闭性，语文课程在学校教育中等于一本教科书。21 世纪初叶，一批有识之士开始大力推动儿童阅读，普及国内外经典儿童文学作品。我敏锐地捕捉到了这一信息，意识到儿童阅读之于儿童成长的意义。适逢国家课程改革为教师开发课程提供了空间与可能，于是，从 2002 年起，我满腔热情地投入儿童阅读的行动中。学校对我的这一探索给予了很大的关切与支持，并于 2004 年 9 月成立了儿童阅读研究中心，尝试以教师工作室的形式带动学校该领域的整体研究。

"在童年时代找到喜爱的作家""让孩子们拥有自己的书"，秉承着这样的理想，我们建起了班级小书吧，办起了校园阅读小报。一大批知名儿童文学作家先后走进了我们的课堂，他们坐在教室里倾听孩子和老师谈论自己的作品，孩子和老师也因为这特殊的听课者而备感兴奋。

班级读书会是我们着力探索的一种阅读课程形态。我们借鉴外地经验，努力创出自己的特色。2003 年，我带领班级学生有计划地阅读儿童长篇小说《我要做好孩子》，完成了一份完整的班级读书会文本材料，当时这在国内还比较少见。2004 年 9 月，我应邀赴北京参加在中国现代文学馆召开的"加强未成年人思想道德建设——文学在线"活动，汇报了自己的实践体会，得到诸多儿童文学界人士的肯定。之后，我执教的《小王子》等读书会课例在小语界引起了一定反响。

在推动儿童阅读的过程中，我们不仅阅读大量儿童文学经典作品，而且研读儿童文学理论，儿童观、教育观、阅读观等都发生了不小的变化。可以说，儿童文学不仅是我们的教学内容，也是一种方法，更是一种理念。

作为非物质文化遗产的民间文学作品，是民族的文化之根，包含着丰富的生活经验、民众情感和历史价值。女娲造人、嫦娥奔月、牛郎织女、孟姜女哭长城……这些散发着泥土芳香的故事曾经陪伴着一代代人成长，成为永远的记忆。2007 年，因为一次传统节日的课程设计，我感觉到了民间文学对于儿童成长的意义，在进一步的理论学习后，我坚定了将民间文学引入语文课程的设想。我尝试着将神话、传说、故事、歌谣等民间文学样式带入课堂，受到学生热烈欢迎。与此同时，适时引入诸如对歌、相声、快板、西河大鼓、戏曲等民间语言艺术形式，甚至方言诵读，既增强了情趣，更让现代疏离田园的学生嗅到了泥土的芳香。2012 年，我在上海教育出版社出版了《回到话语之乡》（2017 年，华东师范大学出版社以《静悄悄的课程建设——周益民语文课谱》再版），被称为国内第一本民间文学课例集。

学做好老师，永远在路上。

名师档案

周益民

　　任教于南京市琅琊路小学，特级教师，国家"万人计划"教学名师，被中国教育报评为"2010年推动读书十大人物"，2012年被评为南京市鼓楼区首批杰出教师。获南京市新世纪教书育人楷模提名奖、江苏省优秀教育工作者称号，被聘为澳门《中国语文》教材小学中段主编。应邀赴国内数十个城市及马来西亚讲学，执教观摩课。著有《静悄悄的课程建设——周益民语文课谱》《造梦课堂：创意语文13节》《童年爱上一本书——教师、父母如何伴读》《我与课堂》等书。

我和"灵动语文"的故事

浙江省温州市籀园小学　林乐珍

　　扎实、灵动，看似矛盾的一对词语，在我的成长里恰恰是一脉相承。灵动语文就是在扎实、灵动间相互吸纳，在吸纳中融会贯通，成为自己的特质。以下从三个阶段分享我的成长故事。

第一阶段：关注艺术，把握课堂活动现场

　　初涉教坛，朦胧中有一份憧憬：学生在课堂上神思飞扬、倾情交流是我多么渴望的美！于是，寻找、创造这种美成了我最初探索的方向。当我试图概括我的教学追求时，四个字从我的心灵中喷薄而出：灵动语文！

　　我期盼用文字来诠释灵动语文。灵动语文的一个很重要的特点就是"对话"。语文课程标准中说："阅读教学是学生、教师、文本之间对话的过程。"其包含的三层含义可用来阐述灵动语文的三重境界和策略生成："教师与文本对话"，才有了巧妙创新的课堂教学设计，这是灵动语文最扎实的根基；"学生与文本对话"，在这个过程中展开灵活扎实的言语实践，理解、积累和运用祖国语言；"师生、生生、人机等对话"，这个过程需要教师做

出机智的学情应变；由此，教学走向灵动。

2006 年，我最爱的父亲离开一周年。他生前一直激励我发展专业，为了得到慰藉，我正式出版了人生第一本专著《感悟：灵动语文》，尽管是那么稚嫩，但这一切都折射了我在小学语文教学改革征途中走过的路。

这一段历程，我对"感悟"两个字特别有体会。因感触而领悟。"感"，横向实践的积累与探索；"悟"，纵向理论的提升与研究。因为有"悟"，"感"有了深度，不再盲目；因为有"感"，"悟"得以诠释，不再苍白。我这一路，就是不断地在"感"与"悟"之间架设桥梁，在"悟"与"感"的纵横坐标间寻求支点。

第二阶段：支持学习，从带领者转向促成者

人都是在梳理中不断进步的。正是在这种梳理中，我发现我所追求的灵动语文还仅仅停留在关注教学艺术，把握课堂现场上。怎样让教师从带领者转向促成者，怎样让教材支持学生的自主学习，让"教"真正服务于"学"？我开始以"助学稿"为抓手，进行了诸多阶段创造性的探索。

探索一：关注目标层级聚焦的"助学稿"设计

2006 年，我评上了浙江省特级教师，负责全校语文学科教研，我必须自己想明白，才能带领团队做明白。我开始梳理当时全校各教研组教研点，赫然发现，我们的教学也仅停留在"教"的层面。而随后的调研中又发现，老师们在备课时课标意识淡薄，找不到课文的核心内容。

因此，"关注目标的层级聚焦"成了我们教研的焦点。我们在理解梳理课标的基础上，提出语文学习内容是"点式"达成的。在解读课标基础上进行的目标分类，明确了课文不同核心内容的定位，为分析课文的教学价值提供了支架。有了这样的把握，每一节课就会相对有效。

当我们在"特级教师大讲堂"、省教育厅"送培进疆"等活动中推广我们的阶段成果时,很多老师给了我们"茅塞顿开""醍醐灌顶"等高度评价,这让我深刻认识到自己研究的价值。

探索二:基于学生阅读期待的"助学稿"设计

2008 年,我负责教科研工作。职责的转变和研究团队的变化促使我不得不重新思考这项研究。教学是什么?还有什么需要突破的,我们最需要到哪里去?当时我的研究团队是我的一批"发烧友",有校内的,也有校外的,这批人基本上已有一定的教学积淀。如果说前面的研究定位是普及化的团队教研,那么这个时候我更应该做的是进一步的深化研修。

我们发现,通过以上的目标定位,我们基本上能把握一篇课文学生要学的内容是在某个范围,但学习是学生头脑中"未知"与"已知"的矛盾。在学情分析中,我们往往会关注学生的"原有认知"与"认知的规律",而恰恰忽略了最重要的"学习期待的分析"。如果说学生原有认知是"现在在哪里",那么学习期待就是"要到哪里去",而认知规律的分析就是"怎么去"。这一段研究,关注学习期待的分析开阔了学情分析的视野,为定位"学什么""怎么学"提供了清晰的路径,教学从有效走向高效。

按照这样的思路,我们推出了一系列的精品课,在全国、省市会议上深受好评。当我们受邀赴湖州等多个地方做语文教师全员培训时,大家都觉得挺有感觉。当一项成果能指导更广泛的实践,我觉得这就是它的价值所在。

探索三:立足课程重构的"助学稿"设计

一方面,2010 年,我受命带领温州市首批名师工作室,这一批学员是我从一叠申报材料中挑选出来的,各县市就选一个,他们自然都是佼佼者,回到本地都要担负引领所在的学校乃至整个县市语文教研的任务。另一方面,前期的研究成果又获得了浙江省基础教育成果一等奖,被确立为首批成果推广应用课题。可见，这个时候的研究，我更多考虑的是引领辐射。

在推广前面两个研究维度的基础上，我们开始从学生学习的原点出发，跳出教材，调整、重组、补充、完善，重构课程。于是，儿童诗、写作微课程等一个个微课程连点成线，连线成面。教学从有效、高效，走向了灵动。

这个阶段一直延续到 2016 年。可以说这十年，我就做了这么一张图（图 1），出了一本书《基于"助学稿"的小学语文"学习设计"》。

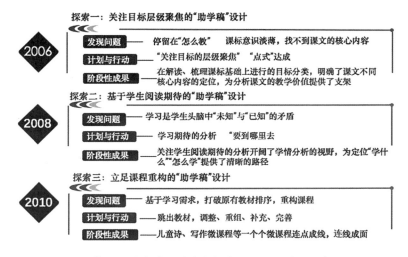

图 1 基于"助学稿"的小学语文"学习设计"研究历程

最深刻的体会就是，像这样，问题源于日常工作、契合当时的工作背景的研究，一线老师可以发挥自己得天独厚的优势。恰恰是这些研究过程中创生的建设性的理解与体验，铸就了研究的生命活力，这些我们自己的"思想"，才是我们的优势。这个阶段的一系列经历、方法、逻辑，逐渐成为我内心的积淀，为我后阶段的思考打下了扎实的基础。

第三阶段：基于任务，促成学生整体性学习

2016 年，为响应温州市政府"东部教育三年提升行动"，温州市政府

和市教育局牵头，创办了温州市籀园小学滨海分校，我受命负责全面工作，发挥优质教育的辐射作用。肩头是沉甸甸的担当和使命，如何带好团队？如何为每一个学生负责？我们借《失落的一角》，提出"寻找我的一角，发现美的世界"的办学理念，生动诠释"创适合每个学生发展的教育""做最好的自己"的价值追求，我们希望师生都能在这里寻找到自己的一角，不一定圆满，但都在努力地寻找，在无限接近中收获一路美好。在这样的背景下，灵动语文又该有怎样的发展？

我开始进一步解读、深化课改文件，开始系统梳理核心素养体系，为自己的行为寻找学理依据：促进核心素养提升的教学变革要求教师从课程视角思考教学，要求从碎片化的学习向整体性的学习转变，从单一学科转变为跨学科融合，让学生经历多样化的学习方式。当我从这个站位再去看前期研究的教材教学（图2），很显然，我成长中原有的二维结构还是单一的、平面的，这样的结构在后续前行的过程中必然容易动摇和偏离。

工作实践	研究思考
第一阶段（1989.8—2006.1） 灵动语文的三重境界和策略生成 （教师、学生、文本的多元对话）	第一阶段（1989.8—2006.1） 关注艺术，把握课堂活动现场 （《感悟：灵动语文》）
第二阶段（2006.1—2010.1） 小学语文阅读教学内容的二次开发 （关注目标层级聚焦的"学习设计" 基于学习期待的"学习设计"）	第二阶段（2006.1—2016.1） 支持学习，从带领者转向促成者 （《基于"助学稿"的小学语文"学习设计"》）
第三阶段（2010.1—2016.1） 立足课程重构的"学习设计" （微课程开发等）	
第四阶段（2016.1—2020） 基于跨学科素养的微项目开发 （绘本拼音、大单元识字等）	第三阶段（2016.1—2020） 基于任务，促成学生整体性学习 （《灵动语文的课程统整》）

图2 个人成长的两条主线

　　我为什么这么做？我做的这些事情之间是什么关系？我学会了由上而下、由下而上的结构化思维方式，让自己的认知变得复杂且有序，逐步形成周密、稳定、具有后续生命力的思想体系，灵动的语文课程统整：从课程要素来看，语文课程目标的统整、语文课程内容的统整、语文课程实施的统整、语文课程评价的统整，教、学、评一体化；从各要素的层级来看，从宏观到中观到微观，层层聚焦；视角继续打开，打破学科界限，基于单学科统整、多学科统整、跨学科统整，步步进阶（图3、图4）。我发现，随着视角的转变，维度更多了，关联的对象更丰富了，内在结构的节点也就增多了，于是，思想的自由度和空间就更大了，一个个关联已知、沟通未来的自组织就成为可能——

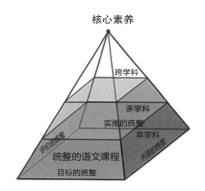

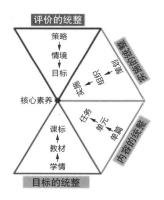

图3　语文课程的统整立体架构　　　图4　语文课程的统整展开

　　拼音学习是小学语文教育的难题。我们以学校理念中的胖圆作为学习伙伴，把统编教材拼音学习涉及的知识点都整合在胖圆游历的一个个故事中。学生读完十三个故事，拼音也就掌握了。更妙的是，每个故事的背后其实都有一个经典的原型故事，似曾相识的感觉最能激发学生课外阅读的兴趣。我们发现，换一个角度，学习其实是可以更快乐、更高效的。《胖圆游历记——绘本拼音教学法》由上海教育出版社，全国、全网发行，受到了广大家长、师生的喜爱，也得到了很多专家的认可。国家督学杨再隋教授说：

"像这样学拼音，拼音教学就不用延迟一个月了。"《从学习本质处攻破拼音学习难点——统编教材拼音教学创新与实践》获市基础教育成果一等奖，《胖圆游历记——绘本拼音教学法》也开始走向东南亚等，助力华语学习。

能不能在学生爱学、能学的基础上，进一步促进他们自己学会学？继《胖圆游历记——绘本拼音教学法》之后，我再次带领团队二次开发统编教材一、二年级的六个集中识字单元，研发《大单元识字教学》，和"小胖圆"们又一次开启了"游历"之旅。怎样识一个带一串？怎样体现语文学科本质？怎样设置任务、情境，提升核心素养？六个"双要素统整"的大单元项目任务将学习活动的"点"串连成一条课堂的"线"，一条条课堂的"线"联结成单元的"面"，六个单元的"面"共同组成汉字构形文化的识字新体系。这些项目任务还是学生今后继续自主识字的支架，可以不断生长。

2018 年，我入选教育部"国培计划"——中小学名师名校长领航工程成员，2019 年评上国家"万人计划"教学名师。教育部一行专家莅临蓓园小学滨海分校，为我授牌"国家名师工作室"，并进行了三天的深入调研，我上课、评课、做讲座、开论坛、答辩、组织工作坊……调研中，大单元识字教学的研究成果受到了专家的高度肯定，《有意思的大单元识字》《大单元识字教学》相继由教育科学出版社出版，向全国推广。我相信，像这样的自组织后续还会不断生发……

在这个阶段，我感觉自己研究起来更多了一份"自觉把握"，前期的一切经历、积淀都在产生价值，然后打包，呈现在手头正在做的事情中，每一次当下的用心都将成为未来成长的力量。灵动语文也慢慢走向成熟与迭代，《灵动语文的课程统整》2024 年由北京师范大学出版社出版。

灵动语文走过这么多年，在全国各地产生了一定的影响，很多人评价我的语文教学很灵动，其实灵动就源于扎实的课堂改革。赋予灵动扎实的根基，赋予扎实灵动的韵律，灵动语文，我一直在路上……

名师档案

林乐珍

国家"万人计划"教学名师，正高二级教授，省特级教师。"中华版"小学语文教材编委，教育部"国培计划"——中小学名师名校长领航工程成员，教育部"支援西部教育"项目成员，浙派名师名校长实践导师，国家、省、市名师工作站（室）领衔人。出版《感悟：灵动语文》《基于"助学稿"的小学语文"学习设计"》《胖圆游历记——绘本拼音教学法》《大单元识字教学》等著作。受邀赴台湾、北京等各地执教示范课、开设讲座 600 多场。

让每一片绿叶都享受阳光

安徽省合肥市师范附属小学　冯璐

我从 20 岁开始参加国家级信息技术课题研究，23 岁获得安徽省课堂教学评比一等奖；26 岁被评为安徽省先进工作者；32 岁被评为安徽省特级教师；41 岁在全市率先举办个人教学实践研讨会；42 岁被评为国家"万人计划"教学名师，是安徽省义务教育阶段获此殊荣的第一人，同年成为安徽省最年轻的正高级教师；2020 年被教育部遴选为基础教育教学指导专业委员会委员。现任合肥市师范附属小学党委书记、校长。

一、传承家风，干一行爱一行专一行

法国作家卢梭在《爱弥儿》中写道：我们的教育是同我们的生命一起开始的……

我出生在一个书香家庭，深受家中长辈敬业爱岗精神的影响。我的外公一生勤勉，是子孙后代的杰出榜样。外公出生仅 14 个月就没有了父亲，与母亲相依为命，虽命运多舛，但他勤奋好学，在上海的印染厂当学徒工，自学印染知识，钻研印染技艺，很快成为技术骨干。20 世纪 50 年代，他积极响应国家号召，举家搬迁来到合肥支援内地印染事业，后来成为安徽印染厂的业务副厂长、市纺织公司副总工程师。我记得，小时候外公家里最多的就是一摞一摞厚厚的发黄的书籍，里面都是密密麻麻的中文或者别的什么文字，还有一本一本的印染布料小样，外公就常常埋在这些书和布料里，看着、写着、记着。妈妈告诉我，"文革"前，安徽印染厂是合肥市主要工业企业，年产值占合肥市总产值的一成。外公最支持我努力工作，自从我上班以后，外公就开始为我做"教育教学剪贴本"，他把从各种报纸上看到的教育文章剪裁下来，分门别类贴在废旧杂志上，贴完一本就带给我一本，一共做了好几十本。

我的大舅毕业于中国科技大学，致力于中国能源研究，是享受国务院政府特殊津贴的正高级工程师，发明了企业锅炉余热利用技术，并获得国家级奖励。大姨毕业于北京邮电大学，正高级教授，主要研究信息通信，曾任研究生院副院长，研究生导师，主持开展了电信管理研究的国家级项目。小舅是《健康报》驻安徽省站长，倾注全部心血做好新闻宣传工作，连续多年在全国发稿第一。

我的父亲是服装厂设备维修员。我记得，父亲年轻时专注技术革新，为了改进国产缝纫机的性能，经常饭不吃觉不睡，甚至把床铺都搬到了单位彻夜钻研。父亲在 20 世纪 80 年代，将"平缝机"改成"绣花机"，使原本的手工绣花效率提高了 100 倍；又将"平缝机"改成"钉衬机"，与后期购买的日本先进机器性能相同，但价格低廉；他还发明了"羽纱机缩水技术""领口袋口剪切机"……他也因此荣获"合肥市技术革新能手"的称号，业余研究成果获得国家发明专利。

对我影响最深的还是我的母亲。母亲是一位小学数学教师，20 世纪 80年代中期，当全国上下掀起教改热潮的时候，母亲毅然成为一名改革浪尖上的弄潮儿，成为"马新兰教改实验"的排头兵。记得那时，母亲总是夜以继日地阅读书籍、精心备课，常常有很多人来听母亲上课，母亲也常常外出学习交流。母亲在家里听马新兰老师的讲座录音，我就搬个小凳子坐在旁边听；母亲把后进生带回家中，给他们一遍又一遍地讲解难题，我就拿出笔和他们一起算；母亲回来讲述班上的学生怎样从落后变为优秀，我也和她一起高兴……虽然当时只有 10 岁的我有时会抱怨母亲关心实验班的学生胜过关心我，但是当从母亲的同事那里得知实验班学生成绩如何如何优秀、学习能力如何如何出众时，我的骄傲之情油然而生，也对母亲有了更多的理解与支持。

在这样一个大家庭中成长起来的我，从小就有着很强的进取心，做事特别投入，不论做什么事都要做到最好，小学时考试得 99 分都会大哭一场。工作以后，我把这股"倔劲"投入到了自己钟爱的教育事业上。

二、不忘初心，扎根一线二十五载

孔子曰：知之者不如好之者，好之者不如乐之者。弹指一挥间，二十五年悄然而逝，我把自己的青春芳华献给了钟爱的三尺讲台，即便从事行政管理工作之后，依然不忘初心，从未远离。

1996 年，我刚参加工作不久，学校就把一个"注音识字、提前读写"的实验班交给了我。同年级 6 个班中，只有这个班在进行实验，这对于初出茅庐的我来说无疑是个挑战。没有资料可借鉴，没有前辈可请教，我担心自己会耽误学生的学业而陷入了苦闷与压力之中，但是我很快从这种情绪中走了出来，并从实践中摸索出一套行之有效的教学方法。由此我也深刻体会到，讲台是我发挥聪明才智的最好场所，学校是完美实现自我价值和创造生命意义的乐园！

信念是教师建功立业的基石。我牢记陶行知"教师的职务是'千教万教，教人求真'"的教导，身体力行。为了成功地上好每一节课，我广泛阅读教学读物，搜集了大量的教改信息，及时掌握最新的教育教学改革动态。

《爬山虎的脚》这篇文章讲的是一种攀藤植物。为了给学生上好这一课，我找来了大量有关爬山虎的资料。可是爬山虎究竟是怎样"爬"的？我还是没弄明白，自己都没有弄懂的知识怎么能够去教学生呢？为了探究爬山虎这种植物的"爬"法，我骑着自行车，顶着烈日，大街小巷四处寻找爬山虎的踪迹。终于，在一个小区里我见到了攀墙而上的爬山虎。当时的兴奋劲儿，在多年后讲起来，我还会情不自禁喜于言表。我小心翼翼地从中选取了一根枝条，并在枝条依附的墙上做下标记。整整一周，我每天都骑着自行车快乐地去"拜访"我的爬山虎，观察其枝条的走向。终于，我弄明白了课文中所说的爬山虎"一脚一脚爬"，是指爬山虎的枝条上刚刚长出一分枝小嫩芽（一脚），就紧紧地"扒"住墙；等到长出另一分枝小嫩芽（一脚），再紧紧地"扒"住墙。要想生长，爬山虎就必须不断地长"脚"，不断地向上攀，周而复始，"爬"出一片郁郁葱葱。

教学中，我十分注重课堂教学的活跃性和生动性。为了让学生更好地体味秋天的风韵，我自己拿着摄像机实地拍摄制作了录像片《秋天》，并自配音乐，让学生在舒缓的音乐中走进金色的世界；为了形象地描述农贸市场的热闹景象，我特地跑到菜市场录下商贩叫卖、讨价还价声，鸡叫鸭唱鹅欢声，使学生在课堂上仿佛置身于热闹的集市中；在我的精心编排下，意境优美的散文《大海睡了》成了一首可以吟唱的摇篮曲……经过积累，我总结出了"说、写四步训练法"——理清思路法、再现生活法、声音联想法、诱发情感法。

国务委员刘延东在全国教育信息化工作电视电话会议上强调，"教育信息化是教育理念和教学模式的深刻变革"。在二十五年的教学中，我一直承担着国家级现代教育技术实验课题的研究任务。面对日新月异的新媒体、新技术，我围绕语文的本体训练开展研究，充分挖掘语文教学与信息技术的最佳融合点，做足听、说、读、写的文章。当我把"拼图说话""网络阅读""音频识字"这些新名字带给我的学生时，我惊喜地发现他们的学习效率提高了。

在实验中，我大胆质疑传统教学中的"看图说话"课型——在传统的"看图说话"训练中，往往是全班几十个学生一起说一幅图或几幅图，学生之间易受影响，容易形成思维从众定式，学生的创造性思维受到限制。怎样才能解决这一问题呢？一天，我看着学生正在玩的七巧板游戏茅塞顿开：能否在说话课上给学生提供大量图片，让他们充分发挥想象力，自主拼图，练习说话？

经过反复尝试与摸索，我构建了以"让学生主动学"为核心的新型教学模式，并创建了在交互式教学系统中进行"拼图说话"这一新课型。通过改革，学生摆脱了传统"看图说话"中"人云亦云"的模式，每个学生都能做到动脑、动手、动口，说、写的内容变得真实、具体、形象、生动了，课堂上学生的参与度提高了，课堂气氛变得轻松活泼了，同时学生的求异思维和创造能力也有了进一步提高。我的"拼图说话"课在全国第四届计算机辅助教学观摩会上获二等奖；CAI课件《拼图说话》获华东六省一市优秀课件奖。

"十二五"以来，我重点研究的是"音频识字"。依据现行的教材，学生通常要到二年级结束时才能识得 1 600 字，这容易造成儿童在早期阅读中，只能阅读字数少、表达简单的短文，与思维和语言发展水平难以有效衔接。如何才能改变这种低效的状况，帮助儿童多识字、早阅读呢？我结合前期的教学实践开始尝试"音频识字法"。

所谓"音频识字"，就是反复播放儿童喜闻乐见的音频材料，在充分记忆的基础上，通过儿童指读材料，形成音、形、义对应的认识，从而轻松识字的一种方法。我借助网络平台制作了一个节目——《冯老师给你读经典》，根据学生的能力情况分段录制音频，定期推送给学生，学生每晚听着音频入睡，早读的时间指读材料，一个月下来，学生已经背下《三字经》全文，识字量平均提高 240 字；接下来，用这样的方法听记《千字文》，一个半月不仅背下全篇，而且识字量又平均提高 400 字。从心理学的角度来看，儿童的学习经历了一个以听觉支持的"整体输入""无意识记"为起点，以目视指读的"自发模仿"为桥梁，最后通过音、形、义的一一对应抵达"意义建构"终点的过程。通过这种方式，一年级儿童就能够在一年内不知不觉地识记汉字 1 500 多个，节约了一半的时间，还能大量背诵传统经典，一举两得。我在实践的基础上撰写了题为《音频识字，儿童自能阅读的前奏》的论文，发表于《中国电化教育》。

勤奋和进取使我的教学日臻成熟。2002 年，我被评为安徽省教坛新星、安徽省先进工作者；2004 年，被评为全国模范教师；2009 年，被评为安徽省特级教师；2015 年，被评为安徽省党和人民满意的好老师；2018 年，被评为国家"万人计划"教学名师。2018 年 1 月 19 日，包河区教体局为我举办了个人教学实践研讨会，这是全市中小学教师此类学术研讨活动的"开山之作"，既是对我个人教学思想和教学实践的深度梳理，也是给青年教师指引了一条成长、成才之路，发挥了良好的示范引领作用。

三、爱生如子，拨动心灵爱的弦歌

对教改研究的无限追求，都是源于对学生的爱。平日里，我与学生同唱同跳，有心灵的沟通，也有感情的默契。当学生在学习上出现问题的时候，我总会想：如果是我的孩子，我会怎么帮助他？我也会常常"扮错了角色"，有一次，一个学生上课总是玩铅笔，我就蹲下来对他说："你要是再玩铅笔，妈妈就不高兴啦！"说完我才发现自己说错了，可是那个学生却特别开心，赶紧把铅笔放到文具盒里。走到学生中，感受他们无瑕的心灵，倾听他们美好的语言，探索他们顽皮中流露的智慧，体会他们受挫时隐藏的自信，我无时无刻不被感动着。

2002 年 7 月，我教师生涯中的第一批学生毕业了。整个暑假，我只要一想到再也看不到那些熟悉的面庞，心里就说不出的难受。开学后的一天下午，学生相约来看望老师，这令我激动不已。

下午6点，孩子们按时来到教室。眼前的景象让我惊呆了：全班60多个学生，出现在我的面前，每人手里还捧着一束鲜花，齐声对我喊道："祝冯老师节日快乐！"刹那间，我变得不会说话了，只会拉拉这个，抱抱那个。"我们知道您的生日就在这两天，就趁这个机会替您一块儿过了吧。""是啊是啊，宇昊已经去拿蛋糕了，待会儿您可要多吃点。"我这才回过神来，和孩子们边聊天边等待拿蛋糕的同学。

天色渐渐暗了，宇昊却还没有到，我开始有些担心，刚想让其他同学给他打个电话，宇昊却一身狼狈地出现在教室门口。"对不起，冯老师，我骑自行车时摔了一跤，蛋糕……给摔坏了。"他的声音虽然很小，却引来其他同学的一片埋怨。我看着满身是土的宇昊，却再也忍不住自己的泪水，一把把他抱在怀里，为他拂去身上的尘土。

尽管蛋糕不漂亮了，大家还是插上蜡烛为我唱了生日快乐歌，并把奶油涂抹得我一身都是。我却并不反抗，整个教室弥漫着奶油和鲜花的香气，那是一种幸福的味道，至今我还闻得到它的甜美，一生难忘。

一个小学毕业十九年的学生在回忆时说："我遇见过很多位老师，但是印象最深、感触最深、对我影响最大的还是我小学的班主任——冯老师。小时候，她像一个榜样，我们都想和她一样，每天都开心地笑着，用正能量感知和感染着这个世界……感谢冯老师六年的栽培，小学的培养使我养成了终身受用的品质，遇到困难的时候我不忘初心地坚持着；遇到争执或者不平的事情，保持冷静寻找解决问题的最好方法；遇到夸奖和赞美时，以一颗感恩的心去接受去完善自身……""随风潜入夜，润物细无声"，我用我全身心播撒着爱的雨露，让每一片绿叶都充分享受着阳光。我真的很喜欢这些孩子，2004年，我把获得全国模范教师的三千元奖金全部捐给了希望工程，希望能够为贫困地区的孩子献出自己的微薄之力。

四、牢记使命，常怀感恩"反哺"母校

我说：师范附小是青年教师成长的摇篮，我们是站在巨人的肩上。我将学校的培养之恩深深铭记在心，尽己所能回报母校。我倾注心血带领学校教师共研共进，为青年教师建筑"青蓝工程"，为骨干教师组建"名师工作室"，为资深教师搭建"教育教学督导联盟"。我重视教研组建设，定期召开培训例会。在我看来，教研组长最关键，他们的能力强了，就能带好全校每一位老师。我在校内设立"启智课堂研讨日""启思教研日""教学一日视导"，有计划地组织教师参与校本培训、校本研修。我鼓励教师主持或参与各类课题研究，邀请专家进行帮扶指导，以课题为抓手促进教学改革。

我与同事们根据学校的育人目标，设计了"五色五字"特色课程，指导学生选课参与，发展多元智能；延续学校的信息化特色，努力架构符合新时代需要的"智慧校园"体系。

在我的影响下，合肥师范附小的老师都热心教改、致力教研，蔚然成风。经过我和其他老师的努力，合肥师范附小承担的十多项国家级课题顺利结题，学校教育教学工作屡获佳绩。

2018 年，我把获得国家"万人计划"教学名师的 80 万元奖励捐献给学校作为教科研经费，用以培养教科研团队，带领青年教师共同成长。我亲手培养本校和包河区名师工作室的几十位徒弟，他们中多人次获得国家、省、市级课堂评比一等奖，多人成长为合肥市学科带头人和骨干教师。

2013 年，合肥市教育局组建了首批 4 个学科教师培训基地，我被市教育局遴选为"合肥市小学语文教师培训基地'领衔名师'"，担负起培训全市小学语文骨干教师的重任。五年来，我带领全市骨干教师开展"学习语言文字运用""核心素养下的课程创新研究"等主题研修，培训教师 4 000

多人次，探索"12345学导研相结合"的培训模式，逐步形成骨干教师培训文化，得到市教育局充分肯定。

有人说，生命如水，撞击岩石能溅出美丽的水花，跌下悬崖则形成壮丽的瀑布，即使在最平坦的地面，亦能奉献点滴，滋润万物。当无数的桂冠"飞"来时，我并没有沉溺其中，迷失自我。反而，面对"优秀"二字，我深感重若千斤。荣誉代表过去，荣誉是前进的助推器，是动力。我要"而今迈步从头越"，鼓足勇气，超越自我，无怨无悔地选择一辈子当教师，就像波澜不惊的小溪，一直向前流淌，用慈爱呵护天真，用智慧浇灌稚嫩，用真诚开启心灵，用希冀放飞理想……使如水的生命流进学生的心田，融入我至爱的教育事业。

名师档案

冯 璐

中共党员，正高级教师、特级教师。1996 年毕业于合肥师范学校，现任合肥师范附小党委书记、校长。热爱教育事业痴心不改，倾注全部心血教书育人。多次受到国家、省、市表彰和嘉奖，曾获得全国模范教师、省先进工作者、省特级教师、省教坛新星、市青年五四奖章、市青年专业技术拔尖人才、市劳动模范等称号。2018 年，经过逐层选拔推荐，被教育部、中组部评为国家"万人计划"教学名师，成为安徽省义务教育阶段获此殊荣第一人。2020 年 12 月，被教育部遴选为教育部基础教育教学指导专业委员会委员。

我从儿童数学教育中走来……

北京市教育科学研究院　吴正宪

　　当我动笔写这篇文章时，内心深处悄然涌起动情的回忆，以至于挥之不去。打开五十年尘封的记忆，一个个难以忘怀的碎片连接成一条丰富多彩的追梦之路，我怀揣理想从这里启程、延伸……工作那年我 16 岁。教语文、数学、任班主任，一干就是二十多年。后来我进入教研队伍，一干又是二十多年。回首从"儿童教育"到"教师教育"的历程，往事历历在目，情怀犹在心头，我的思绪回到了跌宕起伏的五十载……

一、"挚爱教育"是我持续研究实践的不竭动力

　　20 世纪 70 年代初期，"读书无用论"在中国社会盛行，学校常规被打乱，教学秩序被破坏，我正是在这样的背景下匆匆地踏上了教育的征程。我曾经彷徨过、犹豫过、迷茫过，甚至伤心地落过泪。但是我始终没有放弃过对教育事业执着的追求，我坚信祖国的教育一定会有春光明媚的艳阳天。

　　1978 年，党的十一届三中全会胜利召开。伴随着"知识就是力

量""尊重知识，尊重人才"改革开放的时代主旋律，教育的春天终于来临。从此我的教师职业生命焕发出了从未有过的教育热情。呼吸着时代的新鲜空气，我如同鱼儿得水。那时我心头涌动着不尽的兴奋感，浑身有使不完的力气。我要把失去的损失尽快补回来，我使尽浑身解数不知疲倦地工作，教出"高分学生"几乎成为我教学的唯一追求。天道酬勤，我所教的毕业班学生成绩优秀，一些学生纷纷进入市、区重点中学，我所辅导的学生数学奥林匹克竞赛成绩在全区名列前茅，赢得了孩子和家长们的认可。

当我在满堂灌的课堂上乐此不疲时，终于有一天发现孩子们尚带稚气的脸上流露出忧虑与沉重，天真的儿童竟变得暮气沉沉、没有朝气。在片面追求升学率的大潮里，做题、考试几乎成了孩子们学校生活的全部。面对这种情况，我原有的冲动与激情几乎降到了冰点。我不止一次地扪心自问："难道要在这条没有阳光、没有笑容的路上走下去吗？"一股强烈的责任感、使命感在我心头凝聚起来，冲击开去。"一切为了孩子"，这是教育工作者的良知与责任。我以"减轻学生负担，提高教学质量，促进学生全面发展"为出发点，自觉开始了小学数学改革的艰辛探索。我第一次提出了"重组教材，根据内在联系建立小学数学知识群"的教学主张。教学实践中我努力改变教与学的方式，变"教师讲、学生听"单一方式为"自学""讨论""操作"等参与方式。特别是在考试方式与评价方法上，进行了似乎"叛逆式"的改革，将单一笔试测验，变为闭卷与开卷相结合，考试与平时相结合，知识与能力相结合，纸笔测试与实际操作相结合，智力因素与非智力因素相结合。这样的改革适应了学生的需求，为学生的重新跃起带来了新的机会，帮助学生有可能实现"可能"。课堂活跃起来了，学生思维能力得到明显提升。该项"小学数学归纳组合法"实验引起教育界同行的关注，通过了中央教科所、北师大等有关专家的鉴定，并连续4届获得"北京崇文区教育科研成果一等奖"，同时获得"北京首届教育科研成果奖"，自发的教学改革取得了初步的成果。

20 世纪 80 年代的我走上了改革之路后，就再也没有停下脚步，儿童在我心中的位置越来越重。为了儿童的幸福成长，我进行了几十年的探索，至今也没有停止。

1990 年后，我确立了"传授知识、启迪智慧、完善人格"三位一体的数学教学目标。数学学习是学生重要的人生经历，我们要为其成为合格的社会公民、为其一生可持续发展奠定好基础。因此，数学教学给予学生的不仅仅是知识，还有获得知识的方法、策略与智慧，同时更重要的是健全人格、良好道德品行的培养，为学生全面发展奠定基础。

2000 年后，我提出了"既有营养又好吃"的儿童数学教学的主张。从这时起，"小学数学教学"被"儿童数学教学"取代了。"儿童"从那个时刻更加深刻地走入了我的心中，且越走越深……"学习内容与学习方式"双重的价值取向成为缺一不可的教学关注点。"有营养"和"好吃"的有机结合让有意义的数学学习活动变得有意思。

2010 年后，我明确提出"从数学教学走向数学教育"的教育理念。"立德树人、聚焦核心素养的培育"是教育之本，是教育之魂！它必须成为教育的出发点与最终归宿。我的从数学教学走向数学教育系列文章连续发表在《光明日报》上，产生了良好的社会反响。

一路走来，我的儿童观、儿童数学教育观越来越明确，儿童数学教育的理念越来越清晰，几十年来无论遇到怎样的困难我都没有停止过探索，因为"一切为了儿童"的信念追求成为我教育改革的强大动力。

二、"以儿童为本的发展观"为我打开了一扇窗

清楚地记得，1985 年初冬一个风雪交加的下午，我来到育锋小学礼堂，第一次聆听中国科学院儿童心理研究所张梅玲教授关于"儿童心理

学与小学数学"的报告，"心理健康""心理效应""和谐民主的师生关系"……这些新名词一下子涌入了我的脑海。那个时刻，我被触动了，开始了自觉反思与追问。那一刻，我开始用心去感悟孩子们的每一丝变化，用情去激励孩子们的每一点进步。不仅仅关注数学的 ABC，更关注孩子的学习感受；不仅仅关注学习成绩，更关注孩子的喜怒哀乐。从那一刻开始，每一个孩子一个也不少地驻足在了我的心上，尤其是学习有困难的孩子，我倍加呵护。

正是这流淌着人性光辉的谆谆教诲如醍醐灌顶，令我茅塞顿开！我的教育理念、教学行为开始发生了"质"的变化。"以人为本的科学发展观"帮我打开了一扇窗，它使我跃入一个崭新的层面重新审视教育，让我从一个全新的视角看儿童、看教育。

在 21 世纪初，国家正式启动了基础教育新课程改革。我惊喜地发现，20 世纪 90 年代我提出的"传递知识、启迪智慧、完善人格"的教育追求与这次新课程改革提出的"三维目标"如此契合，心中无比激动。我全身心地投入到这场新课程的改革中。

2002 年，我正式调入北京教育科学研究院基础教育研究中心任小学数学教研员。我首先对北京市小学生的数学学习现状进行了广泛深入的调研，收集到近千名小学生学习数学的困惑和面临难题的资料，其中最主要的问题是对数学学习缺乏兴趣和信心，缺少有效的学习方法。为改善这一现状，我确立了"创造儿童喜爱的数学课堂"的课题研究，这也奠定了我儿童数学教育理论与实践的基础。我以儿童心理学为指导，以"儿童学习理论""儿童学习数学理论""儿童课堂教学理论"等为支撑，带领北京小数同人积极探索，研发出"真情流淌的生命课堂、经验对接的主体课堂、思维碰撞的智慧课堂、机智敏锐的灵动课堂、纵横联通的简洁课堂、以做启思的实践课堂、追本溯源的寻根课堂、充满魅力的生活课堂"。这八种课堂紧紧围绕"创造儿童喜爱的数学教育"这个核心开发出来，高质量的数学教育实践就是引导孩子在童年学习中充满好奇、兴趣与求知欲，让他们拥有对数学学习的信心和良好感受，经历刻骨铭心的数学学习过程，获得丰富难忘的数学活动经验，从而掌握数学知识技能，数学思想和方法，有滋有味地学数学、做数学，逐步养成以数学眼光、数学思维、数学语言来认识、诠释和解决现实生活中的问题。

　　记不清在这里发生了多少感人故事，仅摘取其一在此分享。

　　照片上的这个男孩脸庞上终于绽开了笑容，是开心？是羞涩？是慰藉？是自信？还是……

　　那是 2009 年 4 月 30 日，我在北京昌平区与工作站团员禹芳老师同课异构六年级"数的整除"，这是我们农村教师工作站的主题研修活动。

　　课后听该班班主任说，这个男孩平日，学习不主动，几乎不发言。为了支持我的课"顺利进行"，班主任给他安排了一个"不显眼"的地方。没想到课堂上的我一直在执着地寻找"哪个同学还没有机会表达自己的意见"，终于发现了他。开始他真的有些紧张，再加之整除内容本身就有些抽象，他不知所措。"没事的，吴老师也有遗忘的时候，你可以用自己习惯的语言来试着说说啊。"他开始放松下来，尝试着表达，越讲越来劲儿，课堂里掌声响起。那一刻他被感动着，温暖着……

　　"五一"假期过后，班主任的目光停留在这个男孩的日记上良久，醒目的标题"我再也不是木头！"真实地记录下男孩那节课学习的心路历程与学习行为的转变，字里行间流露出对同伴互动交流的渴望与珍惜，对自己参与学习的自信与期待……班主任被感动了，赋文一篇《孩子，我重新认识了你！》。

是啊，人人都有被认可、被尊重的需要。多一点宽容，多一点鼓励，多一点等待，课堂感觉更美好。

看到师生同进步、共成长，我由衷地感到欣慰。

三、"带领更多的老师一起践行儿童数学教育"是我应尽的责任

我一直在思考，如何让更多的儿童享受"既有营养又好吃"的数学教育？如何让更多的老师一起为提升儿童数学教育质量做出努力？恰逢此时，北京教育科学研究院成立了"吴正宪小学数学教师工作站"，来自北京市的72名优秀小学数学教师成为学习研究实践儿童数学教育的共同体，成为传播辐射儿童数学教育的火种，使儿童数学教育的理念得以在北京乃至全国传播。

在十多年的教师团队研修中，我和72名团员共同组成"1"，带动北京密云、房山、门头沟、延庆等远郊区县的10个工作分站，形成了"1+10+N"多方参与、多向获益的研修机制。构建了"名师引领，从成功经验中汲取专业养料""课例研修，借助精心组织的教学过程开展行为干预""课后访谈，为教师专业成长的重要资源""同伴互助，互动建构中生成教学实践知识""建立'1＋10＋N'的辐射合作机制""资源建设，增强对于实践策略的理性认

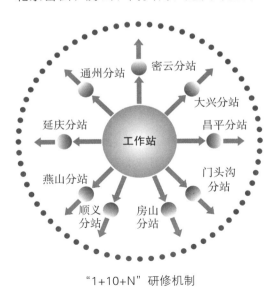

"1+10+N"研修机制

识"6 种实用有效的教师团队研修策略。

在十多年的团队研修中，我们持续聚焦儿童数学教育理论和实践的研究，努力构建"既有营养又好吃"的数学教育；实现知识、智慧、人格三维一体的教育目标，逐步完善了儿童数学教育的本土理论与实践。

我认为，儿童数学教育由三个要素组合而成，即儿童、数学、教育。它自然构架起一个立体坐标系（见右图）：

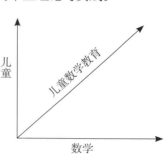

在儿童数学教育构架起的立体坐标系中，顶天立地的纵轴上清晰地书写着——"儿童"。它提醒我们，关注儿童是教育工作的关键。我们要把握儿童的认知特点和学习规律，坚持全面育人——这不仅仅包括"知识技能""认知风格""思维水平"的维度，也涵盖了"情感、态度、价值观"层面。关注"儿童"，才不会只关注知识本身，而忽略其他，才不会陷入学科本位。

坐标系中向右伸展出去的横轴上清晰地书写着——"数学"。它提醒我们，关注数学是我们学科独有的重要任务，无法替代。只有关注数学、研究数学规律、把握数学本质，才不会使教学偏离数学的轨道，让儿童拥有数学视角与数学思维，为教学注入数学的科学元素，不违背数学的初衷。

坐标系中支撑它从"平面"走向"立体"的关键轴上清晰地书写着——"儿童数学教育"。它提醒我们所从事的是儿童教育，教育是人与人的理解与沟通，教育是人与人的相互影响，因此教书育人是教育工作者的重要使命。"儿童数学教育"是用恰当的方式让儿童感受数学学习的意义和价值，体会数学知识的广泛应用，感受数学思维独特的魅力，从而爱学数学、善学数学、会学数学，以便将来高质量地工作和生活。

因此，作为小学数学教师，一是要理解儿童，研究儿童学习规律；二是要理解数学，研究数学本质属性；三是要理解数学教育，研究数学教育的规律。只有在理解和研究儿童的基础上，才能更好地理解和研究儿童数学教育。

多年来，我带领着工作站始终坚持工作站的建站宗旨"在提供高质量教研服务中培育优秀教师"，在服务中强调要满足基层教师特别是农村和偏远山区教师的需求，把专业的服务送给最需要的人。团队成员活跃在北京市的一线教学中，通过一系列富有实效的数学教师研修活动，服务北京市的每个远郊区县，并成立顺义、房山等10个农村工作分站，对成千上万名基层教师产生了积极影响，促进北京基础教育均衡化的发展。

工作站倡导全体团员自觉应用教育科学理论和方法，针对教学创新实践开展专题研究。十多年来出版了团队成果系列丛书20余本和大量视频影像资料，多篇文章在教育杂志发表，探索出适合农村教师专业发展的可行实践，扩大了在全国的影响力和示范力。对于推广成功教学经验，研究新时期优秀教师的成长规律都具有潜在的价值。优秀成果在全国范围内得到了较高评价和广泛应用。该成果得到了小学数学界较高评价，多名团队教师在全国性学术论坛上作专题发言、在全国教学研讨活动中获得一等奖。目前越来越多的地区和学校参与了研究和实践。

优秀成果成为全国一线数学教师专业发展的研修资源。围绕着成果的应用，召开了主题研讨会和教研活动，利用中国教师研修网平台，将成果编辑成资源包，不仅作为实验学校的学习资料，还通过网络平台传播到全国各地基层学校。团队出版和发表了多部著作和多篇文章。出版了儿童数学教育丛书，系统地反映了成果研究内容。在全国具影响力的小学数学核心期刊刊登了团队对于"儿童数学教育"的理念、研究和实践。这些系列丛书和文章不仅作为团队的研究成果，更主要的是为基层教师的教学实践提供了可以借鉴的学习研讨资源。

回望自己从"儿童教育"走向"教师教育"的历程，我想说：教师工作是我生命中的重要经历。我在年复一年、日复一日地付出、奉献，我也在年复一年、日复一日地收获。我收获了孩子们的那份真诚与渴望，收获了老师们的那份热情与期待，收获了社会的认可与尊重。同时，我也在探索教育教学改革的道路上，获取了自身成长过程中的成功和快乐，实现了个人生命价值与教师职业生命价值的和谐统一。

回首往事，是祖国改革开放的新时代为我个人的发展进步搭建了广阔的平台。一路走来，感谢祖国，感谢时代，感谢大家，更要感谢与我有缘相识的孩子们，是他们使我的心灵更加宁静、祥和，是他们让我的生命更加丰富、纯净。

名师档案

吴正宪

　　北京数学特级教师，正高级教师，全国小学数学专业委员会理事长。曾任国家督学、全国人大代表、北京市政协常委、民进中央委员。

　　教育部中小学教材审查委员会审查委员、东北师大和北京教育学院兼职教授，曾荣获"全国模范教师"、全国"两基"先进个人、北京市政府授予的"人民教师奖"、"北京优秀教师"、北京市三八红旗奖章、享受国务院政府特殊津贴专家、首批"首都基础教育名家"、"北京教科院职业道德标兵"等称号。

　　主持的有关"儿童数学教育实践研究""教师专业发展研究"项目成果连续三次获得北京市政府颁发的教学成果一等奖，连续两次获得教育部颁发的国家级教学成果一等奖，获中国教育学会科研成果一等奖。

追寻教育生命中那一抹
永不褪去的新绿

天津市静海区实验小学　朱玉宾

　　每一名教师就是一粒种子，是种子就会渴望生长，沐浴阳光延展生命的辉煌；每一名教师就是一粒种子，是种子就会渴望拥有一片沃土，长成参天大树直破九重天；每一名教师就是一粒种子，孕育着大爱，并将爱无私传播四方。

　　每一名教师都拥有一颗英雄的心，都渴望成为英雄，因为每一名教师都在塑造灵魂，这是仅次于造物主般的荣耀。其实，敢为人师者，能为人师者，皆是英雄。但是，没有谁能随随便便当老师，更没有哪位老师能随随便便成功。凡是成功荣耀者的背后必然有着不一般的艰辛付出。

　　我的原始学历和专业是中等师范普师专业，19岁毕业后就被分配到静海区唐官屯镇（原大郝庄乡）大十八户小学任教。大十八户小学坐落在天津与河北省的交界处，地理位置比较偏远。凭着初生牛犊的锐意进取和满腔的教育激情，我在那里一干就是近十六年，后来被选调到静海区实验小学任教。时光荏苒，一眨眼，当年的小伙子已经是48岁的老教师了。我，一路艰辛地磨砺，获得了一些荣耀：天津市特级教师、正高级教师、国家"万人计划"教学名师、天津师范大学特聘专家和实践导师、陕西师范大学全日制硕士研究生校外合作导师、中国教育学会小学数学教学专业委员会第八届理事、教育部"国培计划"——中小学名师名校长领航工程首期成员、在全国赛课获得过多次一等奖等等。

在大家的眼中，我也许算得上是一个成功者。回望自己所走过的道路：我是如何从一名农村的年轻教师逐步成长为一名骨干教师的呢？也许我的成长之路充满了偶然，但其中也存在一定的必然。我想，那其中的必然就是教师专业成长的一些具有规律性的东西吧。所以，我将自己成长路径中的几个核心的有价值的因素加以罗列，提供给大家研究交流，希望让更多有教育梦想的教师，尤其是年轻教师得到帮助。

可以从以下三个方面阐释我的成长历程。

一、要有激发成长的教育情怀——享受教育人生的幸福

教育的幸福是支撑一名教师持续成长的原动力。这就是我们成长路上行驶的汽车的引擎。教育的幸福是什么？是一种对孩子们天然的亲近，发自内心的爱与期冀，以及在这一过程中获得一种精神上的愉悦。其实，一名教师有了真正的教育幸福感，就会迸发出无穷无尽的动力，而所获得的那些奖励和荣耀只不过是它的附属品罢了。教师的幸福源于哪里？我自己理解为两个方面。

1. 学生思维碰撞出精彩的那一刻，是教师最大的幸福

教师的工作是"传道受业解惑"，做教师首先要教书，也就是说做教师要守住自己的本分，做教师就要立足于课堂之内，不要总想着钻营课堂之外的一些东西，凡是没能把本心放在课堂里的都已不再是纯粹的教师。这类教师根本体会不到什么是教育幸福，能体会到的只有追逐权力带来的快感，这已经不再是教师了。当校长或是局长只是几年的光景，但是，做教师却是一辈子的事。如果用心于自己的专业，尤其是在课堂上，就真的会

享受到真正的教育幸福。

我是一名数学教师，就举一个数学课堂中的例子：

记得是一节一年级下学期的课"条形统计图"。教学的内容是"用一个格子表示1"。新课后面有一个练习，让学生调查班级同学出行时喜欢的交通工具，并在统计图中涂格子表示，练习中提供了自行车、汽车、火车、轮船、飞机5种交通工具，每种工具只画有10个格子。当时班里有54个学生，因为是即时调查并生成数据，就出现了极端数据，有的交通工具喜欢的就特别多，有的就特别少，如喜欢自行车的有14个人，喜欢汽车的有25个人，等等。这时候班里的lym就提出了才10个格子，不够涂怎么办呢？我随即放大了他的问题，引领学生自主探究，最后学生想出了很多新奇的方法来解决问题，这些新方法真的如同火山喷发，让人眼前一亮：如scs想出的方法是先画出一列，在左侧再画出剩下的部分；zzh想出的方法是接着现有的10个格子再往上面接着画；zx和yfs想出的方法是改变纵轴的单位，1格表示2或5。而这些知识在二、三年级时才会学到。

学生的思维在碰撞交会，不时激起创新的火花。作为导演这一幕的教师享受的则是一场思维的盛宴。闭目冥想：一池平静的湖面，犹如一面镜子，静静地，无风无皱，突然丢下一颗小石子，一圈一圈的涟漪荡漾开去，又有几颗小石子丢入画面，一个个同心圆相交相容，顿时搅得那平静的湖面微波粼粼……这是一幅多么美的图画啊！作画的人是老师，还有那些学生。他们不仅是作画的人，更是画中人。

这是一种美，一种享受！

这就是守住课堂本分的教师所感悟到的教育幸福，纯粹而又干净。在那纯净的空气中倾听学生思维拔节的声音……教师难道不幸福吗？

2. 用无私付出与慢慢变老陪学生慢慢长大，是教师的幸福

教师不仅教书，更要育人。教师是在一天中与学生相处最久的人。教师是学生没有血缘关系的最亲近的亲人。如果说亲情是天然的，是人与生俱来的本性，那么教师与学生之间的情感则是无私而又纯真的。其实，很多时候不是老师在教学生，而是学生在用他们的纯真教老师。每每看到那些学生，心中就会涌起"必须有所为"的动力，我要陪着他们慢慢长大，我要让他们快乐健康地成长，这是教师的一份责任。

下面，我就讲一讲我和学生的故事。

刚刚送走的六年级三班，我只教了一年。这个班学生在班主任六年的辛勤培养下，安静而又懂事，虽然只教了一年，但我特别喜欢这51个孩子，高的、矮的、胖的、瘦的、淘气的、静默的，各不相同，但他们都是一样的纯真。记得6月28日星期四上午，第一节是我的数学课，也是本学期最后一节数学课，下午学生就要去实验中学考试了。走进教室，学生一同起立高喊："朱老师，您辛苦了！谢谢您！"然后全班深深鞠躬，当时我心中涌动着一种感动与幸福！我为他们竭尽全力地上完了他们小学阶段的最后一节数学课，其间，吴金宇、张宝衡有些不认真，我还批评了他们几句。下课后，我就去我办公室对门的教务处帮忙做些事，始终没回办公室，一直到上午下班很久以后，才回到自己的办公室。我刚要锁门回家，吴金宇跑来了，哭得稀里哗啦的，拉着我的手说："老师，我们后面不返校了！再也见不到您了！"看着这个刚刚被我训完，此时却哭得稀里哗啦的大男孩，我不禁笑了。"傻小子！实验中学离实验小学这么近，将来有机会就过来！怎么会见不到？"他拉着我的胳膊边说边走在校园里，这时王晨、张宝衡和几个孩子从校门外爬进来，满脸泪痕，嗔怪着我："老师，您去哪了？我们找了您一上午，去您办公室找了好几次都没找到。您去哪了？我们以后还能看见您吗？"我心里热乎乎的，一时语塞，王晨满脸是泪，对我说："老师，我们拥抱一下好吗？"我没有犹豫，说："好！"这是我当老师以来第一次拥抱自己的学生。那一刻，心中充盈着满满的感动。做老师真的很幸福！安抚好这几个孩子，叮嘱他们赶紧回家，准备下午的考试。然后，我才骑车子回家。那时我的心中空落落的……学生都长大了，该飞向更广阔的天地了！

每当要送走一批学生的时候，我都要为他们做一个电子相册，因为自从有了数码相机和智能手机以后，平日里我总喜欢把学生的成长记录下来，让那纯真的一刻定格为永恒。

学生的心灵是纯真透明的，身处污浊世俗之中的任何一个人，只要身处在学生中间，就会心无旁骛，纯净见底。学生的纯真会荡涤尘世间的一切污浊，净化人心。这些使人感动，更催动着每个被感动的人不由自主地去做些该做的事情。所以，请不要离开课堂，那里真的是一片净土。

二、要有促进成长的催化剂——拥有一颗感恩的心

一粒种子逐渐长大，长成，不仅需要种子本身对生命成长的渴望，更需要肥沃的土壤、湿润的空气、充足的水分和阳光……每名教师都是一粒种子，从发芽到长成，会得到很多人的帮助。一个人的成功存在必然性与偶然性，但凡成功的人都应怀有一颗感恩之心。

1. 感恩我的学校

有学校才会有教师，没有教师也不会有学校。任何一名教师的发展与成长都离不开学校。因为学校是教师成长的舞台，并且为教师的发展搭建了广阔的平台。从教二十六年，我只走过了两所学校，相对于很多人来说，这样的阅历少了些，但是，我所走过的这两所学校都是好学校。一所是中师毕业后被分配到的大十八户小学，另一个就是现在的实验小学。可以说，没有这两所学校的培养就没有我今天的发展，所以我无论走到哪里，都不会忘记它们。农村学校，那是一片教育的热土，使我的教育之心更为纯净，

也是燃起我教育梦想的地方；县城学校，那是一片教育的沃土，是我教育生命的再次新生，是淬炼我教育生命的地方。所以，我感恩我的学校。学校是土地，我们是种子，种子在土地的哺育下才会发芽，长成参天大树。

2．感恩我的导师

在我成长的不同阶段得到了不同导师的指导和帮助。他们是我教育生命中的贵人，在我的成长道路上，他们一路扶持，一路呵护，对他们，我始终心怀感恩，因为我是一个普通人，有时还是个木讷的人，能一路走到今天，离不开这些贵人。做人是要讲良心的，俗话讲得好："滴水之恩，当涌泉报之。"

原大郝庄乡教委教务主任邵振祥——一句一句帮我改教案。

区教研室边自立老师——从 1997 年至今，是我一生的导师和长辈。

原天津教研室教研员陈萍老师——一位耿直无私的老人。

天津师范大学范文贵教授——265 农村骨干教师培养工程导师。

天津教科院胡振京主任——未来教育家奠基工程导师。

……

他们不仅在专业上指引我，而且在做人方面给我做出榜样。导师就是我成长路上的航标，更是我扬帆远行的舵手。

3．感恩我的同事、学生和学生家长，以及我的家人

在我的成长路上，有太多的同事给予了无私的帮助，对那些真心帮助我的人，我永远当他们是朋友；再有就是那一批又一批的学生，他们的纯真质朴就是我不断前行的动力；那些学生的家长更让我感恩，因为每个孩子都是父母生命的延展，是每个家庭的希望，他们把孩子亲手送到我的班级里，这是一种真诚与信任啊！还有我的家人。每一个成功者的背后都会有家人的默默付出，否则，事业上根本不可能有所发展，因为家庭和事业是人生发展的双轨道，不可失衡。

我自知并不是一个特别聪明的人，但是，好像这一路走来很受上天的眷顾。为什么？我想是因为我始终感恩。拥有感恩之心，就拥有了自己成长的催化剂，因为心怀一颗感恩之心，才会使你心境平宁、恬淡、从容、雅致，才会使你感受到自己的责任，不敢懈怠，一直向前。

唯有感恩做人，方能敬业做事。

三、要有保障成长的有效途径——从农村走向城市的磨砺

一名教师，有了教育情怀，有了感恩之心，只是为自身的快速成长提供了可能。教师的发展本质上是专业的发展，教师发展自己的专业才是守住了本分。教师的专业发展只有凭借有效的路径，才能取得实效。

1. 在农村做老师——教育梦想的起点

清苦的境地，是我的教育梦开始的地方，也是最磨砺我的地方。

初到大十八户小学时，一切都是那么简单而又朴素。没有教具，就自己制作；没有实物投影，就使用传统的小黑板。一次，教学"直线和线段"，要想将抽象的数学知识转化为形象的视觉信息，电脑课件是最好的工具。可当时整个乡镇都没有一台电脑。于是，我挖空心思，在制作教具上煞费苦心：先在硬纸片上镂空划出一条线，放在幻灯投影机上，再用两张纸片盖在上面，不断地向两端移动，使"直线能向两方无限延伸"的特性动态地投射到了教室的墙壁上，也深深地印在了学生的脑海中。正是这一"土得掉渣"的方法，使整堂课变得鲜活、灵动起来。

教好我的学生，让他们和城里的学生一样快乐、聪明，这是我当时最大的教育梦想。为了提升自身的业务素养，我在加强教学实践的同时注重两方面能力的提升。

（1）磨炼外功

就是练嘴皮子、制作教具和使用当时学校里最先进的媒体——投影幻

灯机。

初上讲台，我的音质还可以，但是，语速特别快，导致吐字不清。静心思考，是自己的语言表达能力不强。于是，有时间我就读课文，练绕口令，逐渐使发音变得清晰准确。再后来，我进一步认识到，语速过快不仅仅是语言的问题，更深层次的是自己在教学中缺少了一种"慢"的艺术和意识，比如，对教学重难点的模糊认识才是导致语速过快的症结所在，这其实就是一种教育意识的缺失。这就引起了我对教材的认真分析和研究。

教好数学单靠一张嘴、一支粉笔和一块黑板是远远不够的。小学数学是讲究从具体到抽象的，因此，教具的作用是非常大的，它们是学生思维的脚手架。当时，我的课堂里最奢侈的教具只是几张简单的幻灯片。多数时候都是就地取材，涂上黑墨汁的牛皮纸摇身一变成为口算条、课题条；讲到角时，几截高粱秆、几枚大头针就是教具。因为喜欢，所以刻苦钻研；因为爱，所以不辞辛苦。

（2）苦修内功

就是不断反思自己的课堂教学，不断地学习，借鉴他人经验，不断完善自己。

在教学实践中，我遇到了很多问题和困难，在困境中不断彷徨、思索、探寻，学会了反思。曾子曰："吾日三省吾身：为人谋而不忠乎？与朋友交而不信乎？传不习乎？"我的反思集中在教学实践中，每节课下来都会在教案的后面记下自己的教学心得。日积月累，我对教育教学的认识逐步加深了，自身的教育理念也得以不断升华。那一摞又一摞的手写教案和反思，是我苦修内功、自我悟道的见证，是我无限美好青春时光的化身，也是我由蛹变蝶的历程。

悟己道，是一条很难的路。这悟道的路上有时需要先求道，再修己道，最后才会得道。为了使自己的课堂更生动有效，我到处寻找教学的秘方，但太少了，只得向书本学习。我1992年刚参加工作时，工资才200多元，后面逐渐涨，到了 1994 年，我就每年花费 300 多元开始订阅各种教学刊物，如《学科教育》《小学数学教育》《小学教学设计》《小学语文教学》《小学数学教师》《小学语文教师》《福建教育》等等，并不时地去书店购买一些教育书籍来看，从这些书籍、杂志中我获取了大量的经验型、理论型营养，滋润着我的求学之路、成长之路。

在农村的十六年，不断的磨砺奠定了我扎实的教学基本功，十六年青春激情的投入也换来了丰硕的教学成果，更迎来了教育生命一个又一个的春天：在农村任教的日子里曾获得县级优秀课一等奖 5 次，市级优秀课竞赛一、二等奖共 5 次，全国优质课一等奖 3 次、三等奖 2 次；多篇论文分获国家级、市级奖，其中一篇还获得了全国第十二届数学年会论文评审一等奖第一名；2006 年就晋升为中学高级教师……

这些荣耀的背后浸透了无限的艰辛，而我把这些痛当作一种人生的磨炼，当我走过去的时候，回头看看，曾经的那些痛与泪已风轻云淡，每当我走进教室，看到那一个个鲜活的生命时，我就会深深感受到自己肩上的责任，每当学生喊我一声"老师"时，我就会感到一丝丝温馨与甜蜜，每当我看到学生一天天健康长大的时候，我才会真正领悟到做教师的幸福与伟大。在农村近十六年，是我教育人生的丰厚积淀！

2. 在县城做老师——教育生命的新生

2007 年底，在偏远农村任教近十六年的我被选调到静海实验小学任教。实验小学是一片教育的沃土，那里优质的教育环境和教学氛围促使我更加奋力向前。在课堂里，我引领学生徜徉在数学知识的海洋中，与他们一同经历发现、一同成长快乐。我抓住一切机会，主动学习，积极参加教科研活动，认真反思，努力提升自身的综合素养。在调入实验小学一年多的时间里，我就在优质课评比、基本功大赛、师德演讲比赛、班级管理金点子评比、班会设计方案中均获得一等奖，执教各级公开课 10 余节次，所带的班在接手一年多的时间里，就被评为"三好班集体"，得到了学生家长的广泛赞誉，家长还给我送来了"师德高尚，爱生如子"的锦旗。良好的成长环境给我的教育梦想插上了飞翔的翅膀，悄然间，已过而立之年的我又开始了新的征程。

宽广的发展平台拓宽了教育视野，促进了专业化发展的速度与质量。因为在这里我寻找到了专业发展的快车道。

（1）科学化、专业化的研究道路

在教师专业发展的道路上，我们更多的时候之所以裹足不前，是因为我们只是满足于经验的积累，缺少科学化、专业化的研究方法与路径。在实验小学的日子里，我学会了一套科学化的研究方法和路径。首先，发现基于课堂的真问题；其次，结合教学实践提出一个讨论的话题，和老师们共同针对这个话题摆现象、析原因、想办法；再次，在此话题基础上，提炼加工确立为教研专题，进行课堂观察研究，寻找问题产生的根源及其解决策略；最后，将这一系列的研究结论作为一种假设，进行系统化的课题研究，也就是立项为科研课题，进行阶段性的科学性的教育教学研究，得出规律性的方法、策略或理论。这样的基本路径极大地促进了教师的专业成长，是非常适合一线教师的有效的专业素养提升方法。

作为课题组成员和骨干，我曾参加了林崇德教授的国家重点课题"创新人才的心理学整合研究"，获得2个优质课一等奖；作为第一参与者曾参与时任北京师范大学教授申继亮主持的全国重点课题之子课题"关于动态课堂中教师监控策略的研究"，撰写的课题研究报告获得全国课题成果一等奖；负责的重点课题"'转化思想'在小学数学教学中的渗透策略研究"的成果获天津市优秀科研成果奖并结集出版。《弯腰的美丽》获得全国科研成果一等奖，另外还完成了2项市级课题。现在承担1项市级课题、2项国家级课题。

（2）自我施压，自我磨砺

在教育之路上执着前往，犹如千秋苦旅，前行悟道，悟我之大道。永远在路上，做教育路上的苦修者。虽苦，却依然执着。这是一种怀揣教育梦想的自我加压。这种压力其实也是一种前行的动力。尽管前行的路上满是荆棘，但也不会停下脚步。宝剑锋从磨砺出。即使是一把钝刀，总磨也会变成一把利刃。在我的成长历程中，磨砺的切入点就是：磨课。磨课，要磨对教材的理解与把控，要磨对学生的了解与预判，要磨对课堂教学设计的基本能力，更要磨对课堂驾驭的技能与艺术。每磨一节课，就是一段艰苦的历程；每磨一节课，就会刷新自己对教育教学的认知；每磨一节课，就会离教育的真谛更近一步。磨课，是一种凤凰涅槃似的历程。每学期都上公开课，每学期都会参加各级各类培训研修活动，有时还要参加一些比赛。

我曾执教各级各类公开课200余节，遍及本区15个乡镇。2007年至今，进行区级专题培训28场次，市级以上8次。应邀赴天津市7个区、云南、甘肃、广东、广西、河南、河北等地执教观摩课和做专题讲座。2013年，赴台湾地区参加两岸学术交流活动，执教观摩课和参与教学研讨。2011至2017年，为"国培计划"甘肃、山西、青海、新疆、河北、黑龙江、山东、海南等省骨干教师研修班做专题讲座或执教观摩课20场次。2014—2017年，先后6次到云南哀牢山山区、景洪、江城、新平、石屏、勐海等少数民族地区送教培训。2017年11月，作为巡讲团专家赴雄安新区开展讲学帮扶活动。

2003、2005年，2次获得全国优质课一等奖；2008年，获得天津市"双优杯"竞赛一等奖；2011、2013、2018年，3次代表天津参加全国课堂教学总决赛均获得一等奖。在教育部"一师一优课"活动中，有3节课获得部级奖。另获得优质课一等奖国家级2次，市级5次，区级5次。

每一次磨课，或是讲座，对于我来说都是一种洗练和淬炼。在这不断的锤打中，我逐渐完成了从石墨到金刚石的重组锻造，教育教学的指向也由当初的"我怎么教"转变为"我教什么"，最后指向"学生怎么学"，教师的教是为了学生的学：教师要教智慧，智慧地教；学生要学智慧，智慧地学。其宗旨就是：以"知"启"智"→以"智"悟"道"→以"道"树"人"，以"求知、悟道、做人"为宗旨的数学教育思想，通过我们的数学教育使每个学生都能"启智润心，养德修身，成人成才"。

走过二十九年的教师生涯，我从农村到城市，这不仅仅是平台与视野的变换，也是一种知思并行的不断淬炼，更是一种教育生命的循环重生。没有在农村从教的教育人生是不完美的，是不利于名师成长的。农村学校，是教育的根基，是清苦的地方，是梦开始的地方，是最好的磨砺之地。城市学校则是教育人生放飞之地，凝华结晶之地，开启更广阔的教育新生之地。

如今回首成长之路，支持我走到今天的就是自己心中的那个梦——教好所有的学生，让他们快乐地学习、健康地成长，让他们都能成为一个正直的人、有用的人、有智慧的人、有发展的人，让学生闪亮的生命和我的教育人生交相辉映。因此，我仍将怀揣一颗感恩之心，在追逐教育梦想的道路上继续前行。

对我而言，名利、荣誉都不是我所追求的目标，曾经的绚丽虽足够照亮生命的夜空，但却不能使我的脚步停留，我仍将继续前行，向青草更青处漫溯，去追寻教育生命中那一抹永不褪去的新绿。

名师档案

朱玉宾

　　中共党员。本科学历，正高级教师，任教于天津市静海区实验小学。国家"万人计划"教学名师、教育部"国培计划"——中小学名师名校长领航工程首期成员、天津市特级教师、天津市教育学会小学数学教学专业委员会第十一届理事、天津市"未来教育家奠基工程"学员、天津市学科领航工程学员、陕西师范大学硕士研究生校外合作导师、天津师范大学特聘专家和"卓越计划"实践导师、天津市教研室小数核心组成员导师、静海区教育教学研究室兼职教研员、静海区名师、学科带头人，曾获得全国模范教师、天津市劳动模范、天津市优秀教师、师德先进个人、五一劳动奖章等光荣称号，曾经担任中国教育学会小学数学教学专业委员会第八届理事。

　　2011、2013、2018 年 3 次代表天津参加全国课堂总决赛均获得一等奖。在教育部"一师一优课"活动中 3 节课获得部级奖。另获得优质课一等奖国家级 2 次，市级 6 次，区级 5 次。主持创建了教育部"国培计划"中小学名师名校长领航工程朱玉宾名师工作室和雄安新区雄县新数学工作室。主持了 2 项国家级课题和 5 项市级课题。教学中主张"启智型数学教学"：以"知"启"智"→以"智"悟"道"→以"道"树"人"，以"求知、悟道、做人"为宗旨的数学教学思想诠释了"立德树人"的教育方针。

初心不改　逐梦前行

江苏省盐城市第二小学　杨传冈

中国梦是国家层面的战略构想，是中华民族近代以来最伟大的梦想，而我们每个人的小梦想就是实现中国梦的"零件"。人在每一个发展阶段都会拥有不同的梦想，或大或小，或远或近，但重要的是那种"莫问收获，但求耕耘"的筑梦过程和体验，我的教师梦似乎是从"悲剧"演变为"喜剧"的一个过程。

中考时我以高出县中30多分的成绩"被"上了师范，好些要好的同学因为成绩勉强踩线都"悲恨"地上了县中，三年后均顺利地去了各地的本科院校继续深造；与此同时，我正收拾行囊准备毕业，突然被告知可以继续在校续读两年制的大专班，那颗失落孤寂的心灵才稍微被慰藉了一下。因为中师三年苦练"三字一话"基本功，大专两年尽可徜徉书海吮吸知识的养分，恶补文化知识的空缺，增加知识储备。

毕业时恰巧赶上包分配的末班车，想来也是一种幸运吧。我的教育人生由此拉开了序幕。

一、在懵懂青涩的日子里初为人师

我与同龄人相比，毕业分配"不如己意"。1997 年大专班毕业，一刀切全部下乡工作。我想去专业对口的小学任教，但镇文教助理说乡镇鲜有大专生，好钢要用在刀刃上，我只好硬着头皮去镇中心初中报到。在初中同学的带领下，我走进了离校长室不远的教师办公室，找到了我的办公位置——西北角落里一张陈旧的办公桌，正好紧靠北边的一扇大窗户。门窗刚刚用油漆粉刷过，又适逢盛夏，室内充斥着刺鼻的油漆味，看到室内紧闭的窗户，我猛一推开，没想到"老态龙钟"的窗户玻璃"咣唥"一声，碎了一地，校长闻声走来，狠狠呵斥了我一顿，这如一盆凉水将我从教的热情浇冷，也如当头棒喝，教我从一开始就谨慎从教。

越怕出问题就越容易出问题。工作第二年，我被调至小学任教，开始的几年遇到的都是"放牛班"，我整天为了"对付"学生而筋疲力尽，然而还是问题不断。平时语、数课上正襟危坐的学生一到了音、体、美课上就开始恶作剧不断，课堂乱哄哄的，惹得任课老师齐声抱怨，班级"黄苹果"不断；课后学生更是一路追逐、打闹，甚至有学生上学时从马路中心突然加速，翻越操场半人高的栅门，引得一群学生纷纷效仿。看到如此危险的一幕，我恼羞成怒，抓住领头的学生就动手"教育"了一番，结果放学后家长跑到校长那里大告了一状，校长也对我简单粗暴的教育方法提出了严厉的批评。

回首这段青涩的日子，我以为从教之初最需要修炼的就是爱生如子的教育情怀。于永正先生在给做教师的女儿的 20 条贴心建议中就提到："要细心观察学生，全面了解学生，倾听学生的谈话。"我想，我从教之初的困窘正在于未能真正走到学生中间。

于漪老师说：我一辈子做教师，一辈子学做教师。前者是对职业的忠诚，后者则是对职业的敬畏。暗淡的日子总有一盏明灯在指引着我，那就是我的启蒙老师——杨汉延先生，他春风般的教诲让我明白了教育需要欣赏和等待，要静心聆听孩子花开的声音，教育要慢一些……这些话重新燃起了我内心向上、向善、向美的教育之梦。

二、在刻骨铭心的时光里提升质量

教学质量是教师的立身之本。在中年级连续任教了六年双班数学兼班主任后，我的教学能力和教学实绩得到了领导和同事的肯定，在当地也有了一定的口碑，接下来顺理成章地连续接任毕业班。

那时还实行小升初政策，热点民办初中招生如火如荼。任教毕业班于年轻的我来说是极大的考验，一切需要从零开始。梅兰芳先生说过：不听别人的戏，就唱不好自己的戏。为了缩短适应周期，尽快站稳讲台，我每天都去听骨干老师的课，偷学他们上课的"秘诀"，不断提高自己的教学技艺，丰富自己的教学手段。为了方便查阅资料，手头拮据的我狠下心来买了一台 DELL 电脑，晚上回来上网搜索资料，制作 PPT 讲稿，提炼教学提纲。课堂教学中关注所有的学生，一个都不能少，注重分层教学，分层要求，每日作业中典型错例及做错的学生名单都能了然于心，课堂上有针对性地辅导。功夫不负有心人。当年全班 70 名学生，首批被市区热点初中招录的竟然达到 52 人，在全年级排名第二。真是不鸣则已，一鸣惊人。

就这样，我在六年级站稳了脚跟，之后又连续教了五届毕业班。精心备课、认真上课、强化辅导、批改作业、与学生谈心成了我生活的全部。那时晚上回到家里，我的双腿早已打软，也懒得说话，一倒头就能睡着，这样的日子虽累却幸福着，单调并享受着，平凡并伟大着。就在 2009 年 6 月小升初考试前 10 天，我突然胃出血，即便如此，我的心里也依然装着朝夕相处的学生，仅仅卧床休息了一天，第二天就坚持去上课，桃李不言，学生却更懂事了。

梅花香自苦寒来。渐渐地，我教书的名气也大了起来。除了家长、学生的认同，学校的肯定也给了我继续前行的动力，一位领导私下里说道："小杨就是条鲶鱼，在六年级的池子里翻腾，整个六年级成绩显著，当时让他上六年级的风险还是值得一冒的。"学校时任校长王立昌竟然在一次职工大会上突然把我树立成学校"老中青"三代教师群体中青年教师的旗帜，我的惶恐不安中夹杂着幸福与感恩。每思于此，我便感动不已。那一刻，我读懂了"器重"的含义，知道了什么是知遇之恩。教育的路很长，要想走得更远，就一定要爱自己的学生，就一定要有过硬的教学本领。

三、在千锤百炼的岁月里形成风格

在教学实绩异军突起的同时，我心中对参加课堂教学竞赛的希冀越发强烈。机遇总是不期而遇，幸福也是悄然降临。或许是自己的不懈努力感动了身边的领导、同人，或许是自己的教学业务瓜熟蒂落。2005年11月10日，一个值得我永远铭记的日子。这一天我梦想成真，如愿获得教学生涯中赛课的第一张门票——全区小学数学优课参赛资格。为了这一天，我足足准备了八年。这一天，在校内选拔赛中，我是幸运儿，从十几位参赛者中拔得头筹，占得先机。接下来便是紧张的备课、磨课阶段。"衣带渐宽终不悔，为伊消得人憔悴。"那半个月里，我不知修改了多少次教案，试教了多少遍，脱了多少层皮，才让课堂臻于完善，精益求精的态度让我有幸获得了一等奖第一名。两年后我参加市赛课，虽精心筹备，三易教路，反复试教，锤炼再三，但最终只获得了二等奖。这次竞赛让我颇受打击，好长一段时间都没有缓过神来，内心消沉，陷入深深的困顿之中。或许这就是生活，这就是成长的代价——在你诸事顺利的时候总会碰点儿门槛，受点儿挫折，考验你的坚强意志，磨炼你的品格修养。

在日复一日的课堂教学中，我逐步提出"为学生思维发展而设计"的教学主张，积极倡行将数学开放题融入常态数学课堂，实现"开放与收敛"的有机契合，潜心追寻"开放生成"的魅力课堂，逐步形成了"本真、灵动、开放、生成"的教学风格。我深深知道仅有自己的教学主张还不行，还得有实实在在的研究成果，于是我将目光投到数学开放题的研究上。数学开放题答案不唯一，在设问方式上要求学生多方面、多角度、多层次地探索。将数学开放题引入常态课堂，打破了传统封闭习题独霸课堂的局面，为学生的数学学习注入了一池活水，推开了数学教育的另一扇窗，为学生的思维发展另辟蹊径，直指学生创新思维发展。基于这样的教学主张，我的教学设计获得 2015 年江苏省"蓝天杯"教学设计一等奖，并被推荐参加省级课堂教学观摩比赛。在诸多名师、名家的关爱、帮助、指导下，我反复修改教学设计以臻完善，反复试教以磨合共振，最终获得现场课一等奖第一名。

四、在青灯黄卷的夜晚笃定写作

叶澜教授曾说：一个老师写一辈子教案不一定成为名师，但坚持写三年反思就有可能成为名师。于是我从写作入手，从自己的教育生活写起。为了更佳地写作，提炼出好文，我减少外出，增加阅读，潜心思考。自己没有写作经验怎么办？很多时候无从下手，不知从何处着力。别人是一日两千字，我是三月两千字的速度，写得慢，改得勤，投稿更勤，但几乎都是石沉大海。我咬牙坚持了下来。"试玉要烧三日满"，坚持才会看到奇迹。2010 年 10 月，我撰写的一篇参加市观摩课的教案破天荒得到了编辑老师的认可，刊发在了核心期刊《教学与管理》上，我喜不自胜，热泪盈眶，付出终于有了回报，种子终于发了新芽。好的开端能让人信心百倍，鼓舞着我保持着"在路上……"的昂扬生命状态。

种子总在夜里发芽。这些年，我已习惯于在夜晚静谧的时空里学习和写作，有时候为了一个论点的阐述或是一个案例的分析不知道熬了多少个夜晚，不知道查阅了多少本资料，不知道写了多少张稿纸。就是这样一次次地推翻重来，就是这样一次次地数易其稿，才练就了我的教育写作基本功。写作不怕失败，贵在精思有恒。我深知教育写作是一种寂寞的守望，写作需要凝神静气，需要静思默想，需要洗尽铅华，需要阅读补充思想，一言以蔽之：需要思考的时间。一路走来，有过论文被用在《中小学数学》杂志头版头条的喜出望外，有过论文被人大复印报刊资料全文转载的欣喜若狂，有过热心网友告知已不抱希望的文章被刊用后的意外惊喜，有过文章屡投不中的失落，也有过纠结于某个问题不得其解的困顿……

"纸上得来终觉浅，绝知此事要躬行。"天道酬勤，很多人常常在重重磨难中望而却步，没能继续"最后一公里"的跋涉，从而失去耐心，心灰意懒，终无所获。行百里者半九十。"不经历风雨，怎么见彩虹？没有人能随随便便成功。"坚持就有奇迹，行动就有收获。

五、在教育科研的时空里拔节成长

我始终认为，一位名师除了是上课的能手和写作的高手之外，还应当是科研的行家。我始终坚信，每名老师都有适合自己的研究话题和研究路径。近十年，我专注并立足于小学数学开放题的系统研究，成立研究团队，确定研究内容，以教学反思为切入点，以案例研究为抓手，以专家指导为引领。江苏省教育科学"十二五"规划课题"数学开放题促进小学生思维发展的研究"是我主持的第一个省级重点资助课题，2011 年立项，2014 年完成，该项目曾获得江苏省第三届教育科学精品课题、江苏省第四届优秀教育科学成果奖，主体成果还获得了盐城市首届基础教育、职业教育教学成果一等奖。

一个人，可以走得很快；一群人，才能走得很远。在系列研究中，我领衔的研究团队累计发表主旨论文 40 万余字（我发表的论文就有 24 万余字），自主研发的校本教程《小学数学开放题举一反三》（1—6 册，90 余万字）填补了业内空白，由南京大学出版社 2014 年 6 月出版。在研修过程中，随着课题研究影响力的不断扩展，课题组不断吸纳国内外志同道合的同人参与研究，他们中有来自美国的博士，国内学者、专家等等，更多的是来自各地的一线教师。他们的加盟令课题研究视域变得更宽，研究更逼近问题本质。在大家的合力研究下，开放题的延展性项目"数学开放题学习对小学生思维发展影响的评测研究"入选全国教育科学"十二五"规划教育部重点项目（2014 年度小学共获批 4 项，江苏仅 1 项）。

在开放题系列研究中，我们的实践、思考得到了越来越多的认同，《江苏教育》邀约我担纲主持人策划的专辑《开放题：小学生思维发展的一条"蹊径"》刊载于 2015 年第 2 期（14 个整版），《江苏教育报》于 2015 年 9 月 2 日第 5 版整版推介了课题的研究情况；2015 年 12 月《江西教育》刊发我的教学见解《开放题：数学教育"轻骑兵"——小学数学开放题课程定位与实践》（5 个整版）；2018 年 12 月，团队专题研究成果《课堂融合：小学数学开放题研究的新作为》（5 篇）刊发于《江苏教育》，2020 年 9 月专题《开放题学习：让儿童的思辨能力更进一步》（4 篇）发表于《江西教育》……

随着我们团队小学数学开放题理论研究与教学实践的不断深入，特别是对课堂教学的持续改进，开放题的教学价值被不断挖掘和认同，师生的受益也越来越多。我们团队开放题的教学成果分别获得 2017 年江苏省教学成果特等奖和 2018 年国家教学成果二等奖。

艰难困苦，玉汝于成。各种荣誉接踵而至，我先后入选第四批国家"万人计划"教学名师和江苏省首届"苏教名家"培养对象，我深知自己离名师、名家的标准还有差距，但人生的每一步路都算数，付出的努力不一定会让人成功，可一定会让人成长。

从事教育就像一场旅行，在向美好进发时，沿途的风景会让我们心潮澎湃，会让我们梦想成真。梦想的力量就是向上的力量，就是生命的力量。我相信只要有向上的力量，有梦想，一粒种子也可以长成参天大树，而我的路才刚刚开始……

名师档案

杨传冈

　　1976 年生，现任职于盐城市第二小学。中小学正高级教师。第四批国家"万人计划"教学名师，江苏省特级教师，江苏省"333 高层次人才培养工程"对象，江苏省首届"苏教名家"培养对象，江苏省首届领航名师培养工程项目成员。江苏省教育学会理事，盐城师范学院兼职教授。盐城市首批"四有"好教师团队建设领衔人，系江苏省乡村骨干教师培育站主持人，市、区、校三级名师工作室主持人。

　　近十年致力于小学数学开放题理论研究与实践探索，先后主持完成 5 项国家级、省级教育科学规划重点资助课题研究，曾获得江苏省教育科学精品课题 1 项，省教育研究成果奖、优秀教育科学奖 3 项。领衔完成的开放题教学成果获国家教学成果二等奖、江苏省教学成果特等奖，2 次获得市教学成果一等奖。

在课堂中成长

南京师范大学附属小学　贲友林

如果一名教师不上课，还是教师吗？如果一名教师不好好上课、上不好课，那算是怎样的教师呢？其实，这都是常识性的问题。或许我们没有常常去认识，也就变得忘记了常识。2018 年，当我得知被评为国家"万人计划"教学名师时，我在教学手记中写下了这样一段话。我以为，教师的生命、价值与意义都在课堂中。

设计课堂，也设计自己

我 1990 年中师毕业。初登讲台的我，任教四年级、五年级两个年级各一个班的数学。我不会备课。每天课前，我把两本参考教案中的教案都抄一遍，然后照着教案上课。在抄写教案的过程中，我慢慢明白了"导入新课、教学新课、巩固练习、课堂总结、课堂作业"这样的课堂教学流程，这虽是套路，但我就是在这样的课堂中蹒跚起步的。

2001 年，我参加全国小学数学第五届观摩课评比获一等奖。但我以为，真正成就我获奖的不是那一节课，而是那之前六年独立备课的经历。

那六年，我将一个班从一年级带到六年级。现在能忆起来的印象最深的是，每个星期日，我都是先看教材，再独立做教学设计，手写教案，尽管那时已有各种教案集等参考资料，但我从不抄袭，就这样准备好一周的数学课。六年独立备课的锤炼，让我养成了独立思考的意识与习惯，后来我的比赛课、公开课、家常课都是自己琢磨、自己设计的。

参加全国赛课之后，从 2002 年 2 月 27 日开始，我坚持每天课后写课堂教学手记。我通过这种方式记录课堂教学过程，记录自己的教学思考，记录学生是怎样学的，记录我是怎样教的，记录我的教学行为背后的想法。每天上课之后的记录，是我与自己对话、跟自己诉说、和自己谈心。我不仅找到了适合自己的备课方式，更让我养成了过内心生活的习惯。祛除内心躁气，心无旁骛，保持自由、从容、宁静、专注。近二十年来，我一直未间断课堂教学手记的记录。这是我给自己布置的作业，是我把备课作为基本功在锤炼。教师的基本功，不仅仅是传统意义上的"三字一话"。备课，是需要教师用一生的时间去修炼的基本功。

备课，不应狭义地理解成撰写教案。回到"备课"最朴素的字源本义来理解，备课，就是为上课做准备工作。备课，就是对自己的教学做设计。现实中的教师是怎样设计教学的呢？如果是公开课，往往是团队协作，数易其稿，反复试教，修改完善教学设计。如果是家常课，有了互联网，就可以在很短的时间内通过搜索、下载、打印，完成教学设计。学校管理者又出台关于"二次备课"的管理规定。倘若明天学校要检查教案，今天，办公室里的教师在忙什么？套用一句我们熟悉的话：你懂的！

这样还是教学设计吗？教师一般都很重视上课。不过，是否想过，上课是"面子工程"，备课才是"根基工程"。备课是"养兵"，上课是"用兵"。备课是最有利于提高教师教学能力的，也是为教师课堂教学这个"脸面"充实内在品性的最佳途径。教学设计本应是脑力活，在现实中怎么就变成了体力活了呢？老师，该在"面子工程"上着力，还是在"根基工程"

上下功夫呢?

作为教师,应当从以往关注"有没有备课"转向探讨"怎样备课",并进一步深入研究与实践"怎样更有效地备课","怎样备更有效的课"。"百度"时代,每名老师是否可以个性化定制自己的备课方式呢?我的教学设计,最初设计怎样教学生;后来,设计怎样教学生学;再后来,设计怎样教,学生才能主动地学、创造性地学、个性化地学。教师在设计教学的过程中,也设计着自己。

发现学生,也发现自己

结合我的成长经历,我把教师的成长大致分为四个阶段:第一阶段,关注教材,知道自己教什么;第二阶段,关注自己,在课堂中展现教师自己,目前大多数的公开课可以看出这一特点;第三阶段,关注学生,教师明白了教是为了学。第四阶段,关注学生与关注教材、关注自己统一起来,教师和学生互教互学,教学相长。这一过程中,教师形成自己的教学特色与教学风格。从第一阶段到第二阶段,一般能自然过渡;从第二阶段到第三阶段以及第四阶段,则需要教师的用心与努力。

做教师,总是时不时回忆自己曾经上过的课。每名教师所上过的课,也就形成了自己的课堂教学史。回忆,当从随便走向有意。在我工作 20 年的时候,我梳理、回顾自己曾经上过的课,发现有三节课对我具有特殊的意义。

第一节课,是"平面图形的面积总复习"。2001 年,经过县、市、省一轮又一轮的初赛、复赛,最后参加全国赛课获一等奖。全国一等奖,是给这节课一个美丽的说法。当年,一个又一个通宵地准备,一遍又一遍地试教,导入环节,"买油漆"改成"卖土地";练习环节,每一道题目,殚精竭虑,力求与众不同;课件制作,每一处精雕细琢,精益求精……但无法否认的是，当时的课堂，我关注得更多的是知识点和按部就班地上课，是参与听课的老师包括评委老师的反应。今天看来，我觉得这节课似乎可以定义为"为教师的设计"，既为听课的教师而设计，也为执教的教师而设计。

第二节课，是"认识时分"。2002 年首次在江苏省"教海探航"颁奖活动中公开。这节课中"师生一起画钟面"的教学创意为很多老师所津津乐道，那是源于我家常课中的设计；而学生有关时钟"秒针在最外层、时针在最里层、分针夹在中间"的想法也让我尴尬过。课堂的成功，恰恰是对学生生活的关注，对童年的关注。而尴尬的产生也恰恰是由于教师对学生的世界关注不够。我进而感受到，学生在教学过程中的"反应"直接影响着教学活动的进程，并促使教师根据学生的反馈信息进一步调整教学活动的目标、内容、进行方式和进程。学生，影响着教师的教学；学生，应该走进教师的视野。我们常常说，教师要弯下腰、蹲下身，从学生的视角看待学生的世界。我以为，教师还需要直起身，以成人豁达宽广的胸怀，尊重、接纳学生的世界。

第三节课，是"7 的乘法口诀"。2004 年，江苏省教研室在苏州举办青年教师教学展示活动，我上了这节课。这节课的影响出乎我的意料，至今在网络中还有不少老师点击观看这节课的视频。回顾当年这节课试教、调整与改进的经历，我认为，教师的教学活动设计应当以学生的年龄特征、心理发展特点、学习状态与水平为基础。如果说以往这句话还停留在纯粹的"引用"层面，那此时这句话已经真正内化成教师的想法了。教学设计因学生而调整、而改变。教师看学生也不再是浮光掠影、蜻蜓点水。

三节课，有故事；三节课，有思考。对过去课堂的回顾，并不是让自己留恋过去；对过去课堂的反思，也不是让自己否定过去。我们需要"历史地对待历史"，历史是流动着的，从历史中走来，对自己流动着的思与行的梳理、审视，是为了认知当下，展望未来，摸索走向与路径，让今后走得更明智、更稳健、更坦然。

我从三节课中发现了学生。发现学生意味着重新认识学生，建构新的学生观；意味着教学从学生出发，学生的发展是教育教学的出发点和归宿。我在我的第一本书《此岸与彼岸》中写下这样一句话：对学生视而不见的人，对自己也是盲目的。

我从三节课中也发现了自己。我的课堂教学从教为中心到学为中心的嬗变，并在这十多年中在构建"学为中心"的课堂方面深沉地努力，和我这三节课是密不可分的。

2014年，我出版了第二本书《现场与背后》。这本书记录了我带一个班的四年课堂教学方式改革历程中的30节课。在每节课的教学实录中，学生都是"实名制"呈现，我想表达的是，学生是鲜活的生命体，是充满个性的、活生生的人，而非抽象的、冷冰冰的甚至于呈现时就是以"生"来统称的符号。这既是对学生的尊重，也以此说明具体的教学过程是一次性的，难以复制，但透视具体课例所理析的思考与提炼的做法，又是可以借鉴与推广到其他课堂教学中的。而且，学生"实名制"，也是对学生学习表现的肯定与激励。写之前的学生，激励当下的学生。《现场与背后》书中那个班的学生毕业了，我又新接了四年级一个班。开学第一天，我就将《现场与背后》带到了教室，放入教室图书柜。我告诉全班学生：这是贲老师的一本书。学生很好奇，所有学生都急切地想一睹为快。我接着告诉他们：这本书中写的都是贲老师以前学生的课堂。你们将走进贲老师的后一本书中。于是，全班学生和我都有了美丽的期待。于是，他们比我还关心他们的表现。每天上完数学课，他们会把数学课上展示的材料一份不差地送到我手中。对数学课中探讨的问题他们还有想法，会在讲台一侧排队，然后一个接一个讲给我听。作业中有自己的独特想法，他们会在课前主动找我，告诉我想法，申请、预约课堂上与全班交流。原本带有教师个人私密化劳动性质的写作，成了我公开激励学生学习的一种特殊方式。

后来，我又陆续出版了《此岸与彼岸2》《贲友林与学为中心数学课堂》《寻变：贲友林的学为中心数学课》《重新认识课堂》等。每本书，都和课堂相关，都和学生相联。课堂与学生，丰盈了写作；写作，反哺了课堂与学生。

重构教学，也重构自己

小学四年级学生在认识"角"时，容易误认为角的边画得越长，角就越大。教学"角"时，不少教师常常把两根细木条的一端钉在一起制作成"活动角"。但这样的"活动角"，只能让学生直观地看到角的大小与两条边叉开的大小有关，却不能解决学生上述的"误识"。多年前，受电视机上"羊角"天线的启发，我用两根直的可伸缩的电视机天线替换木条，制作了活动角。教学时，将"活动角"的两条边叉开的大小固定，天线拉出来，"边"则长；天线推进去，"边"则短。学生观察，边的长度在变化，角的大小始终没有变，从而生动形象地理解了角的大小与所画边的长短没有关系。

三年前，又一次组织四年级学生认识"角"。我布置学生在双休日制作一个"升级版"的活动角。"升级版"，指制作成的活动角和原来一样两条边可以旋转，但在两条边的长短上还可以变化。

双休日过后，我邀请学生展示他们的作品。学生的创意太丰富了。如，粗吸管里"套"细吸管，粗纸卷里"套"细纸卷，粗纸条里"套"细纸条。还有角的"边"通过折叠的方式变化长短……

在展示、交流的过程中，有学生说：我知道老师为什么要做"升级版"的活动角了，就是让我们明白，角的大小和边的长短没有关系。有学生说：我知道道理，角的边是射线，射线是无限长的，可能画得长一些，可能画得短一些。所以，角的大小和边的长短没有关系。学生在制作过程中，自己琢磨出数学中的"道理"。

通过这个案例我想表达的是，教师应与自己同课异构。说到同课异构，我们往往认为是不同的老师就相同的课题在同一个教学研讨活动中执教呈现，用课堂表达各自不同的设计与思考。而我认为，不仅是公开课的研讨活动，日常每一次备课、上课，教师都需要有与自己"同课异构"的自觉，即由与他人"同课异构"转向与自己"同课异构"。"异构"，改变的是自己。"异构"的目的，对教师而言，是通过对同一个课题的比较与再思，构建一种对话场域，促使优化，走向深刻；对学生而言，是针对学情，设计适合并促进学生发展的教学。由此，我们不难理解，因为学生不同，所以每一次的教学都是"这一次"。当教学方案能被复制甚至"工业化生产"时，恰恰说明了我们的教学方案是有"问题"的。成功的课堂教学是个性化的，可以借鉴却是不可照抄的。

教学中的改变不仅是教学行为的变化，而且有认识上的变化。我在上述案例中的"异构"，正是表达我对学为中心的理解。学为中心，就是教师在教学中把学生带到学习任务中，以学生已有知识和观念作为新教学的起点，给学生更多的学习和建构的机会，根据学生的学习过程设计相应的促进学生学习的教的活动。教师不仅要关注学生学了什么，更要关注学生是怎么学的，还要关注学生在学习过程中的态度如何，从而促进学生获得全面、生动、积极、和谐的发展。

萧伯纳说：我不是你的教师，只是一个旅伴而已。你向我问路，我指向我们俩的前方。课堂教学的过程就是教师伴着学生一起前行的过程。有两种样态：一种是教师在前，学生跟在教师后面，亦步亦趋；另一种是教师相信学生有前行的愿望与能力，放手让学生自主往前走，当学生前行方向出现较大偏差时，教师跑到学生前面引一引、指一指、带一带，然后又退到学生中间，或者在学生的后面，甚至做在路边为学生鼓掌的人。这两种课堂样态正是对"教为中心"与"学为中心"课堂的形象描述与直观勾勒。

教师需要重新构建"教"与"学"的关系。当学生的学习真正发生时，我们发现，课堂上，人人都是学习者，个个都是小老师；我们发现，教师与学生其实是"同学"关系。我对"学为中心"作出新的定义：以师生的学习为中心，师生共同学、一起学，互教互学。在这样"学为中心"的课堂中，师生共同享受生命成长的美好。

名师档案

贲友林

　　1973年生，现任教于南京师范大学附属小学。小学数学特级教师，正高级教师，国家"万人计划"教学名师，第三届"全人教育奖"提名奖获得者，课标苏教版小学数学教材编写组成员。曾获全国小学数学优化课堂教学第五届观摩课评比一等奖。出版《此岸与彼岸》《贲友林与学为中心数学课堂》《重新认识课堂》等7本专著。

享受教育带来的幸福

辽宁省大连市实验小学　廉双红

我是一名年龄虽不算很大，但已工作了近二十七年的老教师。

我来自农村，爸爸是一名乡村教育工作者，他教了三十五年书，做过班主任，语、数教师，体育教师，小学校长。他一直认为，教师是个了不起的职业，并且希望女儿能继续他的事业，做一个如他般优秀的教师。在爸爸的期待与"逼迫"中，1990 年 8 月，不到 16 岁的我走进了大连师范学校的大门，成了一名英语专业的师范生。

师范学校是一个让我喜爱的地方，有学习，有活动，有专业技能的培训，我在这里继续着初中时代的辉煌，成绩名列前茅，顺利地做了班长，进了学生会，以优异的学习成绩和学生工作能力被评为"辽宁省优秀师范生"。

在父母的坚持下，我放弃了毕业当年保送去辽宁师范大学继续学业的机会，选择分配到小学当英语教师。

我工作过的学校有两所，1994—2000 年，我在大连市西岗区水仙小学工作，2000 年之后我就一直在大连市实验小学工作。这两所学校给了我不同的工作体验和不同的美好回忆。

一、在水仙小学的青春年华

1994 年 8 月，不满 20 周岁的我带着对教育事业的无限憧憬，跨进了大连市西岗区水仙小学的大门，成为一名值得自豪的小学英语教师，一干就是二十七年。从踏进校园的那一刻起，我就有个愿望——要珍惜机会，好好工作，争取早日成为一名优秀的英语教师。我很幸运，从我工作的那年开始，水仙小学就作为西岗区从一年级开设英语课的五所试点小学之一，我成为承担试点任务的教师之一，我们的老校长十分重视英语学习，她给了我最初工作的最大支持。她请教研员定期到我们学校听课、评课，给我指点迷津；所以，我十分幸运地在刚工作的时候，就有了很多锻炼的机会。我十分珍惜每一个成长的机会，每天都钻研教材，认真备课，写教学日记，记录自己的教学感悟。我每天抓紧时间去听我师父的课，做好翔实的听课笔记，每天和其他老师一起探讨英语教学；下班后，我一个人待在办公室继续查阅资料，书写教案，做教学准备，常常很晚才回家；节假日我也经常窝在学校分配给我的临时小屋里看书、学习、写作、备课。

20 岁的我生活得充实而又满足。那时我青春年少，是学习取经、汲取营养的最佳时期。我研究如何提高学生的英语学习兴趣，如何设计我的教案与板书，如何将简笔画与 TPR 巧妙加进我的课堂教学，我对未来充满了憧憬！

1994 年的 12 月，刚刚工作了四个月的我，就和一年级的学生在大连市的小学英语年会上表演了我们的英语情景剧——*On the way to school*，并获得了一等奖。那是我工作伊始的第一个大型活动——我自己编写剧本，自己从所教的四个班的学生中选取演员，并带着他们反复排练了好几周。第一次成功，让我坚定了信心：一定要努力工作，做一个优秀的英语教师。

1995 年春季，我在西岗区执教一年级英语教学观摩课；在同年秋季的新教师达标课上我获得了一等奖，并代表同届的所有学科在全区执教汇报展示课。

我在水仙小学工作了六年。那六年我勤于钻研，在区里上了很多的观摩课、研讨课、汇报课；获得了"大连市骨干教师"称号。那六年，是我不断努力与追求的六年。那六年，为我今后的工作打下了坚实的基础。

二、在实验小学的日渐成熟

2000 年 8 月，因为市级骨干教师的区内交流，我被调到大连市实验小学工作。这是我现在还在努力为之奋斗的一所百年名校。在这里，我开始了人生中第二段难忘的工作经历。

（一）学成归来，学以致用

2001 年，我又开始了新的教学挑战——新课程标准重新修订，大连市全面开启外研版新标准英语教材的使用与实验。我在新到任的李校长的安排下，接任了新的一年级，又开始了新一轮课程改革的实践。我全身心地投入到教学之中，采取了很多有效的教学方法，设计了丰富的课堂活动，每天和学生一起说唱、游戏、蹦跳、表演。我创设了许多真实的课堂情境，给了低年级孩子实践与互动的快乐体验，他们在我充满趣味的课堂上积极踊跃，热情参与，每天快乐地学习着，课堂上充满着欢声笑语。学校领导们与同事们亲切地称我的教学为"愉快教学"。

2003 年 3 月，因教学能力突出，我在学校的推荐下，被大连市教育局选派到英国 Hastings Embassy CES 国际语言学院进行了为期 12 周的教师培训（Teachers' Training）。这三个多月语言与教学法的学习是我的人生中一次特别重要的经历。这次学习改变了我很多的教育理念，让我从更多方面重新审视了自己的教学，重新给自己制订了工作目标。回国后我将这些理念悉数运用到了我的教学当中。

2003年8月至2008年12月这一阶段是我教学能力与教学成绩飞跃发展的几年。我将多媒体教学手段与先进的教学理念穿插于我的课堂当中——我制作了大量的多媒体课件，使用了从英国学习到的各种英语母语本土教师经常使用的先进的教学方法，注重英语教学中的任务牵动（Task-Based）、小组合作（Group work）、以学生为中心（Students central）的理念。我启发学生带着问题参与活动，一起解决问题；我帮助学生用英语去做事情（Doing things in English），如问路、购物、点餐、制作手工等，我的课堂呈现了与众不同的活力。我组织了更多任务型的课堂活动，让课堂更有层次，更有活力；我着重关注学生的学习态度与学习情感，让英语的语言知识与语言技能在学生良好的情绪体验中更好地完成。我为学生拓宽了多样的学习途径，如：墙上张贴了Class rules和单词字母卡片，和学生一起做英文墙报、策划英文手抄报展、建立评价档案袋等，让学生每一天都浸泡在英语学习的海洋中。我还通过英文绕口令、英文诗歌、英文歌曲、英文广告、英文菜单、英文谚语等方式扩充学生对西方文化的理解，让学生在潜移默化中适应和接受另一种文化，培养了他们广阔的视野和丰富的世界。

因为我的潜心钻研与努力创新，学生的英语学习成绩优异，我的英语教学也取得了突出的成绩。

（二）大赛摘桂，劳有所获

2007年11月，我迎来了人生中一次重要的赛事——全国小学英语（新标准）教学研讨会暨课堂教学展评，我作为唯一代表为辽宁省小学英语出征。在厦门的赛场上，我镇定自若，从容不迫，展示了自己厚实的英语实力和教学基本功，以精彩的授课和课后全英文说课的优异成绩获得了大赛的一等奖第一名，为辽宁省和大连市的小学英语教学争得了荣誉，我的事迹被刊登在当年12月的《大连日报》（2007年12月17日）、《半岛晨报》（2007年12月11日）和《大连晚报》（2007年12月11日）上。

为了这次大赛，在抽了赛签之后，我足足准备了一个多月，一个月体重减掉5公斤——因为孩子小，在小学低年级，每天照顾好孩子，辅导完学习，我才开始备课，每天晚上都是12点之后才入睡，备课、修改教案、制作课件、自己说课，然后在区级和市级的教研中多次上试教课，多次磨课，多次调整思路，多次推翻重改。我每天晚上站在镜子前，练习空讲，背诵自己的说课，仿佛走火入魔一般；我还用录音机录下了很多遍自己的空讲，反复听自己的授课，找出各种问题，修改后再试教。直到开赛的前一天，我还在修改我的课件，加进新的教学灵感。

一场大赛给我带来了全新的感受，真正体验了什么是"台上一分钟，台下十年功"。一场大赛让我更加深信：只要有耕耘，便会有收获。

（三）出国讲学，为国争光

2004年6月，我代表大连市为首次来大连参观学习的日本金泽市代表团贡献了一节精彩的四年级英语课 *Chinese people invented paper*，随后这节课的视频被带回了日本，供很多英语老师观摩、学习、研讨，这次活动还被日本NHK电视台播放，我被他们亲切地称为"中国的红衣服英语老师"，在当地非常有名气。之后的四年时间里，我连续为日本、英国等来连参观的教育代表团上了多节展示课，而日本金泽市英语教学研修团每一次来必听我的课，还要和我一起研讨、交流。

2008年11月28日，作为中日英语教学交流的使者，我被邀请到日本金泽市，参加了在那里举办的日本"全国小中一贯制英语教学推进大会"，会上先播放了7分钟当年10月来大连观摩我的课的精彩录像，然后我在会上又做了5分钟的经验介绍——介绍了课堂上怎样创设情境、怎样以学生为中心设计活动，还介绍了活动所遵循的教学理念，受到了与会者的一致好评，掌声如潮。当年的《大连日报》(2008年12月8日)、《大连教育》杂志（2009年第1期）都刊登了这一消息。2010年第1期的《人民教育》刊登了《一方充满激情与活力的热土——辽宁省大连市西岗区教育改革发展掠影》一文，开篇就介绍了我的这一事迹。《大连日报》还将这一次的讲学称为：大连基础教育的英语教学被日本采用和推广，这是我国基础教育英语教学经验成果首次被发达国家采用推广，在我国教育发展史上具有深远的意义。作为一名一线教师，能让自己的英语教学为祖国争得如此的荣誉，我既骄傲又自豪。

（四）勇挑重担，无怨无悔

在努力提高教学能力的同时，我也尝试提高自己的教育能力，从科任向班主任发展。2003年9月，我担任了一个只有9个学生的英语特色班的班主任，学生是来自全市各个学校的转校生，后来每个学期都陆续有学生转来，三年后这个班学生人数达到了45人，三年间我不断创建班集体，不断让新来的学生融入班级大家庭，努力建设良好的班风、踏实的学风，学生变得团结而又活泼，班级各项工作都取得了骄人的成绩，体育比赛年年第一名，三年来的各科考试及格率都是百分之百，最后学生都以优异的成绩小学毕业，他们的英语成绩名列前茅。

第二次和第三次的班主任经历很相似，都是有老师离职以后班级缺班主任，我在关键时候临危受命，挺身而出。这两个班级和平行班相比都是纪律差一些，班风较为涣散，学习成绩不太优秀的班级，我接手后没有轻言放弃，而是全力以赴地去调整，去帮助，做到关心爱护每一个学生，公平公正地对待每一个学生，给学生无微不至的呵护，让他们幸福快乐地成长。由于工作的投入与认真，良好班风的不断建立，我深受学生与家长的拥护与喜欢，学生在各项活动中都崭露头角，名列前茅。

从 2003 年 9 月至 2016 年 8 月，我有近十年的时间在做着班主任，带着一个年级的最多 15 节英语课。脑力和体力的双重透支，让我的身体发出了严重的警告。2005 年，我做了一次声带小结双侧切除手术；2013 年，我又做了一次甲状腺恶性肿瘤右侧全切手术。我的健康受到了严重的损害，家人都为我担心，但我并不后悔自己的选择，如果学校还有这样的需要，我依然会选择冲上前去。

2016 年 9 月起，我不再担任班主任工作，继续做英语教研组长，负责英语教学。

在这段我不后悔的时光里，我唯一觉得亏欠的就是我的儿子。第一次做班主任期间，我的孩子才刚四周岁。为了管理班级，我必须早出晚归，孩子的爸爸是另一所学校的老师，我们都很忙。所以每天早晨我的孩子永远是幼儿园里第一个到的，晚上几乎都是最后一个被接走的。幼儿园的门卫爷爷最认识我的孩子，因为他总是第一个来，和爷爷一起在门卫室里待着，一直等到幼儿园阿姨上班了，再给带回教室；晚上，有时候孩子一个人待在教室里，孤独地玩着玩具，等着爸爸妈妈来接——很多个傍晚，接孩子回家的路上，我和先生都心生愧疚，我常常牵着孩子的小手，走着走着就泪流满面。

那段舍小家为大家的日子，我觉得自己全是凭着对教育事业不忘初心的执着才坚持下来的。每当自己将一个班级顺利地送到了中学，我都觉得累并欣慰着，虽然我亏欠了我的孩子，但是我没有耽误学生的成长，我给了学生更多的陪伴，让他们体验了幸福的难忘的小学时光，我觉得很值——这是我自己的廉氏教育情怀！

（五）劳有所获，展望未来

在忙碌的兼具班主任和英语老师双重身份的日子里，我丝毫没有放松自己的业务追求。二十七年的教学生涯中，我取得了骄人的成绩，我被评为"大连市骨干教师""西岗区小学英语学科带头人""西岗区小学英语兼职研训教师""西岗区学科特色教师""西岗区学科草根培训专家""辽宁省义务教育精品课例优秀教师"。2017 年我荣获了"辽宁省省级骨干教师"的称号。2021 年我被评选为辽宁省小学英语教研核心团队骨干成员。我先后获得了全国课堂教学大赛的一等奖、全国光盘录像课的一等奖、辽宁省教师教学技能大赛的一等奖、辽宁省小学教师教学基本功大赛的一等奖、辽宁省教学课件制作大赛特等奖、大连市各项英语教学比赛教学基本功的一等奖。作为外研社的培训专家、国家基础外语教育培训中心的国音专家，我先后到全国多个城市执教引领课和培训教师；我编写过很多教师用书和课堂教学建议，并参与编写了很多教学辅助用书。我的论文在各级各类评比中获奖。我指导的学生多次获得全国小学生英语竞赛一等奖，在大连市第 12 届"枫叶杯"英语演讲比赛中，我的学生获得了决赛 5 个选手中的 2 个一等奖……

我的证书很多很多，放了满满的一大抽屉，每次翻看它们，我都是在回首自己走过的路程，一年又一年，在教育教学的不断研究与探索中，我逐渐成为一名经验丰富的老教师，成为小学英语教学的培训专家。

2020 年，新冠肺炎疫情暴发，我这个老教师再一次冲在前面，参与省级与市级的"停课不停学"线上教学活动，先后录制了三节省级教学微课、两节市级教学微课，为全面抗疫作出了自己的一份贡献。

在成长的路上，我承担了许多别人没有承担的任务，挑战了很多人没有挑战的工作，而这些勇敢的承担与挑战，恰恰给了我很多的机会。在机会来到的时候，敢于勇挑重担的人才能拥有更多的机会与收获，这是我的深切体会。

二十七年的拼搏让我收获了很多，回首无怨无悔。最初那个在父母的劝说下走进师范学校大门的小丫头，凭着开朗活泼的个性，凭着一股不服输的韧劲，凭着对教育事业的无比热爱，走出了一条独具特色的教育教学之路，成为如父亲所期待的优秀教师。

我热爱着我的教育事业，我愿意继续追求我的梦想。

我喜欢酸甜苦辣的教育过程，我享受教育带给我的满满幸福！

名师档案

廉双红

辽宁省大连市实验小学英语教师，中学高级教师，全国基础外语教育研究培训中心国培项目培训专家，辽宁省骨干教师，辽宁省义务教育精品课例优秀授课教师，辽宁省小学英语教研核心团队骨干成员，大连市骨干教师，大连市品牌教师，大连市西岗区英语学科带头人，西岗区英语学科特色教师，西岗区小学英语草根培训专家，西岗区小学英语兼职教研员。

多年来，在全国各地多次做教学示范课、观摩课、教师培训，深受各地老师的喜欢。

穿越思想的河流

江苏盐城市第一小学　王咏梅

思想的河流既需要领航的巨轮，也需要白帆点点的小舟；教育思想不是教育家的专利，普通教师也应该有自己的思考印记。

初为人师：在浅水区跋涉

1988 年 8 月，从盐城师范专科学校毕业的我非常幸运地被分配到心驰神往的建湖县中学工作。走进县中的大门，迎面而来的是竹影婆娑的校园、意气风发的教师和朝气蓬勃的学生。这一切让我既新奇又兴奋。学校严谨求实的教学氛围、纪律严明的工作制度和优胜劣汰的竞争机制，又让我产生了一种从未有过的工作压力。我意识到，我那点有限的知识储备根本不足以应对教学中的实际问题，必须一切从头学起。于是，日常工作中老师们挥洒自如、收放有度的身影，成了我学习的榜样；公开教学中老师们的一言一行、一招一式，成了我模仿的范式。教研组的前辈们也频繁光顾我的课堂。在听课和评课中，我得到的既有中肯的批评，也有热情的鼓励；既有耐心的指点，也有赞许的微笑。在不断的鞭策和磨砺中，我不敢有丝毫的懈怠。钻研教材，精心备课，认真上课，耐心辅导，脚踏实地，苦练内功……渐渐地，那种上课如履薄冰、如临深渊的感觉逐渐稀释，我的教学技艺日臻成熟，教学水平也迅速提高。1990 年，我参加建湖县初中外语教师教学基本功竞赛，获得了一等奖。1993 年至 1996 年，我调至盐城市第三中学工作，出色地完成了从初一到初三的循环教学，获得了校"教坛十佳"的称号。

八年的中学教学生涯，我一直在教学的浅水区艰难跋涉。我虚心学习前辈们的宝贵经验，努力打磨自己的教学技艺，为的是能胜任教师这一神圣的职业，做一个学生满意、家长满意、学校满意的合格的中学英语教师。

潜心探航：摸着石头过河

如果说建湖县中学为我的专业成长提供了肥沃的土壤，那么，盐城市第一小学则给了我一片教学和研究双翼齐飞的天空。

1996 年，盐城市第一小学开全市先河，率先在小学开设英语课。我也因此而调到一小任教。那时候，小学英语教学还处于探索和实验阶段，没有多少理论的支撑，没有任何成功的经验。各种版本的教材、形式各异的教法、褒贬不一的评说冲击着小学英语这块刚刚开垦的处女地。一时间，真可谓百家争鸣、百花齐放。为了能给小学英语教学一个准确的定位，上至教育管理部门、研究部门，下至各级各类学校，都开展了小学英语教学研究的实验。在小学英语教学领域里刮起的这阵改革之风，也鼓起了我在探索和研究的海洋里一往无前的风帆。作为首批任教小学的英语教师，我理所当然应该站在教学改革的前沿。我搭着学校"九五"课题的快车，申报了学校的立项课题"小学英语活动法教学"。经过两年的探索和实验，初步构建了"视听呈现—模拟操练—情境交际"的活动法教学模式。我撰写的实验报告《小学英语活动法教学初探》发表在中央教育科学研究所主办的报纸《小学教学改革与实验》1997 年第 13 期。看到自己的课题成果登上了国家级的报纸，我第一次感受到一种无与伦比的幸福。此时，新一轮课程改革正以前所未有的生机与活力在全国范围蓬勃开展，它深刻地影响并改变着我的教育观念和行走方式，也为我开展课题研究提供了更为广阔的平台。我先后主持了盐城市教育科学研究院规划课题"促进小学英语教师行动研究不断优化的实践与研究"、江苏省教育学会立项课题"小学生英语词汇记忆策略的训练和实验研究"、全国基础教育外语教学研究资助金项目课题"盐城市小学生英语学习策略的调查与研究"、江苏省"333 工程"科研资助立项项目"小学英语 O2O 阅读课程的建构与实施"、国家"万人计划"教学名师自主选题科研项目"三微课程：小学英语课程校本化实践研究"等国家级及省市级课题。我撰写的研究报告多次发表在全国中文核心期刊和省级期刊上。这些科研成果正逐渐转化成有效的教育教学行动，为广大师生的教与学所采用。

课题研究促使我开始在教学改革的浪潮中大胆探航。从事课题研究，进行实验改革，一次次探索和实践，促使我不断丰富教育智慧，不断提高教育艺术，不断深化教育思想。

课改弄潮：在游泳中学会游泳

2001 年，教育部颁布《全日制义务教育 普通高级中学英语课程标准（实验稿）》。新课程标准秉持全新的课程改革理念，在课程目标、课程功能、课程结构、课程内容、课程实施、课程评价及课程管理等方面都发生了重大变化。新课标要求我国从 2001 年始，在全国全面推进小学英语课程，这是我国小学英语教学方面的重大突破和创新，也给小学英语教师提出了更新更高的要求。小学英语教师要确立崭新的教学理论，改进原来习以为常的教学方法、教学行为和教学手段，重新认识和确立自己的角色。

在新课程理念的推动下，小学英语课堂需要得到富有活力的重建。

为了追寻理想中的英语课堂，我从审视自我、剖析自我开始，进行课堂教学的重建。上课前，大到教学流程的设计，小到教学细节的处理，我都殚精竭虑，力求完美；课堂上，我尽量创设宽松民主的学习氛围，开展丰富多彩的学习活动，以满足学生快乐成长的愿望；下课后，我静静地坐在办公室里，从容地整理自己的教学思路，梳理自己的教学行为，反思自己的教学得失。随着我对课堂教学感情的升温，每天例行的教学反思就成了我生活的一种需要、一种习惯。教学过程中某一精彩之处，活动开展中的巧妙之举，偶发事件上的教学机智，都成了我反思的资源；课堂教学不尽如人意，教材处理拿捏不准，师生活动不够协调，也成了我反思的素材。我不停地挑战自我，超越自我，逐步形成了亲切、自然、清新、严谨的教学风格。我先进新颖的教学理念、灵活多样的教学方法、轻松和谐的教学氛围得到了专家和同行的一致好评。我先后参加了盐城市小学英语优质课比赛、江苏省第二届小学英语优质课会课、全国小学英语教学技能大赛等，都取得了很好的成绩。

我在大量的教学实践和多次参赛经历中积累了丰富的教学案例。我将这些教学案例总结和提炼，多篇发表在《小学教学设计》上。我参加市级、省级赛课的课堂实录被收录进新课程教师培训精品教材《新课程名师精彩课堂实录：小学英语卷》。我将教学中点点滴滴的经验和体会记录下来，结合教学理论总结和提升，写成了多篇教学论文。到目前为止，我在《中小学外语教学（小学篇）》《教育探索》等全国中文核心期刊及其他各级各类教育教学杂志发表论文数十篇。

撰写教育教学文章为我提供了一个记录自己研究经历的机会，使我经常处于反思的状态，使我由一个单纯的实践者转化为研究者。通过反思，我看问题有了新的视角和新的理解，我的教育思想也有了一定的深度和高度。随着教学视野的开阔，我反思的范围从个体扩展到群体，由微观扩展到宏观。教学从此在我眼里变得神圣起来——它像一片富饶的土地，埋藏着大量的宝藏，等着我去开掘、耕耘、采撷和探寻。可以说教学反思使我真正地进入教学研究的生命状态，使我用整个心灵去拥抱我从事的工作，使我领悟教学工作博大而丰富的内涵，使我体会到教师职业的幸福与快乐。

上下求索：扬起远航的风帆

2003 年 11 月，我受江苏省教育厅国际交流中心的委派，赴新西兰国立西方理工学院学习访问。这是一次我终生难忘的经历：第一次坐飞机，第一次跨出国门，第一次感受到天地之广阔，第一次认识到故步自封的狭隘。在国外学习期间，我除了接触西方先进的教学理念，学习西方先进的教学方法外，还把有限的时间投入到读书学习中。在国外一个多月，我硬是把英国人 Jeremy Harmer 的原著 *How to Teach English*（《怎样教英语》）看完，写下了几万字的读书笔记和学习日志。我撰写的文章《新西兰的快乐教育》发表在《教育艺术》2004 年第 4 期。《我眼中的新西兰教育》一文则从办学规模、办学目标、办学特色、课堂教学、课程设置和学校管理等方面对新西兰的教育作了全方位的介绍，该文被收录进新课程师资培训丛书之《跨出国门看教育》。

2004 年 12 月，我考取辽宁师范大学攻读英语教育硕士。回到了久违的大学校园，我暂时忘记了家庭的羁绊和学生的牵挂。一时间，身轻如燕，健步如飞。教育硕士属于在职进修，管理比较松散，如果不珍惜机会好好学习，三年的时光转瞬即逝。读研期间，除了必修和选修的研究生课程，校园里定期开放的图书馆、学术期刊网、专家的讲座、教授的讲课、同学之间智慧的碰撞，都成了我学习的宝贵资源。

在接下来的时间里，我又先后到上海外国语大学、清华大学、国家行政学院、英国纽卡斯尔大学等中外高等学府进行短期的培训。这些培训让我看到了许多新鲜新奇的东西，接触到国内外先进的理念和前沿的信息，弥补了我原有的知识盲点，更新了我固有的思维模式，对我从事教育研究、改进教学有许多新的启示。

学习离不开读书。这些年来，我广泛地涉猎了《当代教育学》《实践教育学》《教育心理学》《语言教学的流派》等教育理论专著，系统地研读了《爱弥儿》《给教师的一百条建议》《教育与生活》《新教育之梦》等中外教育名著。正是这些点点滴滴的积累，使我的心灵一天天丰厚起来。读书就像一条明亮的小溪，欢快地流过我干涸的心田，滋养着我灵魂的四季，温暖我生命中一层又一层的年轮。

心有多远，思想就有多远。丰富的学习经历和广泛的阅读体验，也为我在教学研究领域的进一步远航扬起了风帆。

以笔作楫：徜徉在思想的长河

回顾 20 年的教学生涯，不难发现贯串我专业发展的一根红线，它成了我生命中一条清晰的筋脉，那就是——写作。有了课题报告和教学案例的铺垫，我自然地想到教学论文的撰写。我开始有意识地将教学中点点滴滴的经验和体会记录下来，就像童年记忆中那一枚枚闪闪发亮的硬币被小心地放进储钱罐。当它们可以摇得叮当作响的时候，我便如数家珍似的取出来，把它们串联起来，整理成文。就这样，一篇又一篇的文章投寄出去，一篇又一篇的文章新鲜出炉。慢慢地，我的教育教学论文开始零零星星地出现在各种教育类报刊上，成了我教学生活中一缕缕灿烂的阳光，照亮我前行的路。

一篇篇发表的文章，就像散落的珍珠，我都一颗一颗地收集起来，希望有一天能够串成美丽的项链。久而久之，我成了《中小学英语教学与研究》《中小学外语教学（小学篇）》《基础教育外语教学研究》《小学教学设计》等杂志的忠实读者和作者。在投稿的过程中，我还和杂志社的许多编辑老师成了未曾谋面却神交已久的朋友。写作使我的触角伸向了远方。写作也成了我教育生活中的一个重要支点。从某种程度上可以说，我把教育给予我的全部力量和我对教育的全部热情，都融入自己的文字里了。写作成了我精神世界的诺亚方舟，载着我渡过生命中一个又一个的朝朝暮暮。

随着写作经验的丰富，我萌发了写一本小学英语教学方面专著的念头。我系统地总结了自己在小学英语教学实践中的经验体会，具体分析了小学英语教学中字母、单词、对话、语法等语言知识和听、说、读、写等语言技能的教学方法，研究了简笔画、童谣、游戏等传统教学方式和现代化教学手段在小学英语教学中的具体应用，并对小学英语教材、小学英语教学法、小学英语课堂教学、小学英语教学手段、小学英语教学技能和小学英语教学评价等方面作了多视角、多层面的论述，写成了教学生涯的第一本专著《小学英语教学论》。2006 年 12 月，此书由新华出版社正式出版。2009 年，获第五届中国教育学会科研成果二等奖，2010 年，获首届江苏省基础教育教学成果二等奖。

2006 年到 2016 年，整整十一年的时间，小学英语课程发生了巨大的变化，我个人在专业上也得到了长足的发展。以我的经验和眼光重新审视小学英语课程，又有了许多新的认识和发现。因此，我撰写了第二本专著《小学英语课程论》。全书基本涵盖了小学英语课程的研究基础、相关理论、发展历史、课程标准、课程内容、教材变更、课程实施、教学模式、课程开发和课程评价等各个方面，不仅从理论层面，而且从实践层面，尤其是在理论和实践相互印证的层面，不断切换角度，力求将理论高度和实践深度结合，全面系统地探寻了小学英语课程的内涵和本质，完善了小学英语课程体系。2017 年，这部专著由江苏凤凰教育出版社出版，先后获江苏省教学与研究成果奖一等奖、盐城市哲学和社会科学成果奖一等奖、盐城市基础教育教学成果奖特等奖。

2016 年至 2020 年，由于我先后被评为国家"万人计划"教学名师和江苏省"333 高层次人才培养工程"第二层次培养对象，我的教学研究有了更高的平台，主持了省级和国家级的科研项目。基于项目的研究成果，我撰写了第三本专著《小学英语 O2O 阅读课程》，系统地介绍了小学英语 O2O 阅读课程的研究背景、体系构建、资源开发、实施策略、线下实验、线上实验、个案研究和评价体系。本书于 2019 年 11 月由江苏人民出版社出版。2020 年，获江苏省哲学和社会科学成果奖三等奖。

在我的整个教学生涯中，最让我感到庆幸和欣慰的是，我一直在探索、思考、研究、创新，一直在追寻与完善属于自己的教育思想。让教育充满思想，让思想激活教育。有一天，我们的年华终将老去，但我们的思想会在足迹中闪光，并照亮前行的路。

名师档案

王咏梅

国家"万人计划"教学名师、江苏省"333高层次人才培养工程"第二层次培养对象、正高级教师、江苏省特级教师、盐城市名师工作室领航名师。先后出版专著《小学英语教学论》《小学英语课程论》《小学英语O2O阅读课程》，分别获江苏省基础教育教学成果二等奖、江苏省教育教学与研究成果一等奖和江苏省哲学和社会科学成果奖三等奖。主持的江苏省"333工程"科研资助立项项目"小学英语课外阅读O2O课程体系的构建与实施"，旨在在互联网＋教育的背景下，构建一个连接教师和学生两端的线上线下联动的无边界立体化的课程体系。

与生命对话

山东省青岛市嘉定路小学　刘青

"教师是人类灵魂的工程师。"——三十年的教育生涯告诉我，教师就是一个与生命对话的职业。三十年来，我时时处处都在与不同的生命对话，既有学生、家长、专家、领导、同行，也包括自己。所有这些都让我很珍惜、很感恩。正是这些生命之间的对话成就了现在的我，激励着我在教书育人的道路上不断地求善、求真，在感悟生命真善美的同时感悟教育之道，不断成为更好的自己。

一、与学生对话，做有爱心的智者

教育是师生心灵的对话，教育的过程就是师生心灵与生命共同成长的过程。在课堂上捕捉灵感的火花，在生活中寻找教育的智慧，在创新中挥洒自己的激情，在师生的共同成长中体验一个教育者真正的快乐——这，就是我的教育情怀与追求。一个期望走向成功的教师，应该不时地低头看一看，自己的双脚是踩在坚实的土地上，还是浮华的泡沫上；自己的身边，自己的心中，是否还有那些曾是你思想、行动、智慧、成功、快乐之源的学生。

苏霍姆林斯基说过这样一段话："在每个孩子心中最隐秘的一角，都有一根独特的琴弦，拨动它就会发出特有的音响，要使孩子的心同我讲的话发生共鸣，我自身就需要同孩子的心弦对准音调。"这段话让我感触颇深，并始终铭记于心。

我的学生喜欢通过日记、周记等形式和我说一些悄悄话。这时候，我总是以朋友的身份回答他们的问题，或者是给他们提出一些帮助和建议。

有一次，一个学生悄悄地交给我一本笔记本，他说这是他写的"书"。说我是唯一可以看的人。打开后，第一页两个大字："日子"，作者——Sam（他的名字）。我真的大吃一惊，这竟然是他自己写的一本书，和倪萍的《日子》同名。我非常感激他对我的信任，怀着好奇、兴奋的心情打开了这本不算太厚的书，也打开了他的内心世界。看着看着，我看出了问题，倒不是写作方面的，而是在字里行间看出一种悲观、消极、灰暗的情感，显然这是他心理活动不自觉的流露："我觉得自己好累啊！为什么要做这么令人生厌的习题？为什么要背这么枯燥无聊的课文？灰色的日子什么时候才能结束？……"才这么大的孩子，能把自己的想法写出来，文采又这么好，说明他是个有思想的学生。为什么要把美好的童年说成"灰色的日子"呢？作为老师，我有责任帮助他解开心中的结。

但是，他把我看作朋友，如果我用老师的身份直接和他谈一些大道理，不仅辜负了他对我的信任，恐怕也收不到好的效果。于是，我就像对待真正的朋友一样，经常找他聊天，先做一名忠实的听众，听他讲书中的故事，讲他生活中不愉快的事，而我也在一次次的聊天中试着把自己的想法不断地渗透给他，让他看到生活中也有很多美好的东西，比如我们之间的友谊等等。

当我把这本书还给他的时候，我在上面写了这样一段话："非常感激你的信任，能把心中的秘密告诉我。其实只要你用心去体会每一个人的心，体会父母、老师、朋友、同学的心，观察大自然的神奇变化，用一颗博大的心试着去接纳周围的人和事，你会发现生活中还有很多值得回味的美好事物。我希望你能把你的《日子》继续写下去，但是里面可以写一些阳光灿烂的日子，留一些美好的回忆，好吗？"

后来，他真的继续写了。令我欣喜的是他的性格变化比较大，开始愿意参加学校里组织的活动了。在青岛市首届校园舞台剧大赛中，我推荐他参加了英语童话剧《白雪公主》的表演，他扮演剧中的一个重要角色，表演贯串故事始终。他没有让我失望，大热的天，一遍遍地排练，从不叫苦，还帮助老师拿道具，帮助低年级学生背台词。他的语音优美、富有激情，他的表演给所有人留下了难忘的印象，成为整台演出的一个亮点。

在毕业作文中，他写道："我和我的同学是最幸运的人，因为我们有一位最好的老师，她像妈妈一样关心我们，像大姐姐一样爱护我们，像最知心的朋友一样帮助我们。无论再过多少年，我们都会想念我们的 Miss Liu……"

还有一次，学校要组织一些学生外出上录像课，但因为人数有限，所以有十几个学生不得不留在班里，我成了临时班主任。

面对这些愁眉苦脸、满肚子委屈的学生，我就想：怎么才能让他们开心起来，不要在心中留下一道阴影呢？

正在这时，一个学生的舅舅来接他，说今天是孩子的生日，想请个假，早点回家。我一看那个学生，还是一脸的不高兴，我想：不应该让他带着受到伤害的心情回家！同时，我也一下子有了个好主意。

我先是把这位家长请进教室，然后大声地对孩子们说："今天是 Jim 的生日，咱们给他开个 party 好不好？"孩子们立马活跃起来。接着，我带头拍着手，唱起了"Happy Birthday……"，我还让每个学生向他说一句祝愿的话。顿时，欢快的笑声驱散了教室里的愁云。

这个孩子离开教室前激动地向我和同学深深地鞠了一躬。当他抬起头时，我分明看到他的眼里闪着晶莹的泪花。我相信，这不是委屈的眼泪，他用笑容把感动和幸福写在了脸上。

第二天，我收到孩子妈妈写的一封信，信很长，主要是感谢的话：谢谢刘老师保护了孩子的自尊心，孩子回来后很开心，说一定要好好学习英语……

从此，这个孩子的录音作业是全班最好的，而且是由妈妈和他一起分角色朗读。

我把这件事的前后经过记录下来，加上自己的感悟，写了一篇《爱心体验》，发表在《儿童心理发展研究》杂志上。那是 1995 年，我写的文章第一次正式发表。

二、与师长对话，常怀感恩之心

坦率地讲，在自己专业发展的道路上，我能有今天的成就，除了个人的努力外，还离不开那些始终关注我、帮助我、鼓励我、支持我的领导和老师。也正是因为自己经历过独自在茫然中摸索前行、一步一个跟头的痛苦，才更能体会到这种来自师长的帮扶和指导有多么宝贵，多么暖心。

王言吉主任是我仰慕的教育前辈，也是我成长路上的一位引路人。记得有一次，他负责的《教育文摘》中有一篇关于英语作文的文章，他不是很有把握能否录用，想了解一线教师对此文的体会，就专门和我进行了多次的沟通，耐心细致地询问我的看法。通过这件小事，我初次认识了他那种严谨认真的治学态度，让我既感动又佩服。

2011年初，青岛市教研室组织专家到校对我的"小学英语多维互动教学法"进行实地考察。本次考察组的组长就是王言吉主任。考察的程序是：我的教学法汇报30分钟—查阅资料—领导、教师访谈—学生访谈。整整一个上午的时间，紧张而又忙碌。不过令我感到欣慰的是，专家的评价还是比较高的。考察顺利结束了。几天以后，我收到了王言吉主任的一封电子邮件：

刘青老师：

你好！

十多年前调研双语教学时，曾听过你的课，留下了深刻的印象；这次评选优秀教学法，先是看了你的总结材料，又到学校做了实地考察，对你的教学方法印象就更深一些，评审组的同志也一致认同这是一个优秀教学法。2002年你就被评为特级教师（已写入《青岛教育纪事长编》，并配有你的照片），这八年，你仍然不慕名利，从不张扬，潜心于课堂，执着于自己的追求，实为可敬。

关于教学法的研究与实践，我想提几点粗浅的建议，供你参考：

其一，在走过一段路之后，要站在一个更高处，透过读书或与著名教育专家对话，深入研究和思考：教育的本质是什么，课堂教学的本质是什么，儿童的认知规律和心理特点是什么，儿童掌握母语以外的、作为一种交流工具的英语最适合的方法是什么？从而形成属于自己的认知，作出独立的回答；其二，然后，回过头来再对自己的教学法进行提炼和解读，从而形成一个更具特色的、更清晰的教学模式；其三，更多地撰写教学案例或教育教学叙事；其四，在区市教研室帮助下，有计划地在更多的学校进行这种教学法的实验。

教科所编的《青岛教育》很可能近期要介绍你的教学法，除了师生互动的经验，还要突出生生互动方面的经验。（另外，有没有师生与文本的互动经验?）写文章时，大理论要少一些，生动和短小的案例多一点，原则和方法清晰一些。好读的、生动的东西，别人才愿意看，作为一种方法也才容易推广。

以上很可能都是些外行话，只是感动于你对课堂生命性的追求而说。

春节快乐，全家幸福。

王言吉

2011 年 1 月 20 日

读完这封信，我的心情久久不能平静。思考良久，我给王主任回复了一封信：

王主任：

您好!

读完您的信，真的让我非常感动！您在百忙之中还对我如此关注，不仅给了我很多鼓励，更在教学法的研究上详加点拨，细读之下，获益良多。

回想自己的专业成长历程，如果没有各位师长的引领帮助，就不可能取得今天的发展。所以，在庆幸自己总能遇见明师的同时，也时刻不忘怀着一颗感恩的心，用加倍的努力，来回报师长们的关爱和期待。

在研究教学法的这些年里，我真正感受到了自己在专业乃至心灵方面的成长。做一个普通的教师很容易，但要做一个有着自己教育思想和教育灵魂的教师，太难了!

我所认识、所敬重的教育前辈和师长都有一些相同之处，最显著之处就是博学而不失谦和，激扬而不失理智，踏踏实实地为我们的教育做一些实事。比如您，无论是做研究，还是办刊物，都在尽自己的心力，用自己的感知和感悟给教师提供帮助。这种境界是长年从事教育工作的结果。如果没有对教师职业的深入理解，是很难拥有这种价值观和使命感的。

我在做了二十年教师以后，方才觉悟自己离"名师"的境界相去甚远。在开始进行教学法研究的时候，自以为研究的对象只是一种教学的方法。时至今日，却发现自己面对的是一个专业乃至人生的新境界。

我常为自己的教学法研究而惴惴不安。我是一名一线教师，在教育教学理论方面根基浅薄，在系统地开展课题研究上也缺少经验。之所以选择"小学英语多维互动"这个主题，完全是出于自己多年来的教学体会和思考，也就是作为第二语言的小学英语的兴趣性、需求性、功能性等方面的关系问题。学得与习得、兴趣与需求，这些与语言学习至关重要的问题，开始悄悄改变我的课堂教学，并最终引发了我对兴趣前提下的语言互动教学的思考。

正像您所说的，英语教学其实并不仅仅是学科教学的问题，而更多的是教育教学的本质和如何选择正确的教学方法的问题。

我也知道，我必须在目前的基础上对自己的教学法研究进行再思考，在理论和实践中提炼自己的认知。您所给出的四点建议，真是一语中的，确实是我目前最需要着手去做的事。

谆谆教诲，定当谨记，希望不要辜负您的期望！

春节将至，诸事忙碌，却耽误了您这么长时间，真是不好意思。请您以后继续多加帮助、多多指导，谢谢！

祝您春节快乐，安康幸福！

刘青　敬上

2011 年 1 月 23 日

如果你想去寻找最好的风景，却发现峰回路转，乱花迷眼，急切间找不到一条正确的道路；如果你想扬帆起航，却发现波涛茫茫，东西难辨，彷徨中找不到一条前进的航线；如果这个时候，有人走到你的面前，给你勇气，给你鼓励，同时也仔仔细细地告诉你，哪里有泥潭，哪里有暗礁，哪里才是你应该寻找的方向——这对你是何等重要！又是何等值得感激！

所以，这么多年过去了，在我的邮箱里，始终保存着王主任的这封邮件。同时，也永远保留着自己一颗感恩的心。

三、与自己的心灵对话，做从容淡定的老师

经常坐下来，与自己的心灵对话，就如同长途跋涉的旅者住进一座驿站，洗去身心的疲惫，还自己从容与宁静，在丰富的精神世界里体验超脱的愉悦，在喧嚣纷扰中冷静地审视自己的内心世界，在与心灵的对话中感悟教育和生命的真谛。

经常与自己的心灵对话的人，一定具有很强的反思能力，而这种能力恰恰是教师走向成功的必备品格。反思无处不在，感悟由心而发。不经历长久的思考，又哪来"顿悟"的快乐？比如，读一本好书，在与大师的对话中汲取智慧和营养，在思想和观点的碰撞中感悟心灵成长的快乐。有些观点对我的教育教学有启发，马上记录下来，然后写下自己的理解和感悟，久而久之，这些理念就内化成自己的行动指南。

很多老师最愁的事情就是写论文，感到无从下手，不知道锁定什么方向去写。其实，这主要是因为缺少积累，平日没有及时捕捉灵感的火花，马上记录所思所想，并在随后的时间里也没有进行更深层次的思考和行动。我觉得自己一个比较好的做法就是：多年来养成了写教学日志的习惯，一周之后，再把一个周当中最值得深入思考的内容加以整理，写成周记。2020年寒假，我除了每天备课、上网课，其余的时间（包括周末）主要是在整理自己这些年的教学日志和一些札记，汇成一本20多万字的教育专著《追寻教育的快乐》，2020年出版，也算是对自己工作三十年的

一个回顾吧。

　　与生命对话，悟教育之道，让我拥有了更丰实的底蕴，也赋予了我更加深厚的教育情怀。所有这些都离不开一个共同的基础，那就是我深爱着的课堂。在追寻教育理想的道路上，学生和课堂是我们永恒的立足点，也是我们一切教育思想和教育行动的原点。只有把自己的根、自己的心深深地植入课堂，始终和学生在一起，我们才能真正体验到教育的快乐，享受到教育生命中的春华秋实。

名师档案

刘　青

　　青岛嘉定路小学英语教师，正高级教师。教育部"国培计划"专家库成员、教育部基础教育教学指导专业委员会委员、山东省齐鲁名师领航工作室主持人。曾获国家"万人计划"教学名师、全国模范教师、全国优秀教师、山东省特级教师、齐鲁名师、山东省教育创新人物、青岛市拔尖人才、青岛市劳动模范等称号。

　　"小学英语多维互动教学法"被评为青岛市优秀教学法。曾出版教育专著《追寻教育的快乐》，主编《走进名师课堂——小学英语》一书，发表论文30余篇。

我的成长故事

天津市河西区教师进修学校　路培琦

　　我自幼充满好奇心，尤其喜好自然科学，小学时参加过科技夏令营，学做飞机模型，安装矿石收音机，喜欢养花种草，饲养小动物。上中学时参加模型组活动，制作塔式起重机模型、解剖青蛙等科技活动。

　　1960 年，我从天津师范学校毕业后被分配到第二附属小学工作，不久即拜老自然教师刘培贞老师为师，开始了小学科学教育的生涯。

　　1960—1979 年，学教自然课，并立志把平生之所学教给学生，想尽办法让学生喜欢自然课，通过自制教具、演示实验、讲科幻小故事等引发学生的学习兴趣。

　　在这期间，我组织了许多科技兴趣小组的活动。我有幸参加了少年宫组织的无线电报务培训班，由退伍的电报员进行培训。回到学校我就组建了一个无线电报务小组。学校非常支持，给我一间房间，花钱买了器材。报务组的学生放学后来我这间报务室先写作业，然后，我教他们收发电报。经过一段时间的训练，他们进步很快，参加市里的比赛，获得了第二名的好成绩。后来，我在全校开展了收报的训练，每天下午放学后，我打开广播器，各班的小喇叭就响起了滴滴答答的发报声，各班同学在班主任的带领下练习收电报。我还组织了一项全校大型的电报演练活动。电报组学过英文电报以后，转换为汉语拼音，我在体操台上发报，下面的同学把收到的电码记录在小黑板上，再拼出汉字，展示给全校同学看，获得了全校同学的掌声。

我还组织过一次中秋节"登月晚会"，用幻灯打在屏幕上形成一个圆月亮，我放了一枚救生火箭，照得半边天通红，由两名小学生扮演宇航员出现在屏幕里，我再发电报给他们。电报的滴答声，让全校同学都以为他们真的上了月球。

电报组的赵从义同学后来参军，在福建前线当上了电台台长；杨子江参军，当上了内蒙古骑兵通讯班班长；李鲜枫当上了远洋运输公司的电报员。

我还组织了动物饲养小组、无线电组装半导体收音机小组、天文气象小组、飞机模型小组、航海模型小组等。我联系天文台，借来了大天文望远镜，搞过一次观月亮上的环形山晚会，学生和家长都非常高兴。

我带领航海模型小组同学制作了一艘无线电遥控护卫舰模型，有2.4米长，曾在天津中心广场的海河表演，去水上公园和北京后海表演，能放炮，发射火箭和深水炸弹，共24响。航海模型小组的朱继伦同学考上了大连海运学院，他说："就是因为跟着您做船模，我要驾驶真的船去航海。"

还有一名学生成了我国第一艘核潜艇上的水兵。动物饲养小组的莫慧考上了医学院。这都是小学时期给他们的影响。

那时，我校分得了两台16毫米的电影放映机，我每两周在操场上给学生和家长放电影，多是科教片和童话片，很受大家欢迎。

当时，正在搞电化教学活动，我用白铁为每间教室打了一个幻灯盒子。找邻居工厂师傅车的零件，组装好二十几台幻灯机供老师们使用。我还为老师们制作各种幻灯片，如数学的简易几何图形，用折叠片演示三角形、梯形、平行四边形的公式推导，提高了教学效果。为一年级语文课文《小小的船》"闪闪的星星，蓝蓝的天空"制作了双幻灯片，一台放映蓝天，黄色的弯月亮，另一台盖一张用铅笔扎许多大小不同的洞的卡纸。上课时，教师用手在第二台幻灯机上来回晃一晃，就出现了星星眨眼的情景，而画面上却没有手的黑影，听课的老师都非常惊讶，下课时都纷纷前来观看。我告诉他们其实很简单。

那段时间，我一直管理学校广播室，为各间教室安装小喇叭，装大操场的扩大器，钻到楼顶里去排线，为学校安装电铃（以前用手摇铃）。哪个教室的日光灯不亮了也找我去修，我成了学校的半个电工。

这期间，我结识了市教研室的自然教研员刘宗起老师，他把我吸收到市教研中心组，我们六个老师每周半天活动时间，一起搞教研，互相做课，给全市教师提出指导改革方案等。这使我提高得很快。我们市中心组后来出现了四位特级教师。

1980 年，我参加了人教社新编《自然》教材的试教工作。刘默耕老师到我校来听课，我讲的是"植物的果实"，课上关于胡萝卜是不是果实引起了争论，我把他们的争论压下去了，按照我事先备的课上了下来。课后刘默耕老师问我，孩子们争论胡萝卜是不是果实的场面多好呀！你为什么把他们压了下去？我说，我怕掌控不了局面。他说，你很能掌控局面，三言两语就把他们压了下去。于是，他给我讲了上海李子平老师的一节"形状和承受力"的课是怎么上的。他启发学生自己动手动脑，用一张纸叠出不同的形状，然后比较它们的承受力，学生生动、主动地学习，收到了良好的教学效果。刘老师启发我，要我转变教学指导思想，把教师教，转变成学生主动地学。在刘老师的指导下，我改变了思路，后来上的"植物的果实"一课，被中央电教馆录成了录像带，发放到全国放映。这是我的第一节录像课。（见《课程·教材·教法》1982 年第 1 期）

1983 年，中央电教馆在沈阳召开的电教选片会上放了我的这节录像

课，并让我讲了我的第一篇论文《教学指导思想的转变是改革自然教学的关键》。（见辽宁省教育学院《教学参考》第 137 期）

1982 年，美国哈佛大学兰本达教授来京讲学，刘默耕老师打电话让我去听课。她讲的是"探究—研讨教学法"，用一种新的理念，新的教学思想改革我们的教学，特别是她讲的"社会结构·思想体系·教学方法"的理论使我震撼，原来我不遗余力地教知识是在传输封建思想！培训讲座持续一周，还看了兰本达的教学电影，使我下定了一定要改革我的教学的决心。回来后，我就试着用"探究—研讨教学法"上了一堂"爬行动物"的试教课。我把课堂实录寄给了刘老师，他又把它寄给了兰本达。兰本达在给他的回信中评价了我的这节课，给了充分的肯定，并指出了改进的建议，这给了我很大的鼓舞。

1984 年，兰本达第二次来中国进行为期 28 天的培训，我有幸作为天津市的代表（每省 1 名，直辖市 2 名）参加了这次培训，由于兰本达知道了我，所以她让我当班长。她拿我们学员当"孩子"进行教学，给我们详细地讲了她的理论。我们还观摩了她给北京郊区的小学生上的"蜗牛"一课，生动地展示了她的"探究—研讨教学法"的魅力。她还让我们每人备一节课，把教案交给她，她认真地批改我们的"作业"，带领我们自制教具，然后用这些教具进行教学实践。经过这次培训，我更深刻地理解了兰本达的教育思想和教学方法，促使我更深入地研究下去。回来后，我向校长做了汇报并建议给我一个试教班和一个一年级数学班，我要用新的教学方法进行实验，得到校长的支持。

我和市教研员刘宗起老师对我教过的实验班学生做过一次跟踪调查，这个班共 42 人，当年考上重点中学的有 36 人，这 36 人大多到了中学表现突出，他们对生物、物理、化学等学科非常感兴趣，并成为学生中的骨干、课代表。我们收到家长反馈的信件，普遍反映学生在中学学习成绩优良，学得轻松、愉快，不觉得负担很重。这说明在小学自然学得好，为中学的学习打下了良好的基础。①

1985 年，刘默耕老师给了我一份手写的资料，那是他参加中央领导同志学习班上钱学森报告的笔记《现代思维与改革漫谈》。我得到这份材料心情格外激动，他老人家那时体重只剩 35 公斤，多次住院抢救，却还那么孜孜不倦地学习，并把他的笔记传给了我，是希望我能在自然教学的改革之路上努力创出更好的成绩。

我从钱学森《现代思维与改革漫谈》中受到了很大启发，联系到我的自然教学，便产生了我的探索思路。他谈道：思维的基础是大量的感知，观察是感知的最重要的途径，观察能力是人的最基本的认识能力，只注重质的观察而不注意量的观察就不完全、不确切，能够以数值观念去思考事物，发现和理解各种概念和规律是非常重要的基本能力。由此，我深感我们在教学上的不足，便拟定了我的教育科研课题——教孩子用数学方法学自然。我把现行教材中的有些内容进行了定量处理。如太阳和影子、物体的重量、水的浮力、杠杆、滑轮、轮轴、斜面、人的生长发育等。还自编了一些带有探索性的定量观察课，如"摆的快慢跟什么有关系""测定一杯热水的温度""测定一杯冷水加热时的温度""小天平""树叶和人"等。在一系列的定量观察能力培养过程中，强调掌握科学方法，注重培养科学态度，加强了学生对科学观念的理解，使学生的科学素养有了大幅度的提高。②

邢莹同学拿一块小白石头来找我借天平，想称一称它的重量，并问我："您知道这是什么石头吗？"我观察了一阵儿，知道它是鲅鱼的鱼脑石，他笑着对我说："您太棒了！"他说用小刀刻划，刻不动，硬度至少有 6 度，用天平称有 9.5 克重。我表扬了他的细心。

---

① 路培琦，郁波.路培琦自然教学改革探索［M］.济南：山东教育出版社，1999：44.
② 路培琦，郁波.路培琦自然教学改革探索［M］.济南：山东教育出版社，1999：85-95.

还有一次，赵嘉屏同学问我："鱼的心脏离开了身体还能跳动吗？"我说："你说呢？"她说："我母亲杀鱼，把内脏取出，我发现有个地方还在跳动。"于是我指导她：下次你母亲再杀鱼，你把它的心脏剪下来放在碗里，记录每分钟跳多少次，一共能跳多长时间。后来她写成了一篇科学小作文，获得了天津市少儿科学作文二等奖。

这两个例子说明，学生经过这一轮强化定量观察能力的训练，他们的量化思维能力有很大提高。

由于我认真备课，认真教课，学生都非常喜欢上自然课，每当我出现在哪个教室的门口，全班同学都热烈鼓掌，全校老师就知道我在哪个班上课了。第一个教师节前一天，校长要求每个学生做一朵小红花，在教师节，送给最喜欢的老师。教师节那天，全体老师面向全校学生，学生到前面来献花。我的花都拿不过来了，只好用衣服兜着，我成了全校最受学生喜爱的老师。

一次我上"小水轮"一课，学生做实验发现水位越高，小水轮转得越快，于是站在椅子上，有的站上了桌子。正好校长从窗外经过，他发现我的课上孩子们太活跃了！于是在全体会上说："路老师上课，学生还敢上桌子！孩子们在精心地做实验，不管后面有多少听课的老师，他们都全身心地投入学习。我们要向路老师学习，改革我们一讲到底的教学模式，要让学生积极、主动地学习。"后来，校长让我给全校老师上了一节"引路课"，掀起我校教学改革的热潮。

我当时是科任组组长，在我的启发下，历史老师一改一讲到底的老模式，在讲"戊戌变法"时，正看过《谭嗣同》电影，他组织学生展开讨论，对光绪、慈禧和谭嗣同发表议论，学生踊跃发言，各抒己见，讨论非常热烈，这节课被评为最优课，这位老师后来被评为高级教师。

图画课老师组织学生集体作画，因为刚游完水上公园，他让每一行学生共作一幅水上公园的记忆画，每个学生只画其中一部分，大家合作完成一幅完整的公园图画。学生的兴致非常高，开创了图画课新的教法。

1985 年，我还有幸参加了在北京召开的联合国亚太地区理科咨询员柯林先生的培训班，他强调：小学自然课的任务不是教知识，而是教孩子！教孩子怎样认识世界，热爱大自然，学会科学方法。这进一步坚定了我改革自然课的决心。后来我写成了论文《教孩子用数学方法学自然》，获天津市教育科研成果二等奖。

1988 年 9 月，在太原召开了全国优秀自然课邀请观摩会，为期一周，有几十节课供观摩。我上了一节"树叶和人"[1]，杭州的章鼎儿老师上"碘和淀粉"，上海李子平老师上"弹簧"，大家公认我们这三节课是最突出的。从那时起，自然学界称我们为"三剑客"，我们也成为终生的好朋友。

就在这一年，我被评为小学中学高级教师、特级教师，我把这个消息写信告诉了兰本达教授，她非常高兴，并鼓励我继续为中国的科学教育事业努力。她还要我去甘肃山丹培黎学校进行"探究—研讨教学法"的培训。这是一所农林牧中专学校，它的前身就是兰本达的好友、国际友人路易·艾黎在抗日战争时期创建的"培黎学校"，那时他带领许多孤儿创办了工读学校，边学习，边劳动，学技术，培养了许多高级工程师。我受她之托，从 1988 年到 1990 年，每年暑假在那里工作一个月，培训该校教师，考察并指导该校建立农林牧实验基地。兰本达为该校募捐了 13.2 万美元（其中大部分是她自己捐的），让我在天津教学仪器公司购买了 25 台生物显微镜送到山丹培黎学校。

1990 年 7 月，我正在山丹工作，接到人教社副社长武永兴先生的电话，告诉我兰本达逝世的消息。我万分悲痛，立即给美国发了唁电，并连夜写了一篇悼念文章《悼念敬爱的兰本达教授》[2]。我和兰本达教授自 1982 年相识，一直通信联系不断，她在来信中评价我上过的课，并给我许多指

① 路培琦，郁波.路培琦自然教学改革探索［M］.济南：山东教育出版社，1999：131-144.
② 刘沛生.兰本达的"探究—研讨"教学法及其在中国［M］.武汉：崇文书局，2015：223.

导和鼓励，我在事业上的成功，离不开她的思想指导，我每年工作回来都要给她和世界教育社写工作报告，在她的回信中说："再次感谢你为甘肃教育现代化和帮助实现路易·艾黎的事业方面所作的巨大贡献。"

一位 80 多岁的老太太，不远万里来为我们国家的科学教育事业操劳，无私援助中国的教育事业。她还要感谢我一个中国教师为自己的祖国工作。我的心里真不知是什么滋味！我将不遗余力地工作，传播她的教育思想和教学方法。

1990 年是我人生的一大转折，我告别心爱的工作了三十年的附小，调到区教师进修学校。教育局局长希望我能培训区里的自然教师，建成一支高素质的专业教师队伍；并允诺，全区不得将我培训过的自然教师移作他用。我自编了《自然教学法》《自然教学心理学》，教老师制作简易实验仪器，组织大家参观天津市气象台、自然博物馆、天津科技馆，鼓励大家充分利用这些场馆进行现场教学。我曾组织大家去蓟县观星座，教他们认星座。还请了南开大学生物分类学教授教大家识别野生植物，并采集制作生物标本。经过了几年的努力，我区自然教师的教学能力有了较大提高。在我的指导下，我区青年教师有 3 人在全国优秀课评比中获一等奖。

在此期间，受联合国儿基会委聘，我承担了"远距离师资培训项目"自然学科主讲、主编，由山西电教馆制成录像带，发往全国贫困地区，作师资培训使用。

这一时期，受教育部委派，我参加了"教材审定委员会"。负责自然学科审查委员工作，并任组长，审查全国各地送审的自然教材，作出评价及修改意见，为我国教材建设贡献了一份力量。

这一时期，我和章鼎儿、李子平经常受邀赴全国各地参加教学研讨会。北至黑龙江哈尔滨、大庆，南至广东、广西、海南，东至山东、江苏连云港，西至新疆乌鲁木齐、伊犁，走遍祖国各地，宣传我们的改革思想，上观摩课、评课、做讲座，传播兰本达的"探究—研讨"教学法。后来，李子平被教育局调去搞教学仪器公司，只剩我和章鼎儿到处跑，并获得雅号"南章北路"。此时章鼎儿已调到省教研室做教研员工作。他便拉着我跑遍浙江省各地市，培训当地的自然教师。

2000 年，受美国世界教育社委托，由湖北姜允珍组织我、章鼎儿、刘晋斌（湖北武汉水果湖二小自然老师），去西藏拉萨对那里的中专技校老师进行"探究—研讨"教学法培训，为期 10 天。后又去了山南、日喀则等地。

就在这一年，"21 世纪科学教育与刘默耕科学教育思想研讨会"在湖北武汉召开。在会上，我上了一节"连通气球"，作为我告别教坛的最后一次"演出"，引起全国同行的关注，至今热度不减。（教学录像见"科学教育网"）

2000 年，我受聘参加教育部新课程标准的编制工作，任核心组成员。从此，我们的自然课改为科学课。

2001 年，受江苏教育出版社委托，我参加苏教版小学科学教材的编写工作，任其中一位主编，另一位是南京师大郝京华教授。教材编写工作时间紧、任务重，我们编写组经常昼夜连着干。但我心里充满喜悦，为学生编出一套好教材，是我一生的夙愿。我要把我对科学教育的理解和我一生的经验，体现在我们的教材上。

教材编好通过审查后，我们又要到全国各个使用我们教材的地方去培训，推广新的理念、新的教法，又一次跑遍全国，这项工作直至现在。

2008 年到 2018 年，我受北京桂馨基金会邀请，和章鼎儿同为特聘专家，赴四川汶川进行教师培训工作。我们走遍各县，在地震棚里给老师们讲课。并选拔优秀者到杭州进行深度培训，边听课，边实习。然后以他们为骨干，带动当地老师进行教学改革。同时期还去过青海、湖北、甘肃等贫困地区进行支教工作。

2018 年以后，便谢绝一切邀请，安度晚年。

名师档案

路培琦

　　山东惠民县人，1941 年出生于天津。1960 年天津市师范学校毕业，分配到第二附属小学工作。1990 年调到天津市河西区教师进修学校，任自然学科培训教师。2001 年退休。小学、中学高级教师、特级教师。

乘着歌声的翅膀

江苏省南通师范学校第二附属小学　黄美华

　　1987 年，18 岁的我从南通师范学校音乐班毕业，带着全部 5 分的成绩，带着六学期的三好学生奖状，也带着满满的自信和憧憬，走进师范二附小，开启了音乐教师生涯。如今，已经当了三十多年老师的我，以十年为一个"乐章"来书写自己的教育故事。

第一乐章：探索

　　探索，是一种磨砺，是一种沉淀，更是一种成长。

　　初入课堂，我才发现自己原有的知识储备远远不能满足学生的需要，课堂上充斥着不安分和噪声，让我苦恼万分。静观老教师的课堂，学生仿佛被施了魔法，那么投入，那么动情。我羡慕，又不好意思讨教，就想办法"偷学"：经常在老教师的教室外面走来走去，暗中观察；主动去老教师的班级帮忙打扫卫生，借机讨教；到各科老师的公开课堂，将好的教学设计记下来，自己依葫芦画瓢地使用。

　　当一个好老师，要学习的东西实在是太多了。1990 年，学校开办了全省第一个以学校为基地的青年教师培训中心，我加入其中。每天下班后，就着白开水啃馒头，读书、写字、练画，夯实基本功。1991 年，我报考了音乐大专班，每周一次钢琴和声乐小课，不管是寒风凛冽的冬天，还是酷热难耐的夏天，骑着自行车，往返一个多小时，提升自己的专业技能。1993 年，我参加选拔，成为南通经济广播电台的业余主持人。电台海量的音乐光碟让我欣喜若狂，在主持节目时，我结合音乐作品寻找文本资料阅读，让自己的音乐内存扩充了很多，也让自己成为听众最喜欢的主持人。

有人说，一个新教师的最佳发展期是最初的三到五年，错过了，就很难再成功。我觉得，自己的最初发展期很长，用了整整十年的时间。这是我的第一个十年，学校领导非常关心我的成长，经常推荐我参加各种教学比赛，让我历练。但由于诸多原因，我每次比赛的结果都是二等奖，这个"二等奖"一拿就是十年。

第二乐章：收获

收获，是一种喷发，是一种认可，更是一种激励。

第二个十年，从 1997 年的南通市音乐教师基本功大赛中开始了。由于比赛的内容很多，我给自己制订了一套满负荷工作时间表：白天在学校备战教学比赛，晚上回家练习音乐基本功，撰写论文。吹竖笛是我的弱项，我几乎不会吹。当时，孩子小，我常常半夜一两点起床，关紧门躲在厨房里吹。功夫不负有心人。我终于获得了声乐、弹琴、吹竖笛、课堂教学、论文写作，所有的第一名，这是我教育人生中的第一个第一名。第二年，我又参加了市优课评比。从接到通知到比赛，只有一周的时间。我查找资料、录制音响、修改教案等，常常忙到凌晨才回家。最终，从市里到省里，再到全国，我获得的都是一等奖。在喜悦的同时，我更加坚信自己可以上好音乐课。

记得匈牙利著名教育家柯达伊曾说：谁是基斯伐达的歌唱教师，比谁是布达佩斯歌剧院的指挥要重要得多。因为不胜任的指挥是会下台的，可是，一个不胜任的教师，会毁灭三十个年级所教班学生的音乐才能。从柯达伊的名言中，我们深切感受到，一个好的音乐教师对学生的重要性。这句话，也一直鞭策着我，向着优秀进发。

上课时，我全身心投入，用情、用智投入到师生共同营造的生命场中，让课堂焕发勃勃生机，放射生命的熠熠光彩。针对学生爱音乐不爱音乐课的情况，我创设生动活泼、灵活多样的教学情境，引导学生参与音乐实践活动，获得音乐的直接体验，为掌握音乐的知识技能、领悟音乐内涵、发展音乐才能打下良好的基础。针对低年级孩子唱歌，经常会出现"走音"的现象，我认真聆听每个孩子发来的演唱录音，及时纠正，并提出解决问题的措施，不让"五音不全"的标签伴随孩子一生，影响他们一辈子的自信。用贴在教室里的"红苹果"记录孩子的每一点进步；签订"秘密条约"，帮助特殊的孩子改正一个个小缺点；"五分钟歌唱"让小歌星有了施展才华的舞台；"首席小助手"的称谓让"调皮大王"有了发挥正能量的地方。智慧、创意的活动，让更多的孩子迷恋我的音乐课堂。

学习仍是第一要务。1999 年，我考取了南师大音乐学院进修本科，博学的教授，丰富的资源，让我看到音乐的世界很大，音乐的学习永无止境。同一年，我荣幸地进入江苏省小学音乐教材组。在教材组里，编写教材、教参，为教材录制示范课，制作配套课件，等等，让我对整套教材有了更全面、更深入的了解，可以从更开阔、更高远的视角审视音乐教学。

音乐老师经常会有突击性的排练和演出任务。排练前，提早介入，反复制订富有创意的节目方案；排练时，千方百计在课堂与课外寻找平衡点，挤出时间练习；演出前，服装、道具、化妆品等"粮草"的准备，所有人员的调度安排，必须让自己像"指挥员"一样细致周详；演出时，神经紧绷，体会"救场如救火"的紧张；演出后，身心疲惫，需要长时间的休整才能得到恢复。每一次的认真对待和倾力付出都会使学校获得诸多荣誉，也使学生和老师获得同步成长。

音乐活动的蓬勃开展，为学校增添了无限活力。我是学校音乐学科组长，时刻把学校放在首位，艺术活动开展得红红火火。我指挥的"百灵鸟合唱团"多次荣获省、市一等奖，还应邀参加中央电视台《同一首歌》、世界港口经济洽谈会闭幕式、亚洲艺术节等重大演出。学校的百年校庆由我担任艺术总监，全面负责所有节目创作与编排、音乐编配与录制、服装租借与制作、观众交流与互动……五个多月的连续奋战，换来一台大气恢宏、文化意蕴深厚的校庆演出，也赢得了来宾的一致赞扬。

音乐是个小学科，但小学科可以有大作为。努力和辛劳换来了学校领导对我的肯定和珍视。2004 年，我被教育部、人事部评为全国模范教师。2005 年，我成为南通市唯一的、全省最年轻的小学音乐特级教师。2006年，破格获评中学高级教师。

第三乐章：追寻

追寻，是一种提升，是一种跨越，更是一种境界。

第三个十年，我又遭遇了人生的一次"滑铁卢"。2007 年，市教育局在全市遴选第一梯队名师培养对象，首批 20 人，我落选了。校长吴和平急切地跑到教育局了解情况，得知我落选的原因是论文级别不高。她又替我"打招呼"，找导师，让我当了一名"旁听生"，我格外珍惜这来之不易的学习机会，全身心投入新一轮的学习。每个人都有自己的短板，而这块短板恰恰决定了一个人的整体高度。知道了自己的"短板"，怎么办？只有更加努力。第二年，我顺利通过导师团的考核，正式进入梯队。

在导师的引领下，我开始反思音乐教学存在的问题和弊端。记得郭声健教授在《艺术教育论》一书中指出：目前我国音乐教学突出的问题，就是音乐教学文化意蕴的缺失。因此，充分认识音乐教学的文化性格，让音乐教学充满文化内涵，将是音乐教学改革过程中面临的一个最为重要和关键性的问题。的确，受应试教育的影响，音乐教育也存在着重知识、重形式的弊端。在望而生畏的识谱中，在乐理知识的灌输中，在没有情感的练习与命令中，儿童的音乐灵性被窒息了。音乐课程标准出台之后，"音乐与相关文化"这个板块让音乐老师欢欣雀跃的同时，也让很多老师迷失了方向：有的老师过分强调音乐的人文内涵，使音乐课没了"音乐味"；有的老师片面理解音乐性，又使音乐课缺少了文化意蕴。

在导师的帮助下，我从自己的教学案例中挖掘关键词，提炼教学主张——文化语境中音乐教学的实践与研究。这个教学主张是根据国际音乐教育的趋势、中国音乐教育存在的弊端以及我个人的教学风格和实践探索提出来的，它从"音乐中的文化"入手，强调在原有音乐认知、体验的基础上，更加关注音乐与文化的密切联系。将音乐知识和技能的学习放在文化的大背景中，让学生既学习音乐的知识技能，又能获得文化素养的提升。但是，将音乐作为一种文化进行教学探索并非易事。音乐作品中的文化内涵，像"密码"一样隐藏在旋律、节拍、和声等音乐要素中，它需要教师从音乐中慢慢探寻。比如，人们用"委婉连绵"一词来形容《二泉映月》，我们如何让学生从作品的音乐要素中感受这种风格特点呢？一是这部作品主题采用"鱼咬尾"的形式，上一句的最后一个音和下一句开头的第一个音是相同的；二是乐曲的结构为"循环变奏体"，每一个乐段的开始，都由相同的乐句引出；三是作品深受道教音乐、无锡锡剧、江南小调的影响等，诸多因素使得这部作品听起来环环相扣、委婉连绵。从音乐作品中探寻"文化密码"，需要反复聆听音乐，走路的时候听，吃饭的时候听，休息的时候也在听，听到这首曲子在任何地方停下来，你都可以接下去唱出来，才算"听好了"，才可以开始设计教学活动。

文化语境中的音乐教学摒弃"一节课只教一首歌，只听一首乐曲"的传统方式，引领儿童围绕文化主题浏览、聆听大量音乐作品，犹如读书一样，"音乐耳朵"的形成也需要量的积累。如围绕"小步舞曲"这个文化主题，对比感受巴赫、莫扎特、贝多芬创作的小步舞曲独特的气质和姿态；围绕"彝族风情"这个文化主题，在歌曲《阿西里西》以及根据歌曲创作的变奏中感受民歌的起源、独特的民族文化与风情；围绕"古曲的发展与变迁"，欣赏不同时期、不同形式的《渔舟唱晚》，了解这首乐曲的"前世今生"。大量音乐的欣赏与文本的"阅读"，让学生从更宽阔的视野，体察作品的文化内涵和音乐风格，提升音乐感悟和理解能力。

音乐学习不同于文化知识的学习，它需要学生亲身参与实践活动，获得对音乐的直接感悟。文化语境中的音乐教学摒弃传统的"师问生答"，关注儿童音乐学习方式的转变，将儿童的学习体验放在首位，教师设计具有文化韵味的音乐体验活动，引导儿童主动参与其中，以获得更加丰富的情感体验，更好地促进思维发展和素养形成。在 2012 年、2016 年《江苏教育》杂志上，我刊发了主持的专题《引导儿童关注音乐中的文化》和《文化语境中音乐教学的探索》，详细阐述了自己的研究历程。该研究申报江苏省教育科研重点课题，获江苏省基础教育成果评比一等奖。渐渐地，我发觉自己的音乐课堂有了三种"味道"：教学活动围绕音乐要素设计，有了"浓浓的音乐味"；音乐体验需要每个儿童参与，有了"纯纯的儿童味"；音乐作品纳入文化大背景中思索，有了"厚厚的文化味"。

南通市名师团五年的培养期，我在读书、研讨、思考中慢慢度过了。五年后，市教育局为我们成立了南通市中青年名师工作室，首批 17 人。工作室成立后，吸引了来自南通和苏州等地的一批有共同教育理想和追求、有相同学科专业背景的优秀音乐教师一起参与研究。我们以教学研讨、基地活动和网络交流为载体，让工作室成为音乐教师研究的平台、成长的阶梯和辐射的中心。

工作室扎实开展专业研修活动，使个人研修与团队研修相结合，努力提升团队成员的专业素养。根据音乐教师的具体情况，开展"主题式阅读"。这个"主题"，可以是上课的课题、课题研究的专题、教学单元的标题等。围绕主题阅读文本，聆听音乐，让教师的研究更加聚焦、眼界更加开阔、思维更加深入。现在，学、思、行、著已经成为工作室每个成员主要的专业发展方式。

工作室以课题研究为载体，针对课程实施中的难点和重点，带领成员展开专题研究，提升课题研究能力。目前，工作室有四个省市规划课题同时开展研究。此外，工作室还与其他学科工作室结成联盟，开展跨学科、跨学段研究，在联盟活动中取长补短，抱团发展，共同进步。组织学员参加全国音乐教育名师的课例研修，学习各位名师的教学主张、教学思想和经验。借助各种展示平台推出领衔人与成员的教学成果，磨砺教学教艺，使专业发展再上一个新台阶。项目研究是工作室成员成长的"助推剂"。工作室研发的"南通教学实践能力课程——小学音乐网络课程资源"，被中国教师研修网采用，成为全市音乐教师暑期研修唯一学习材料。工作室充分发挥示范、辐射作用，与乡村音乐教师签订"手拉手协议"，与苏州、常州等地音乐教师签订"青蓝合同"，为来南通学习的"国培班"学员提供备课指导和现场观摩，接待广东、浙江、福建、河南、山西、黑龙江、西藏等省外音乐骨干教师学习考察。

作为领衔人，我一直以自身的努力成长引领成员的专业发展，被评为南通市园丁奖、江苏省教学名师、江苏省基础教育委员会音乐学科专家委员、长三角音乐学科专家、教育部国培专家等，工作室成员也从默默无闻的教师成长为学科带头人、骨干教师，学校也被评为全国艺术教育先进单位、全国中小学中华优秀艺术传承学校、江苏省艺术特色学校，学校音乐学科被评为江苏省工人先锋号等。

教师的专业发展归根到底是为了学生的发展，工作室通过领衔人带动成员，再通过成员带动周围教师一起发展。通过这种"滚雪球"式的发展模式，让更多教师成长，让更多儿童受益。让儿童在音乐的熏陶、感化中，成为具有较高音乐素养的人，真正做到"人生享受音乐、音乐美化人生"。

有学者说，"课比天大"。这里"课"的内涵非常丰富，有职业道德、敬业态度、职业精神，也有教师专业精神、专业程度，更有高尚的职业道德信念。"课比天大"，就是将课堂视为生命，让课堂成为诗意栖居之地，成为师生精神飞扬之所。我将"课比天大"作为自己的座右铭，将它镌刻在我的心中，浸润周身血脉和灵魂深处。我从不因个人事情缺席音乐课。有外出任务，总会提前调好课。即使家庭遭受重大变故，也都会保证学生的音乐学习时间，努力使他们获得最好的音乐熏陶和滋养。

第四乐章：再起航

再起航，是一种勇气，是一种胸怀，更是一种信念。

2017 年，我入选"江苏人民教育家培养工程"，2018 年入选国家"万人计划"教学名师，由此开启了自己的第四个十年。

我与语文学科的老师冲破长期形成的学科固定模式，互相牵手，进行基于音乐学科的"跨界学习"研究。跨界学习是跨越自己日常学习的边界，向其他学科学习并寻求多元素交叉的新型学习方式。在小语课本上，有很多与音乐有关的经典课文，如《二泉映月》《京剧大师梅兰芳》《音乐之都维也纳》等，还有的课文本身就是美妙的歌词，如《长江之歌》《歌唱二小放牛郎》等。以这些内容为抓手，音乐老师与语文老师都有了非常经典的跨界教学案例，学生也非常喜欢这样的跨界学习。每年开学，我们将语文教材和音乐教材放在一起研读，一方面，借助文学作品的力量，缩短学生现实生活与音乐世界之间的距离，帮助学生理解音乐产生的背景；另一方面，促使学生从不同的艺术角度感悟相同题材的教学内容，这样带来的体验会更深刻，带来的震撼会更强烈。

由于音乐作品较少，音乐与语文的跨界学习，是由音乐学科为主导的，即前提是要有相关的音乐作品。最早的"跨界学习"是音乐书中的"古诗新唱"。古人的诗歌都是可以吟唱的，但由于没有统一的记谱方式，很多古谱没能保存下来，我们无法知晓古人是如何吟唱的，这是非常遗憾的事情。现在，有很多作曲家尝试为古诗词重新谱曲，称为"古诗新唱"。音乐与语文的跨界学习，首先，组织两个学科老师开展"跨界备课"，语文老师带领音乐老师了解古诗背景，理解诗意，吟诵诗韵。音乐老师推荐较好的音乐作品，通过分析解读，引领语文老师感悟音乐家如何用音乐语言表现诗歌的情感与意蕴。如，《静夜思》这首作品，音乐老师推荐了黎英海创作的版本，其中在"举头望明月"的地方，作曲家用了比较高昂的旋律，在"低头思故乡"的地方，旋律转为低沉，与人的动作、情感非常吻合。夹杂其中的一个八分休止符，让"望"字有了音断气连的效果，很多学生因此联想到人的"哽咽"声，让诗人的"思念"变得更加形象生动。我们还组织"跨界课堂"，让音乐老师和语文老师一起为学生上课。如学习《江南》这首古诗，语文老师首先带领学生了解古诗的意思，进行朗诵表演。音乐老师则会按照歌曲的节奏来朗诵古诗，通过体态律动感受歌曲的节奏、旋律等音乐要素，引导学生会唱歌曲，唱好歌曲。最后，音乐老师与语文老师合作，将学生分成两组，进行歌唱与朗诵的卡农表演。这样的跨界学习，不仅整合了音乐与语文的学习资源，优化了学习方式，更让学生获得生动立体的感知，达到最佳的学习效果。我们音乐学科与语文学科的"跨界学习"已开展了很多年，为此还申报了课题。

三十多年来，我有滋有味地做着一件事情，当一名好教师。将平凡而辛劳的教师工作做得有意思，做得有意义。三十多年来，我始终坚守着音乐课堂，和学生一起享受课堂，享受音乐。三十多年来，我执着坚韧地跋涉在音乐教育研究的道路上，坚持着一个小学音乐教师在实践层面的自主创新，从日常教学的点滴改进，到音乐课程的开发研究，成就学生，成就自己。三十多年来，从个人的踽踽独行，到工作室的抱团发展，我看到了让更多学生音乐素养不断提升的希望。

　　我和学生一起努力成长，把每一天过成典藏版。

名师档案

黄美华

　　江苏南通师范学校第二附属小学音乐教师，国家"万人计划"教学名师、全国模范教师、江苏省小学音乐特级教师、江苏省教学名师、"江苏人民教育家培养工程"培养对象、江苏省优秀教育工作者、江苏省"333 高层次人才培养工程"培养对象、教育部国培专家、江苏省基础教育指导委员音乐学科专家委员、长三角地区音乐学科专家、中国音乐家协会会员等。在教学上，曾获全国、省、市音乐优秀课评比一等奖等。从 1999 年开始，一直担任苏少版小学音乐教材分册主编，主编、参编小学音乐教材、教参 50 多本。编写《京剧》一书获江苏省校本教学资源评比一等奖。编写《排笛》《艺启成长》等书，由江苏凤凰少年儿童出版社出版。一直致力于"文化语境中的音乐教学"的研究，该研究获江苏省基础教育成果一等奖。

"山娃"的梦想

重庆市渝北区教师进修学院　刘启平

这辈子能与音乐结缘纯属偶然。

我出生在重庆铜锣山脉的一个小山村，父母祖辈都是地道的农民，家的四周都是大山，风景秀美宜人，我的那副好嗓子就是从小在大山砍柴割草时大声呼喊、吆喝出来的。除了在山中独行壮胆、哼哈几声之外，还时常与伙伴们站在山巅上比试，看谁的声音传得更远、回声更响亮，大伙儿都以此为荣，齐声吼叫、连绵不绝，那声音中的渴望和穿透力只有大山之子——"山娃"才能体会得到。

那时候听音乐只有村里的高音喇叭，那喇叭两个一对安装在最高的山尖上，声音特别大，传得也特别远。记得每天早中晚都能听到，播音员的方言版新闻播报和通知，完毕之后就听广播歌曲，我总是一边跟着大人割红苕藤、掰苞谷，一边就有事没事地听歌。可能是音响资源有限，一首歌曲往往要听上好多天甚至几个月，李双江、吴雁泽、胡松华，以及后来的李谷一、关牧村、彭丽媛等许多歌唱家的成名曲百听不厌、随口能唱，歌词、曲调我几乎都能倒背出来，但因生来腼腆、胆子太小，又没舞台，从不敢在人前表演，只能在背后哼唱几声。

对我影响最深的是读小学一年级时的陈纪伍老师，不知道他是从哪里调到我们这个山村学校的，记得他那时都很老了，他水平很高，但总是皱着眉头。先生除了教我们语文、数学外，还教音乐课。音乐课没有风琴，也没有教材，但老师有一把镶了金边、像古董似的二胡，每节课他都要拉上一段，不知道老师曾经经历过什么，也记不清当时拉的是什么曲子，但老师拉琴的姿势和运弓的动作特别洒脱、特别好看。那琴声时快时慢，柔美婉转、如泣如诉，仿佛在告诉我们什么。虽然当时我们很小，听不太懂，但上课特别认真，眼睛盯着二胡一动不动，跟着唱起歌来也特别有劲，几十年过去了，依然历历在目。也许我一个山村娃的音乐种子就是在那时播下的，不解之缘由此而生，现在想来，真是太有幸了。老先生现在95岁了，身体依然硬朗，声若洪钟，他九旬生日时还邀请我做他的寿诞主持人，我欣然应允，倍感荣耀。

后来，我考上了县里的师范学校，算是走出了大山。心中那颗音乐的种子像是发了芽，对音乐着了魔似的。

起因是学校里也有个特别老但特别喜欢学生的音乐老师叫王仁龙。刚到学校报到，他就来我们班上挑选会演奏乐器、会唱歌的学生，组建学校的学生乐团。同学们几乎都来自农村，读书都是苦逼出来的，音乐对我们来说很陌生。我在十几个学生中是唯一能吹响笛子还能吹歌曲的，王老师特别惊奇，这也是他后来特别关照我的原因之一。追溯起来其实也没什么，读初中补习那年的一个深夜，我在土楼上做完作业，伸了个懒腰，偶然发现墙角深处不知什么时候、什么原因躺着一支破旧黢黑的笛子，像是被烟熏过，笛尾还有条裂痕，看见它的时候还挂有蜘蛛网，家里没人会吹，也不知它是怎么来的。我连忙拿起来，来不及擦洗干净，就吹了起来，没笛膜也能吹响，我真是太高兴了。生产队里朱家"五爸"比我大好几岁，会吹笛子，时常清早就在山崖边吹响，吹的调调都是高音喇叭里播放的歌曲，我有时一边割着牛草，一边跟着哼哼，觉得特别好听，好生羡慕。自此，这支"黑笛"就成了我的玩伴。

进入学校的"乐团"之后，我学会了识谱，也学习了比较规范的笛子演奏姿势和吹奏技术，有了更多的机会接触音乐，参加学校更多的音乐活动。王老师会演奏很多种乐器，包括小提琴、小号、笛子、二胡、板胡、手风琴等等，可以说吹、拉、弹、打样样都会，他总是毫无保留地传授给学生，受教的学生都很喜欢他。师母过世得早，女儿女婿又离得远，他那不算太宽的家时常成了我们的音乐演奏厅。那段时间，我真是久旱逢甘露、如鱼得水，学习音乐几乎疯狂，王老师也特别关照我，我时常得到他的单独指点。他耐心细致作示范的神情和对音乐的挚爱让我记忆犹新，现在想起依然特别感动。由此，我的笛子、二胡演奏技术突飞猛进，很快就脱颖而出，成了年级的"头牌"，经常参加学校周末晚会的独奏表演。老师的风琴演奏水平不高，只会八度伴奏，常受到其他年级另一位音乐老师的学生讥笑，我们为此愤愤不平，但他满不在乎，对我们的热情一点不减。后来工作了才知道，那个年代对于我们普师班非音乐专业的中师生来说，八度伴奏学得快，在教学中非常实用。

那时候我就有了一个梦想，我今后也要像王老师那样一辈子热爱音乐，做一个让学生喜欢的老师。

中师三年级的时候，从西南师范大学音乐系分来了一个特别漂亮的叫李玲的大学毕业生教我们，她比我们大不了几岁，但身材高挑，衣着得体，举止优雅，笑声清脆。李老师歌唱得特别动听，钢琴弹得娴熟流畅，毕竟是经过正规专业学习，她一来就成了我们这群少男少女心中的"女神"，她上音乐课我们也特别有劲。也许是受到李老师的影响，这时候我又迷上了风琴，几乎所有休息时间都泡在琴房里，似乎逐渐引起了李老师的注意，时常得到她的指点。其实我的真实目的并非如此，学校修了一个比较大的音乐厅，四周是20多间琴房，里面各放了一架风琴，中间是一个较大的舞台，台下摆放了学校唯一的钢琴，平时都是锁着的，只有上课的老师才能弹奏，学生是不允许触碰的。钢琴那叮咚清脆的声音确实与风琴的喑哑嘶吼不一样，我就想有一天我也要像李老师那样弹奏出好听的钢琴声来，另有几个学生也是一样的想法，李老师似乎看懂了我们，有时候"忘"了带走钥匙，我们便主动给她送去，好几次她又把钢琴钥匙悄悄地给了我们。人生第一次触摸到钢琴的琴键时，我这个"山娃"都差不多满 20 岁了，真是爱不释手、如获至宝，那种激动、惊奇和欣喜，终生难忘。学校管理虽然不是很严格，但这样的机会毕竟不多，多年以后和李老师每每谈及此事，我们会心而笑。

中师三年转眼毕业了，经过考核，我们 88 届普师 3 个班 140 人，只有 5 个学生评上了音乐专职教师，我有幸成为其中之一，那一刻我看到王老师笑了，离校的时候他亲自把我送回老家，还向我父母报喜。我从心底感激这位比我父母年纪还大的老师。

1988 年 9 月，我带着期望和梦想，正式踏上了教育生涯。开始我被分配到一个叫舒家乡的农村乡镇中心校，开始了我的音乐教学之旅。一年过后，调到了天堡寨乡的一个点校继续教音乐，一年半之后又调到中心校任教语文学科。1995 年 9 月调到龙兴镇中心校后才继续任教音乐，2001 年 9 月又调到回兴镇中心校，2003 年 2 月通过公开竞聘调到渝北区教师进修学院担任音乐教研员至今。

在农村学校任教十四年半，除了音乐学科之外，我还任教了四年语文，并且担任班主任。我是音乐专职教师，因为工作需要，被临时安排代教一个班的语文课，虽然有些不情愿，但迫于无奈，一教就是四年，这段比较意外的语文任教经历让我找到了教书的感觉。因为语文是主科，成绩要排名，年轻人也重面子，所以我丝毫不敢大意。我没教过语文，但初生牛犊不怕虎，四年下来，教了两届毕业班，学生成绩特别好，得到了学校领导、同事的一致认可。学生特别喜欢我的课，多年以后他们回忆，说我特别注重学习习惯的培养，这对他们一生有用。比如：上课前必须做好预习，并自我检查；上课时边听边做笔记；尽可能地收集身边的书报交换阅读，并写好读书笔记和读后感；每周关注一件重要的事或一个人，写好周记；等等。

这四年的语文教学经历，让我感受最深的还有两点：一是"目标导向，心无旁骛"。课堂教学的目标是第一位的，学生的习得就是教学的最终目标，所有的方法和过程都是为此而生，这为我日后如何高效简洁地开展音乐教学和教研工作积累了经验和自信。二是"读写说演，日积月累"。因教学的需要，我接触了多种文体，阅读了大量的古诗词和散文，也积累了写作方法，重要的是锻炼了语言表达能力，不管是书面的还是口头的，都得到了长足的进步，很大程度改变了我这种说话脸红的"山娃"腼腆性格，为我后来的研究工作打下了很好的基础。

除了这四年的语文教学时光，我在一线教学音乐学科时间最长，有十多年。其间也取得过一些成绩，比如：参加音乐优质课竞赛和专业基本功竞赛都获得过区级一等奖，破格晋升小学高级教师；参加区里的专业歌手民歌比赛获得第二名；论文还被市教委评为教学实践成果二等奖；等等。但是让我最高兴、特有成就感的还是我的学生。跟我一起工作过的同事都知道，想要挤占我的一节音乐课是很难的，不光是我不答应，学生更不答应。音乐课堂是我的主阵地，无论何时我都不会轻易放弃。我总是想方设法上好每一节音乐课，虽然学校只有一台破旧的四组键盘脚踏风琴，但我会吹笛子和拉二胡，后来还自学了小号、吉他、小提琴、葫芦丝等乐器，虽说演奏水平不高，但对于农村的学生来说，那却是稀罕之物，喜欢得不得了，总是变着法子地和我套近乎，于是我抓住时机，自编教材开展了课堂器乐教学，获得了成功，组建的学生乐队常常像明星一样参加全镇的文艺演出，还获得全区竖笛比赛一等奖、鼓号队比赛二等奖；撰写的论文《器乐教学的目标和方法研究》获得全区优秀科研论文二等奖。更让我引以为豪的是，有 4 名学生受到我的启蒙，已在我区中小学当上了音乐老师，其中，学生谭火木在 2004 年代表重庆执教《黄河颂》参加在昆明举办的"第四届全国中小学音乐优质课"现场决赛，获得了中学组二等奖。作为一名农村音乐老师，能够从事自己喜欢的事业，艰辛中我感受到了无比的幸福，探索中我感受到了一种责任——农村的孩子需要音乐，农村的学校需要我，农村的课堂锻炼了我。虽然身处边远的农村，但只要心中有音乐，心中有梦想，敢想敢干，同样可以有一番作为。

2003 年 2 月，我调到了区教师进修学院担任中小学音乐教研员，虽说是在公选竞聘中脱颖而出，但我没有丝毫沾沾自喜，反而觉得责任在肩、任重道远。其一，以前做老师只管埋头苦干、自己发展，现在做教研员必须关注团队成长、区域发展，甚至是学科的进步，最担忧的是自己的专业功底和工作能力明显不足。其二，以前的教研员段成艺老师把我们区的音乐教研工作做得非常出色，各项竞赛成绩在全市名列前茅，指导几位教师参加全国的优质课、基本功竞赛均获大奖，在音乐教师队伍中有很大的影响力和很高的威信，为我树立了"标杆"，能够维持现状就很有难度，想要超越的可能性极小。

如何迎难而上、变压力为动力呢？其实，作为"山娃"的我，开始的想法很朴素，很简单，就是父母常告诫我的：做事做人尽力而为。就像在应聘时的承诺一样，我主要从三个方面入手：学习、研究、实践。

学习是进步的源泉。我深知学科背景是立身之本，于是我完成了西南大学音乐学院的音乐教育专科、音乐学本科的学历进修，比较系统地掌握了音乐学科的基本理论，尤其在声乐、钢琴、和声、乐理等方面取得了长足的进步，在专业上增强了内功和信心。同时，只要有外出学习培训、观摩研讨的机会，也不管是否与音乐学科相关，我都积极争取，多数是全自费参会，也很高兴。多次参与会议，一些先进的教育思想和学科理论逐步深入我的头脑，也开始认识一些国内名家和学科名师，我逐渐大胆地与他们在课堂上提问交流，并有幸得到这些教授、专家们答疑指导。记得有一年连续四次在不同省市听到音乐课程标准研制组副组长吴斌老师的讲座，从学科理论到教学方法，我都受到了很多启发。"听君一席话，胜读十年书"，听吴斌老师的讲座，开阔了我的视野，让我如醍醐灌顶，茅塞顿开。

研究是教研员的主业。我知道课堂是教学研究的源头，便从一线课堂的视导调研开始，每学期听课至少80节，多数超过100节。在课堂中发现问题，与老师们一起分析，最后解决问题，看到老师们满意和信任的微笑，我逐渐找到了自信。课标理念、教材教法、学科评价、教学模式等等成了我们共同关注的问题和课题。同时，研写是教师成长的捷径，坚持写作也成了我多年的习惯，也有了一些收获：连续三届获得教育部主办的中小学艺术展演科研论文评选一等奖；担任教育部审定的国家课标教材西师版中小学音乐编委、分册副主编；近十年来主持、主研国家级、市级课题10余项；主编或参编专著8部；20多篇论文发表在《教学与管理》《中国音乐教育》《中小学音乐教育》等专业刊物上。如果让我重新做老师，我一定从第一天就开始我的研写之旅，因为这也是一条成功之路、幸福之路。

实践是教研工作的指归。教研员如果只是上传下达、组织比赛，无疑只是一个"打杂工"，至少不能算作称职的教研员。研训活动是教研工作的主渠道，提高教学质量是教研员的主要任务，因此，除了在竞赛中指导教师、成就教师，有时还需要把自己的想法变成现实——课堂依然是教研员实践的主阵地。我曾执教五年级欣赏课《牧歌》，获得区小学音乐优质课竞赛一等奖；为全区中小学音乐教师执教示范课《游子吟》《新疆是个好地方》，将我提倡和推广的"美创课堂""情智教学"展现和落地。担任教研员工作以来，我曾指导教师30多人次获得重庆市中小学音乐优质课、基本功竞赛一等奖，5人次代表重庆市参加全国比赛获得一、二等奖，多次受邀到四川、贵州、河南及重庆市各区县等作培训讲学。这样的实践，让我找到了职业的成就感和幸福感。

近二十年的音乐教研工作，我不敢说成效如何，但至少我不能怠慢，也不敢怠慢，一直都在努力前行。2006年我获得中学高级教师职称，2012年被评为重庆市骨干教师，2017年被评为重庆市小学音乐学科带头人，2018年荣获重庆市特级教师荣誉称号，2019年荣获重庆市渝北区教育工作"突出贡献奖"和"十佳创新教师"，2019年11月获得正高级教师职称。

后来，跟音乐的缘分还有很多的偶然……

都五十几岁的人了，我也常回山里老家看看。父母都健在，我时常和他们一起唠嗑。老屋那棵我几岁时栽下的麻柳树长势喜人，已二人环抱粗，枝繁叶茂，几近参天，停车、乘凉特好。有时也对着大山吼几声，听听回音过个瘾，再想想那几个儿时的伙伴，问问近况如何，也自得其乐。

不管走到哪里，我永远都不会忘记我来自哪里，"我是山娃"，永远都是大山的儿子。

名师档案

刘启平

　　生于 1968 年 8 月,西南师范大学音乐学院毕业。正高级教师,重庆市特级教师,重庆渝北区教师进修学院音乐教研员。全国首届中小学美育教学指导委员会委员,重庆市第二批中小学音乐学科带头人,重庆市教委"教学领域高级人才示范引领项目"小学音乐专家团队领衔人,重庆市教育科学"十四五"规划课题评审专家,重庆市音乐教育专业委员会副理事长,重庆市教师培训专家团队成员,重庆师范大学、长江师范学院硕士研究生校外实践导师,重庆市合唱协会常务理事,渝北区音乐家协会副主席,渝北区首批未来教育家培训对象,渝北区中小学音乐名师工作室主持人。

源于童心，向美而行

浙江省台州市学院路小学　吴倩倩

一身青春的活力，一脸灿烂的笑容，一颗淳厚的爱心，一腔奉献的热血……这就是我，行走在美育路上的探寻者。在我眼里，每一名学生都是一件风格各异的艺术作品，我用诗意的手法精雕细琢。在打造作品的同时，也重塑了全新的自我，学生因我而快乐，我因学生而美丽。

一、淳美，浸润在成长里的姿态

生命的姿态，是美与行最亲密的邂逅。身为一名年轻教师，淳美的气息永远是洋溢在全身最动人的符号，美育者更是以向善的姿态迎接自己和学生。自身是需要修炼的，我就在纯真的生命境遇中润泽。为了提高教学业务水平，适应新形势下的教学工作，我积极参加政治学习、校本培训和各种形式的学习活动，决不放过任何一次学习提高的机会。教学之余，我以古今中外名著为友，以教育教学报刊为伴，与苏霍姆林斯基交谈，与陶行知、叶圣陶对话……我积极撰写论文，努力提高自身的教育教学理论水平。

我撰写的多篇论文和案例发表和获奖。论文《美术欣赏教学"民间艺人进课堂"四进策略探究——以六年级〈中国的非物质文化遗产——剪纸〉一课为例》在全国美术教育核心期刊《中国美术教育》2018 年第 6 期发表；论文《挖掘民间艺术　丰富美术课堂》获浙江省教育厅中小学美术（书法）教育科研论文评比一等奖；论文《民间美术进课堂的实践案例研究》获浙江省教育厅中小学美术（书法）教育科研论文评比一等奖；论文《活态传承的四进策略》荣获浙江省教研室中小学美术教学论文评比一等奖；《中国的非物质文化遗产——剪纸》荣获全国中小学美术教学课件评选活动中优秀奖；教学案例《活态传承："民间艺人进课堂"的四进式美术欣赏教学模式探索》荣获浙江省中小学美育改革创新优秀案例一等奖……

二、研美，滋润在美育中的生态

美育中的生态以美引善，凸显人格美的生态美学。我力求使学生在认识美、发现美、感受美和创造美的审美体验中，达到"承人之美、成人之美、呈人之美"的育人目标。因此，我积极参加课改实践，投身教育科研，把教育实践中遇到的困惑作为研究课题，矢志不渝地走科研兴教之路。由我撰写的浙江省课题"'艺术家进课堂'三进式民间艺术活态传承的策略研究"报告荣获市级优秀教学成果奖；主持的台州市重点课题"将民间艺术融入小学美术课堂教学的实践研究"已结题；主持的台州市课题"构建小学美术层阶式陶艺教学的探索"已结题；此外，我还参与多项省级、市级、区级课题的研究。在撰写论文、研究课题的过程中，我不断充实自己，在思索中追求进步。

作为一名美术老师，努力做好教育教学工作的同时，我还不断提升个人专业能力，积极参加国家、省、市各类美术比赛。油画作品《克牧尔千佛洞》在全国美术书法作品展中荣获最高奖；作品《城里城外》入选浙江省女美术家作品展；油画作品入选浙江省庆祝中国共产党成立95周年作品展；作品《伊敏河旁回荡的声音》入选浙江省美术写生创作作品展；作品《海上渔者》获浙江省中小学美术（书法）比赛三等奖；作品《海·守望》在台州市首届师生书画展中荣获银奖……

三、溢美，飘洒在儿童间的诗意

营造诗意课堂，"让学生沉浸在美的画面、诗的境界、爱的怀抱之中"，是我一直追寻的课堂教学境界。为了提高自身的课堂教学水平，我积极主动参加各级教研活动，并努力做到学以致用，以各种教学方式营造"以生为本"，轻松、活泼、高效的课堂学习氛围。此外，我常常把学习收获以示范课、观摩课、公开课等形式与更多的老师交流探讨。

在教学案例《中国的非物质文化遗产——剪纸》中，我邀请"民间艺人"进中小学美术课堂，达到活态传承的目的。民间艺术的传承除了让民间艺术后继有人外，更重要的是要培养民间艺术的欣赏者和理解者，从这两方面看，在中小学开展民间艺术教学是非常有效的途径，而让民间艺人走进课堂，则是让中小学生直接认识民间艺术的最好方式。

1. 拟景　入景——民间艺术场景进课堂

拟景——艺术创作场景。通过课堂营造真实民间艺术创作的生活场景，能够让学生浸染其中，感官为之激活，情绪为之感动，稚嫩的心田植入民族之根。

入景——艺术创作心境。艺术创作的灵感往往来源于艺术家的精神世界，是艺术家对生活有感而发，从而创作出经典的感人之作。课堂上，民间艺人现场剪纸，学生观摩过程，并且与民间艺人交流创作心境，最后，当剪纸长卷慢慢展开，学生很震撼。

2. 现景　合景——民间艺术发展进视觉

现景——艺术创作演示。民间艺人现场艺术创作演示是一种直观的形象教学，通过展示艺术家创作民间艺术的方法，向学生传授民间艺术文化的知识、技能和技巧。

合景——艺术创作演进。每种民间艺术的发展都随着时代的变迁而变革和改进，艺术创作演进在思想观念、创作语境、形式风格等多个方面都呈现时代的风貌和地域的特色。所以，在民间艺人进课堂教学过程中，我们也要引导学生了解思考其艺术创作的演进过程和特征。

3. 显景　凝景——民间艺术特征进思维

显景——艺术创作语言。民间艺术的创作语言，不仅仅是单一的美术形态，其色彩、结构与造型也蕴含着丰富的传统文化。所以笔者引导学生分析民间艺人剪纸作品中艺术创作语言的特征，使学生更深层地理解作品内在的含义。

凝景——艺术创作思维。民间艺人是怎么想的？为什么要这样创作？如何表现艺术？我国民间艺人在表现作品时，往往是用主观的感受去看待事物，表达眼睛看到的、心里所想的物体，不是对客观世界的再现。

4. 融景　生景——民间艺术精神进童心

融景——艺术创作精神。民间艺术主要特征是通过"人"实现传承，当代的民间艺人、传承人就是各民族民间文化的活宝库，他们身上承载着祖先创造的文化精华和精神财富。我们要实现活态传承的目的，不仅要学会这些民间艺术的表现形式和技法，而且要从中领会民间艺术里的民族精神。

生景——艺术创作生命。民间艺术是民间艺人在劳动之余创作的，是在生活中发生并为日常生活服务的艺术，具有坚韧和旺盛的生命力。其价值不在于艺术的成就和技法有多高，不在于与专业绘画比较，而在于其所包含的乡土气息和劳动人民的生命活力。把带有浓郁民间艺术特色的内容，以及民间艺人对生活的热爱，善于观察生活美的品质，通过课堂传播，在学生的心里埋下秉承中华民族传统文化的种子。

将民间艺人请进美术课堂的教学能吸引学生的眼球。经过无数次的尝试和探索，通过这样的课堂，学生对身边熟悉的事物充满了更为深厚的感情。民间艺人与美术教学有机融合，给我们的课堂增添了无穷的乐趣和生机。

每一次示范课及讲座都是一个不断迭代与重构的过程，是不断与自我对话、质疑并改进的过程。这些活动是我成长的阶梯，我遇到了许多专业、无私的前辈，他们给我指导、点拨以及前进的力量。

近几年来，我多次在省、市、区开示范课、观摩课及讲座，以自己对新时代美育的思考，以前沿的教育教学思想与行为，带动新教师的专业成长。2019 年，我在台州市小学美术名教师送教活动中做"从学生出发"的讲座；在 2016 年浙江省中小学教师信息技术应用能力提升工程项目中开示范课"青花瓷"；代表台州首次与宁波市美术学科交流并开设唯一一节美术示范课"薄薄纸片中的大千世界"，赢得一致好评；在台州市农村小学美术拓展性课程研讨活动中开设示范课"民间剪纸"；在台州市郑士龙名家工作室暨开发区中小学美术教师展示活动中开设示范课"剪纸的故事"，均获与会老师好评。

都说赛场是培养人和锻炼人最好的地方。为了提高教学水平，锻炼自身的胆魄，借助区教育局教师专业攀升的成长平台，我积极参加各级各类比赛，脚踏实地地在锻炼中成长，在各级各类教学比赛中频获佳绩。我先后被评为浙江省"教改之星"金奖、台州市教学能手、浙江省优秀指导教师，并荣获国家级"一师一优课"评选部级优课奖、浙江省小学美术优质课评比一等奖、台州市教学大比武第一名、区级教学大比武第一名、区级美术优质课第一名……在前进的道路上，我不断地学习探索着。

四、静美，沉淀在生命里的本真

沉淀的艺术，向美而行就是一条路，它是美育的路。美蕴育人的心灵底层，是滋生人类创造智慧的土壤，美的境界决定了人的创造高度。教育是以美育人，以美启真。我一直秉持"关注学生长远发展"的教育教学理念，以爱心、细心、耐心和诚心走向一届又一届学生。我积极开展各类美术活动，注重保护学生与生俱来的朴素情感和生活态度，尊重他们道德品质中的自然天性，发挥学生的生命本能，使学生能自主自我发展。同时，我也非常注重第二课堂和地方课程的开发和实施，努力使学生在各方面都有所提高和收获。

我在辅导学生方面成绩突出，学生连续多年荣获浙江省中小学艺术节比赛一等奖，我被评为省优秀指导教师；学生作品《我画怪脸》参加台州市首届师生书画展，荣获小学组学生绘画最高奖——金奖并发表。多年来，我辅导的多名学生荣获台州市艺术节一、二、三等奖，多人参加台州市师生现场书画、科幻画评比荣获一、二、三等奖。

在提高自身素质、提高教学质量的同时，我还积极指导和培养实习生，热心地帮带青年教师，并担任台州学院教育实习指导教师。我耐心辅导每一位需要帮助的教师，耐心帮助他们备课、反复听试教、反复帮助修改教案……在我的辅导、帮助下，多位教师在各级各类比赛中获佳绩。

教育是一门艺术，艺术的生命在于不懈追求。成绩永远是我工作的新起点，我定将一如既往，不断求索，用努力和执着诠释向美而行的态度！

名师档案

吴倩倩

　　台州市学院路小学教科室副主任兼美术教研组长、台州市教坛新秀、浙江省特级教师、朱敬东名师工作室学科带头人、台州市郑士龙名家工作室成员、椒江区章正形名师工作室成员、台州市美术骨干教师、台州市教学能手，浙江省美术家协会会员、浙江省水彩画画家协会会员、浙江省油画画家协会会员。

　　十几年的教学生涯间，脚踏实地，大胆实践，一步一个脚印地学习着，努力着，收获着。先后被评为浙江省教改之星（金奖）、台州市"教坛新秀"、台州市"教学能手"，荣获部级"一师一优课"，浙江省小学美术优质课评比一等奖，台州市教学大比武一等奖等。

虽负丹青痴心不改

——我的美术教研生涯

贵州省教育科学院　兰岗

从美术教研员岗位退休已有三年多，原本打算退休后可将做了几十年的美术教研工作彻底放下，重拾画笔，寄情丹青。未曾想到我对美术教育会如此难以割舍。至今所思所想、所行所为的仍然是同美术教育、教研有关的事，诸如与美术教育问题相关的思考、文章撰写，讲座、教师培训，同美术老师们从未间断的思想、业务、友情的沟通，等等。画画的事就这样再次被搁置下来。自幼学画、曾经以做专职艺术家为理想的我，看来终究只能"有负丹青"，在美术教育这条路上继续前行。最终未做成一个像样的画家，遗憾自然是难免的，但我无怨无悔。"衣带渐宽终不悔，为伊消得人憔悴"，这句宋词恰好能表达我对美术教育痴心不改的执着与坚定。当然，画画也不会彻底放下，我会继续用它滋养思想与心灵。

一、从画家梦里警醒

我高中毕业后，做过乡村代课教师，从事过舞台美术工作。1978 年考入西南师范大学美术系。学校虽然是师范性质，学的内容比较杂，但我的主要方向还是油画专业，所向往的还是将来能成为专职画家，能画出有水平的好作品。1983 年，我的毕业作品《静静的河滩》曾作为年级唯一入选作品代表四川油画在深圳展出，随后在当时颇有影响的《工农兵画报》上发表并被购藏。这对我走专职画家这条路可以说奠定了较好的基础。但 1982 年毕业后，我被分配到贵州省教育厅教研室，被安排在省级美术教研员这个岗位，专门从事中小学美术教研工作。从此与美术教育结下不解之缘，至今已近四十载。

做美术教研工作的前几年，我既想干好美术教研工作，又舍不得放下画笔，做专职画家的梦想总是萦绕于脑海，使自己常常处于左顾右盼、自相矛盾的痛苦之中。将这种状态真正调整过来，认认真真地做美术教研员工作，是在 20 世纪 90 年代。一次特别的经历使我的思想发生了改变：因编写我省小学美术教材，我和两位老师到黔东南榕江县的一个侗族乡村调研和收集素材。因当时这里没有公路，我们步行近两个小时的山路，来到山上的侗族村寨。寨子里有一所小学，全校就一个兼任各学科教师的校长和二十几个学生。学校只有一个复式教学班，"身兼数职"的校长正在一间破旧的木楼里同时上两个年级的课，上一会儿一年级的美术课，又转过身去上二年级的算术课。校长教得很认真，学生学得也很认真。以今天好课的评价标准看，校长的美术课实在有很大的"问题"——没有教案，没有教具，更没有音乐助兴，也没有刻意的煽情或探究、讨论这些新鲜时髦的东西。校长照着教科书上的画用粉笔在黑板上认认真真地描摹，学生用铅笔在皱皱的纸上认认真真地照着校长的画描摹。这虽然不是一堂规范的美术课，但却是我听过、看过的无数次课中记忆最深、最让我感动的课。这位可敬的校长以一种最原始、最朴素的方式，恪尽职守，完成自己神圣的使命，学生同样以最原始、最朴素的方式寻求知识，了解外面的世界。最让我难以忘怀的，是全校的学生站在山头，唱着侗歌，目送我们远去的情景。我们已经走了很远，看不到学生的身影了，但他们的歌声久久未停，仍在山谷中回荡……

这段回忆可能有些冗长和沉重，但它对我的影响非常重大，它让我从沉溺于自己的画家梦中警醒过来。这次经历后，我似乎有所悟，也真正意识到了自己的责任。作为省级美术教研员，对地方学校美术教育教学质量的提升、对美术教师专业成长的需求、对贫困山区学校美术教育各种资源严重匮乏的现状的改变、对在贫困中仍不放弃美术课的教师和学生，我应该承担起自己不能推却的责任，不能占着美术教研员这个岗位，却只是关心自己的美术专业发展。自此，我才把自己的发展目标及研究方向定位于中小学校美术教育，并尽自己的能力做好工作。这几十年来，我对自己的工作可谓乐此不疲，初心未改。

二、在困境中寻找机遇

由于经济欠发达、地域偏远等，与其他兄弟省份相比，贵州的学校美术教育无论是师资数量、教育理念、教学资源，还是教学质量、经费投入、课程管理等方面，都不能同省外发达地区相比。在二十世纪八九十年代，贵州美术教研队伍基本的状况就是"十几个人，七八杆枪"，其中，一半以上的教研员还是兼职的。基础教育课程改革以来，虽说这支队伍有所壮大，也起到了促进美术学科教学质量提升、学生审美发展和教师专业发展的作用，但从总体上看，仍未达到教育部对美育教研队伍建设的要求。时至今日，我省各级的专职美术教研员数量还远未配齐。要带领这样一支不够完善的队伍去改变贵州学校美术教育滞后的困境，其难度可想而知。基于这种情况，我认为贵州学校美术教育必须结合实际，在困境中寻找突破口，寻找机遇，走出一条特色发展之路，并以此带动全省学校美术教育的发展。实际上，这几十年来，我始终是基于这一思路去开展全省教研工作，并将之作为一个主要研究方向的。我之所以会有这样的坚持，主要是因为我对全省学校美术教育状况和贵州省经济文化特性的一个基本、宏观把握；从微观层面讲，则是我长期以来在全省各地特别是偏远民族山区学校进行调研或教学视导中得到的实际感受。贵州在追求学校美术教育本土特色上，算得上是全国的先行者。我们会走上这条路，同今天全国很多地方的学校美术教育开展的"非遗"传承、特色课程打造不能同日而语。我们在当时是出于各方面的艰难困境所迫，是为了使美术课程能在学校生存下来，为了能使学生享有上美术课的权利并真正能通过美术学习而有所得，然后才将这种特色追求转变为一种自觉行为的。

实际上，早在 20 世纪 80 年代末，我就已开始了这方面的探索。贵州是一个多民族聚居地区，有着历史悠久、内容丰富、形式多样的民族民间美术文化资源，这些资源多是各民族学生和教师的母体文化。结合学校教育总体目标要求和美术学科规律，对这些资源进行整合、筛选，转换为具有本土特性的美术地方课程，可以在一定程度上弥补当时国家美术课程脱离地方实际的不足。所以我当时就主编了一本贵州省初中地方美术教材。它虽然只是薄薄的一册，在当时却是一个不小的突破。这本教材还参加了 20 世纪 80 年代末由教育部体卫艺司和中国教育学会美术教育研究会举办的全国中小学美术教材交流会。当时全国共有三套半教材参加，我的这本地方美术教材就是其中的"半套"，并且是当时全国唯一完全以地方美术文化为特色的教材。这本教材可以说首开我国地方乡土美术教材编写的先河，得到了教育部体卫艺司和全国同行的好评，在教学实践中，也得到了美术教师的喜爱和肯定。之后，我又结合贵州学校美术教育实际，陆续主持编写了供全省 1—9 年级使用的全套美术教科书，并在教科书中充分体现贵州多元的美术文化特色。这在一定程度上缓解了贵州省学校美术教育特别是农村学校美术教育脱离实际以致教学难以顺利实施的困境。这段历史距今已过去了三十余年，但很多那个年代成长起来的美术老师见到我时，还会提及这套教材对他们的影响。

　　贵州学校美术教育特色，早20世纪末就已初见端倪。一些地区和学校结合地方民族民间文化实际，自发地开设了蜡染、剪纸、刺绣、傩戏面具制作、民间绘画等课程，有的学校还聘请民间艺人，自编教材。这些举措得到了广泛的认可并逐渐产生了辐射影响。21世纪初，基础教育课程改革拉开序幕，我感到这对贵州中小学美术教育来说又是一个寻求突破和发展的机遇。怎样将我省在地方美术课程资源开发上业已形成的基础和优势，与国家课程改革主体精神有机整合起来？怎样从过去对民族民间美术课程资源模仿性、浅表性利用的基础上寻求更深层的发展？怎样对我省丰富多元的民族民间美术及文化中的教育价值及其教育方式进行深度挖掘？这些都是接下来我要带领教研员和老师们去做的事。在这种情况下，教研员的专业引领、教育科研的作用就显得极具针对性和现实性。所以，我自2004年起就开始了这方面的探索。一方面，我在几乎每年都要举办的教师教材培训中，会从不同的角度给老师们做有关美术课程资源开发方法、地方美术文化的教育价值分析、教育科研基本方法等内容的讲座；另一方面，针对课程资源开发中普遍存在的问题，我先后主持开展了省级基础教育重点课题"民族民间美术进课堂"、全国教育科学"十一五"规划教育部重点课题"在中小学进行优秀民族民间美术文化保护传承教育实验研究"、中国教育学会"十五"重点课题"地方文化资源的开发利用"之子课题等课题的研究工作。经过多年的努力，加之省政府、省教育厅和省民族宗教委员会相关政策措施的保障，我省各地和许多中小学校在民族民间美术校本课程开发建设、校本教研等方面基本都做得比较规范了。而不少美术老师和教研员也在这一过程中得到很大进步，无论是自身专业发展，还是带动和引领学校美术教育发展、形成地方和学校美术课程特色等方面，都有着不俗的表现。从总体上看，贵州的学校美术教育在某些方面同其他省、自治区、直辖市等相比，虽然仍有不小差距，但它在走特色发展之路上已基本建构起与自身实际相适应的模式，这种模式也得到国内同行的认同。

三、我对美术教研员的角色定位

曾有同行把美术教研员的复杂身份形容为一种被称为"四不像"的动物。这种动物学名麋鹿。因为它头似马而非马，角似鹿而非鹿，蹄似牛而非牛，身似驴而非驴，因此得名"四不像"。这还真是对美术教研员一种比较形象的比喻：美术教研员有着教师的职称，也要从事教学、培训工作，但却不是直接面对中小学生，其工作职责范围也不仅仅是教学；他有着公务员的一些职能，诸如分管一方学校美术教育教学的质量，要传达和执行各级教育行政部门有关美术课程的政策、精神等，但其岗位、职称又多归属于教师；他有着美术专业的背景，也要追求自身美术专业水平的提高，他的职责只能是学校美术教育的理论与实践研究而不是做一个专职的艺术家；为了能够遵循教育教学规律，更好地解决教育实践中的种种问题，他的工作中必须有教育科研的性质，但他却不是严格意义上的科学研究者。在我看来，美术教研员这种复杂甚至"尴尬"的身份，正好说明这一职业的特性在于它的综合性、灵活性、全面性、多样性。这份职业对美术教研员综合素养的要求是很高的，不具备这种素养，就难以胜任这份工作。纯粹的普通教师、艺术家、公务员、科研人员，都难以具备这种综合素养。这种素养不是天生的，它一方面靠在长期的教研工作中逐渐形成、总结和完善，另一方面则是要求美术教研员要有自主研修、自我提升的精神和行为。基于此，我认为美术教研员要真正做好这份工作，需要围绕几个方面去定位自身角色：

第一，美术教研员是美术教师职业生涯的陪伴者。美术教研员面对的主要对象无疑就是一线美术教师，他所关注、所依靠的也是美术教师。离开一线美术教师，美术教研员的一切工作都是无意义的。教师的发展，意味着教学质量的提升，也就意味着学生得到发展和提升。而只有在这一过程中，美术教研员也才能够得到发展。所以说，美术教研员要有服务于教师、最终实现服务学生的信念，要成为与美术教师职业相伴、共同发展的伙伴和"命运共同体"。

第二，美术教研员是美术教师专业发展的督促者和引领者。由于各自岗位和关注对象的不同，一线老师虽然在课堂教学经验、熟悉学生等方面优于美术教研员，但在对美术教育理论的理解、对美术课程标准的准确把握、对国家基础教育的大政方针及发展走向、对美术专业实践及美育理论知识等方面较弱。而这些正是美术教研员应有的长项。因此，关注和帮助一线教师在专业上成长，使他们在教学实践中始终保持明晰的目标，就成为美术教研员的主要职责之一。而要做到这一点，就要求美术教研员自身有过硬的专业素养和敬业精神。

第三，美术教研员是美术学科理论与实践的研究者。中小学美术教育是以美术学科为载体，通过美术课程的实施去实现学校教育总体目标的。因此，我所说的美术学科理论包括了哲学、美学、美术学、教育学、课程论、教育心理学、艺术心理学等与美术教育有关联的学科理论。这些理论知识是美术教研员应该关注并下功夫去研究学习的，目的并非成为这方面的理论专家，而是将理论用于指导美术教育教学的实践，在实践中检验和完善理论。

第四，美术教研员是美术实践的参与者与探索者。大部分美术教研员在美术专业上都是具有相当功底的，如果走向纯专业的道路，他们可以是一个有建树的艺术家。无奈鱼与熊掌不可兼得，身在美术教研员这个岗位上，就意味着对这个工作要倾注更多的精力，而对美术专业必然会有所淡化，有所割舍。这是无法回避的矛盾，也是许多曾有志于做一个优秀艺术家的美术教研员心里"永远的痛"。对此我亦是感同身受。但是，美术教研员毕竟被冠以"美术"二字，这又意味着不能放弃自身对美术专业的实践，必须始终保持对美术专业的关注与热忱。道理很简单，一个对美术专业缺乏探索与实践，对美术没有感觉的人，同样对美术教育也是没有感觉的。我总说，做一个优秀的美术教研员很难，实际上就难在要在美术家与美术教研员两者间达到平衡。要达到这个平衡，既要有良好的心态，又要靠一种信念与自信，还要靠自身有足够的知识文化积淀。

四、结语

作为新中国的第一代美术教研员，我在这个岗位上几十年的酸甜苦辣，自不是这区区几千字可以道尽的。虽然我说不悔于当初的选择，但并不是说这个职业就是那么尽善尽美、广受认同的。由于这个职业的特殊性、综合性，由于美术教研员的许多工作都是在"幕后"，少有抛头露面的机会，所以许多美术教研员的工作并未得到广泛的认同和理解。即使是今天，仍旧有许多人不知道美术教研员究竟是干什么的。一些优秀美术教研员在职称、晋级等方面遭受不公的现象也多有存在。在国家日渐重视美术教育对促进学生生命健康发展作用而全面改进新时代学校美育工作的今天，美术教研员不可取代的价值与作用更为凸显。所以说美术教研员这个职业需要得到更多人的了解和认识，需要得到更多的理解和支持。如果我的这个自叙能在这方面起到一点作用，那将是我最大的欣慰。

名师档案

兰 岗

　　1982 年毕业于西南师范大学美术系。任贵州省美术教研员三十六年，2018 年退休。正高级教师，贵州省优秀教师，特级教师。任内，在地方课程资源开发、民族民间文化保护传承教育研究与实践方面取得较突出成效，主持并完成多项省、部级教育科研重点课题，在国家级核心期刊及省级期刊发表美术教育专业论文 30 余篇。曾获教育部教育科学论文评比二等奖、贵州省基础教育教育科研成果一等奖、贵州省哲学社会科学成果三等奖和贵州省文艺理论三等奖。著作有《中小学民族民间美术文化保护传承教育途径与方法的探寻》（主编，江西美术出版社）、《意象与镜像——中西绘画的审美与文化比较》（独著，浙江人民美术出版社）、《美术核心素养大家谈》（作者之一，湖南美术出版社）、《普通高中美术课程标准（2017 年版 2020 年修订）解读》（作者之一，高等教育出版社），曾主编贵州省初中地方美术课本（共 1 册，贵州教育出版社）、贵州省全日制义务教育美术教科书（共 18 册）、《贵州省九年义务教育　农村简易小学课本　艺术》（美术部分，共 8 册，贵州人民出版社）、《贵州省普通高中地方课程美术教科书——贵州民族民间美术》（共 1 册，湖南美术出版社），作为人民教育出版社义务教育美术教科书编委参与编写工作。历任教育部第二届基础教育课程教材专家工作委员会委员、教育部高中美术课程标准修订组核心成员、教育部首届全国中小学美育教学指导专业委员会委员、贵州省教育学会美术教育专业务委员会秘书长、贵州省美术家协会少儿美术艺委会主任、贵州省美术家协会美术教育委员会名誉主任等职。

"五心"常相伴　体育花常开

江苏省无锡市堰桥实验小学　殷伟东

从 1986 年中师毕业进入堰桥实验小学任教至今，在我热爱的体育教育这块芳草地上，我已经辛勤耕耘了三十五年。追忆往昔，思绪万千：三十五年，弹指一挥间，青丝成白发；三十五年，"五心"常相伴，体育花常开。

恒心壮花根

一名教师要适应飞速发展的教育形势，就得有持之以恒的精神，不断学习，不断实践，不断提高自己的知识层次和业务水平，不断壮大体育之花的根系。因此，我一刻也不曾停止学习、培训的脚步。

1986 年 8 月，我从江苏省洛社师范中师体育专业毕业。参加工作后不久，我深感自己文化底子太薄，就虚心向母校堰桥中学的恩师请教，准备参加成人高考。1992 年 9 月，我考取了无锡教育学院大专函授班。1995 年 7 月刚毕业，我又马不停蹄，参加了苏州大学专升本学习，1999 年 7 月本科毕业。高校教授们科学严谨的教学理论至今还在我耳边回荡，精湛的体育技术、技能至今还历历在目，这些学习夯实了我的教学基础，通过学习，我对体育的每一个动作，不但在技术、技能上，而且在理论上有了较深入的个性化的理解。

我始终坚持边工作边进修，从 2008 年至今，共参加区、市、省级、全国培训进修 16 次。其中，无锡市惠山区教育局组织的赴福建师范大学的省级后备骨干教师培训，让人印象深刻、回味无穷。培训期间，我反复琢磨余文森教授的有效教学理论。余教授倡导：通过变革师生关系、教学关系，实行"先学后教"，发挥学生学习的主动性、独立性和创造性，把"教"建立在"学"的基础上，以学定教，加强教学的针对性、提高性，切实提高课堂的有效性，让每个学生学有所得，促进学生个性化、多样化发展。这种课程改革的新思路引起了我的共鸣。余教授的有效教学理论对课堂教学的指导是多方面、多层次的，但对我触动最大的是课堂有效教学的特殊规律之一"先学后教"，因为它特别符合"以人为本"的教育理念，教是为了不教，教是对学的进一步提升，所以一名优秀的教师应该把自己教的能力不断转化为学生学的能力，动态寻找教与学的起始点、结合点、平衡点，从而全面有效、高效地完成误堂教学，提高教学质量。

我还经常参加各种研讨和比赛，从 2000 年起，先后参加区、市、省级研讨比赛 23 次，有江苏省中小学教学研究室组织的教研重大项目课题成果展示暨小学优秀足球课评比活动、少儿趣味田径教学研讨活动、小学体育与健康优秀课评选活动、基础教育青年教师教学基本功大赛等。我多次参加江浙沪教育行政部门组织的长三角地区中小学体育特级教师教学研讨活动。在 2014 年浙江省中小学体育与健康"疑难问题解决"专题研训暨长三角体育特级教师教学研讨活动中，我对"趣味课堂"产生了浓厚的兴趣。何谓"趣味课堂"？没有明确的定义，仁者见仁，智者见智。不同的体育人（体育专家、教研员、体育教师等）会从不同的角度出发，得出不同的理解与想法。当时，我想到了《舌尖上的中国》这部纪录片。纪录片中，每个区域、每个地方的菜品色香味形各具特色，高水平的拍摄给每个人的视觉和味觉以极大的冲击和震撼，让人产生迫切品尝的欲望。如果能把这种感觉引入体育课，使学生在课堂上小眼放光，小脸微红，运动在身体，快乐在心中，让学生向学、想学、会学、乐学，有滋有味地学练，充分调动全身的感官参与，那该是多么美妙啊！所以，我认为："趣味课堂"应从学生发展的角度出发，教师对教材深入钻研后，对各种活动进行趣味性的教学设计，灵活运用教法，使之更适合学生的身心特点，让他们沉浸在有趣的体育活动中，感受体育学习的快乐。在掌握技能和锻炼体能的同时，收获自信，获得成功感，获得竞争力。

耐心育花苗

作为一名体育教师，除了上好体育课、开展普及性的体育活动外，精心选拔体育苗子，组织运动队训练，为国家培养运动人才也是义不容辞的责任。

记得初到堰小，学校体育设施设备不完善，开展训练困难重重。我毫无怨言地跟着师父胡荣伦老师，热情地投入工作。没有跳远沙坑，就自己动手在校园南北角开挖；跳高没场地，就拉着板车运海绵垫到堰桥中学操场上训练背越式跳高动作；操场跑道铺的是煤渣，要买钉鞋，没有经费，我们到企业拉赞助……组建运动队也不是一件容易的事。记得有一年区田径运动会举行后，我冒着大雪，骑着自行车，到胶南小学动员小运动员胡蕊放到堰小集训。由于家庭的原因，胡蕊放父母为了生计而忙碌，把照顾妹妹的任务交给了她。我一次又一次上门，苦口婆心地做她父母的思想工作，帮她解决家庭实际困难，终于打消了家长和孩子的后顾之忧。有运动员因为训练而落下了作业，晚上我亲自辅导；个别学生家境不好，我在自己微薄的工资中拿出一部分给他们买奶粉……我经常放弃星期天、暑假等休息时间，一心扑在工作上，以校为家，与小运动员同住，全面关心他们的学习、生活，与他们建立了民主、和谐、亲密的师生关系。在此基础上，学校田径队训练逐渐形成了自己的特色——科学选材、科学训练、严格管理。成功的选材等于训练的一半，我们建立了运动员档案，避免了盲目性。训练依据小运动员的身心特点，兴趣为首，引入游戏、趣味竞赛等方式，充分挖掘他们的运动潜能。后来，被选中的运动员总是积极主动地投身到训练中来，运动健儿们在比赛中也取得了优异的成绩。真正做到了学习与训练两不误，学校田径队训练走上了良性循环的道路。

一分耕耘，一分收获。多年来，学校在各项体育比赛中硕果累累：在省、市、区的田径运动会上成绩名列前茅，曾7次获团体总分第一名；射击、跆拳道、击剑、篮球、足球、乒乓球、三棋、跳绳、踢毽等体育项目比赛获奖不计其数，每年区级运动会总会领回奖旗奖杯；先后向区、市、省体校输送了30多名运动员……学校也获得多项县、区、市、省、全国等集体荣誉。

慧心润花蕾

要让自己成为教学与训练的行家里手，要让体育之花常开不败，光靠耐心和苦干是不行的。我始终牢记着苏霍姆林斯基的话：如果你想让教师的劳动能够给教师带来乐趣，使天天上课不至于变成一种单调乏味的义务，那你就应当引导每一位教师走上从事研究这条幸福的道路上来。教学之余，我养成了阅读教育理论书籍的习惯，案头、床边、包里，体育理论杂志与书籍随手翻阅，同时，勤于摘录，勤于思考，撰写阅读笔记，吸收消化本学科的最新动态、教研信息，拓宽了视野；虚心向同行、名家学习，取人

之长，补己之短，外出听课观摩，做好笔记，反思人家的好经验；解读
《体育教学大纲》《体育与健康课程标准》，钻研教材，根据学生的年龄、年
级的差异，教学中遵循身体发展规律、研究动作技能形成规律、了解心理
活动规律，从教学内容、方法、过程、评价等环节设计体育课。

有了先进的理论指导，我的课越来越受学生欢迎。1997 年，我在锡
山市"三优课"评比中荣获一等奖。2014 年，在第二届长三角体育特级
教师教学研讨活动中，我有幸代表江苏省到浙江省嘉兴市南湖国际实验学
校上了一堂"水平三（六年级）跳跃·跨越式跳高"教学研讨课，课堂
教学以游戏贯串课的始终。跳橡皮筋是吴地小学生十分喜爱的一项传统
体育游戏，它具有经济、简便、趣味性强、安全性高等特点，易于在广
大学生中普及。我选用橡皮筋作为教具，拉近了学生与教学内容的距离，
也充分体现了一物多用、一用到底的教学思想。橡皮筋通过折叠、变形等
方法形成多种器材，为研讨活动主题"趣味课堂"增光添彩，有了充分的
器材保障。教学中，我让学生把橡皮筋折叠为尾巴，夹在后背作为准备
游戏"抓尾巴"的道具；把橡皮筋"1"字形竖放在地上变成跳高"竿"，
作为基本部分模仿起跳练习的器材等；把橡皮筋编织成绳结，作为放松
游戏"抛绳击掌"的玩具；等等。橡皮筋让学生产生了浓厚的学习兴趣，
有效地掌握了本次课跨越式跳高基本动作技能教学重点——两腿依次过
竿，完成并超过了课堂预设的 40%—50% 的练习密度，提高了教学效果，
同时激发他们的学习积极性和创新能力，受到领导、专家和老师的好评。
2017 年，在江苏省"一师一优课、一课一名师"活动中，我的篮球参评
课被评为省级"优课"。多次磨课和多次参与教学比赛的经历，让我对课
程教学内容有了自己独特的解读与思考，形成了自身的教学理念："相信
每一个学生，鼓励每一个学生。与时俱进，在教学训练中与学生一起健
康快乐成长！"

体育组的年轻人经常向我请教经验，我总会告诉他们，一定要坚持理

论学习，让理论来指导课堂教学实践，把眼光聚焦于运动科学与教育教学艺术的融合上，课堂教学才会有高度、有深度，才符合学生身心发展的规律。我是这样说的，也是这样做的：不管是教学还是训练，每件事都一丝不苟、精益求精地完成。遇到问题，我查找文献，潜心研究，召集大家研讨，找到可行的对策。我主持并完成了国家级课题"快乐体育的实施与培养小学生体育实践能力的可行性研究""吴地游戏校本课程资源开发"和省级课题"促进小学生体育动作技能发展的课程开发研究"等。其中前两个课题被 21 世纪中国学校体育发展研究中心、中国体育科学学会评为二等奖和一等奖，后一个课题被江苏省中小学教学研究室评为三等奖。我注重在理论与实践对话中撰写教学案例、论文，有效提升教育研究能力，有40 多篇论文在各级评比中获奖和发表在《中国学校体育》《体育教学》等杂志上。

在校本体育课程内容的开发利用上，我以课题研究为抓手，扎实推进。在历史久远、博大精深的吴地民间民俗体育资源中，吴地特色游戏以其繁多的项目、丰富的内容、简便的技巧、健康的情趣为广大的少年儿童所喜闻乐见。但随着社会和时代的发展，许多年轻人对吴地游戏已经生疏，许多小朋友甚至闻所未闻，吴地游戏濒临失传。因此，我发动全校师生搜集、整理，按儿童的身心特点，认真筛选各种有益身心健康的游戏，并根据学生的能力差异在低、中、高三个年级段设计和确定了一些重点学习和开展的项目内容，形成了以"吴地特色游戏"为内容的校本体育课程。2000 年，我组织编写《吴地游戏》一书，受到师生的广泛欢迎。同时，由于现在的学生普遍受到家长的溺爱，再加上应试教育的影响，运动时间大大减少，集体观念淡薄了。针对学生缺乏运动兴趣、运动技能水平不高、体质健康水平持续下降等问题，我从学生的实际出发，从学生的兴趣入手，充分考虑学生的年龄特征，把一些贴近生活，娱乐性、趣味性强，群众喜闻乐见的吴地民间游戏和全国各地的游戏灵活纳入教材，并改造组合，使学习与游戏有机地联系，给体育教学注入了新的活力。汇聚集体的智慧，2013年出版论著《新编吴地游戏》，让堰小的体育之花蓬勃绽放。

公心散花香

"一花独放不是春，万紫千红春满园。"在个人不断成长的同时，我秉持一颗公心，努力带动周围的体育教师共同发展，努力让体育之花香气四溢。

我在培养青年教师和优秀骨干教师上不遗余力，倾情传授与分享经验，发挥名师"传帮带"的"示范辐射"作用。我以各级各类研讨活动、教学比赛、工作室学术活动等为抓手，进行专业发展规划，压实锻炼任务重担，促进青年教师快速成长。多名年轻的体育教师在各级各类教学比赛、研讨展示等活动中获奖，他们快速成长为区、市、省教学新秀、教学能手、学科带头人。

我有幸担任省教育学会体育专业委员会常务理事、市教育学会体育专业委员会副理事长等职务，尽力不折不扣地完成区、市、省教研室、教科院布置的各项体育研讨活动与教学比赛。以身作则，在省级课题"促进小学生体育动作技能发展的课程开发研究"开题、中期评估、结题验收时，为全市小学体育教师上公开课和示范课，得到领导和老师的一致好评；以无锡市小学体育名师工作室为抓手，定期开展学术切磋活动，并与扬州仪征市刘正东名师工作室、青海省海东市乐都区教育局下属小学、上海市普陀区江宁学校等进行学术研讨交流。

在我所开发与创编的课程内容的"学习—实践—反思"的循环往复过程中，一些受学生喜爱的、具有吴地体育特色的游戏项目，如独轮车、踩高跷、打陀螺、滚铁环等，激发了学生的运动兴趣、运动热情，促进了学生的个性发展，也逐步成为学校的特色项目。特别是 1997 年、2006 年我训练的独轮车队在无锡举行的省级体育工作经验交流会活动现场、第二届全国中小学体育教学观摩展示活动开幕式上精彩亮相，得到了领导和观众的一致好评，获市级优秀表演奖。独轮车队、高跷队等在地方民俗文化节上大放异彩。这些项目经常作为传统节目在各类节日的庆祝活动中展演；作为素质教育的成果在区、市、省的各类教育教学活动中汇报表演；作为学校体育课程开发的成果在各级运动会开幕式上展示，其中吴地游戏队在2012 年无锡市中学生运动会开幕式上，被无锡市教育局评为市级最佳表演展示奖。这些表演向社会展示了学校的办学理念和育人目标，展示了堰小学生的风采，为学校赢得了声誉，也为学校从优势项目到特色项目、从特色项目到特色学校的发展奠定了基础。

初心凝花魂

回忆走过的岁月，我感到由衷的自豪。"宝剑锋从磨砺出，梅花香自苦寒来。"在教师专业发展的道路上，我付出了心血，挥洒了汗水。经过三十五年的洗礼，我从一个懵懵懂懂的毛头小伙成长为一名具有中学高级职称的优秀体育教师，成为一名光荣的中共党员，成为江苏省小学体育特级教师，成为无锡市中小学名师工作室导师。我先后荣获区功勋教师、市十佳体育教师、全国学校体育科研先进工作者等荣誉。

回忆走过的岁月，我渐趋平静。与其说我浇灌了体育之花，不如说体育之花成就了我。三十五年的体育教育研究，让我养成天天锻炼的习惯，让我的身体始终保持生命活力。和学生在一起，我被童趣熏陶，为童心浸染，我的精神得到原力的滋养。三十五年的体育教育研究，坚定着我的工作信念，我坚信学校教育教学工作没有高低贵贱之分，只有分工分科的不同，体育教育在孩子的成长过程担负着极其重要的使命。三十五年的体育教育研究，也让我感受着在堰小工作、学习和生活的幸福。我所有成绩的取得，离不开上级领导的关心，离不开历任学校领导的培养，离不开同事同行的支持和协作。

回忆走过的岁月，我满怀激荡之情。"三十功名尘与土，八千里路云和月。"荣誉只是定义了我的过去，未来在向我招手。石有石魄，花有花魂，体育之花的灵魂在于热爱，在于奋斗，在于超越。我虽年过半百，志仍老骥伏枥，我将不忘初心，砥砺前行，牢固践行"立德树人""健康第一"的育人理念，为努力促进学生的身心健康、精心培养全面发展的一代新人勤奋工作，努力使自己成为师德的表率、育人的模范、教学的专家。

体育之花将常开不败，让我们一起动起来！

名师档案

殷伟东

本科学历，高级教师，江苏省小学体育特级教师，无锡市中小学名师工作室导师。曾获全国、省、市、区级 30 多项个人先进荣誉。有 40 多篇论文在各级评比中获奖或发表在《中国学校体育》《体育教学》《江苏教育》等杂志上；在体育课程内容开发上，2000 年编写《吴地游戏》，2013 年出版论著《新编吴地游戏》。从教三十五年以来，所带田径、射击等运动员参加区、市、省比赛成绩喜人，向市、省体校输送 30 多名运动员。教学格言：在教学与训练中快乐地与学生一起成长！

教师专业成长的路径

天津市教育科学研究院　高淑印

1992年天津师大计算机系本科毕业后，我被分配到天津市红桥区教研室工作，同时在天津市北洋职专兼高中一年级的计算机课教学。1995年调入天津市教研室，负责小学、初中、高中三个学段的信息技术学科教研和全市中小学教育信息化应用推动工作。

一、坚定理想信念

习近平总书记嘱托广大教师："不忘立德树人初心，牢记为党育人为国育才使命。"记得在入职初期谈话中，单位领导廖主任说：教师是人类灵魂的工程师，是塑造心灵的职业，首先要问自己的心愿不愿意当教师，其次要不断锤炼自己的才能水平。因了这简单朴实的话语，我将教师职业视为神圣的职业，把提升个人思想政治素质和职业道德水平摆在首要位置，把社会主义核心价值观贯串教书育人全过程，努力使自己成为先进思想文化的传播者、党执政的坚定支持者、学生健康成长的指导者。从教三十年来，我用沉心静气、夯实修炼、敬业奉献不断打磨自己，2020年被评为天津市中小学正高级教师。

为了使自身的信息技术学科背景和飞速发展的信息技术相适应，我始终坚持学习，不断提高专业素养，先后考取了计算机应用软件高级程序员、网络工程师等专业资格证书，2010 年成为天津市"未来教育家奠基工程"学员，2011 年取得教育硕士学位。同时将自己的学习所得结合工作实践进行反思，多年笔耕不辍，撰写论文论著，主持或参与国家课程高中《信息技术》和义务教育地方课程《信息技术》《科技前沿》等多版本教材编写。

在指导开展教育教学研究工作中，坚持落实立德树人根本任务，牢记培养德智体美劳全面发展的社会主义建设者和接班人的使命，不断更新教育教学新思想、新理念，为成为有理想信念、有道德情操、有扎实学识、有仁爱之心的好老师而不懈努力，逐渐成长为在全市乃至全国有一定影响力的教师。曾被聘为教育部"国培计划"讲师，赴山东、北京、上海、陕西等多地做专题讲座，被天津市滨海新区、蓟州、静海、河西、河东等多个区聘为信息化指导专家，被天津市师范大学聘为硕士研究生导师，被天津市人民政府评为第六、七届市级督学，荣获市教委直属机关优秀共产党员、天津市民族团结进步模范个人、天津市"十五"立功先进集体等多项市级以上荣誉称号，2020 年被授予新冠肺炎疫情防控工作天津市三八红旗手。

二、潜心信息技术学科教育

我从教以来始终关注中小学信息技术学科和教育信息化领域学术发展动向。2003 年带领天津市高中信息技术教师团队，编写普通高中课程标准《信息技术》教材 6 册，经教育部审定，列入教育部国家课程中小学教学用书目录，由中国地图出版社出版。2019 年再次担任高中新课程标准《信息技术》全套教材的副总主编及部分分册主编，编写普通高中《信息技术》

教材 8 册，经国家教材委员会专家委员会审核，由人民教育出版社出版，列入教育部中小学教学用书目录，在全国有一定影响力。2004 年、2015 年先后两次作为主编，组织编写五、六、七年级《信息技术》教材共 8 册，九年级《科技前沿》教材共 4 册，被天津市教委列入天津市中小学教学用书目录。

多年来，我围绕开放式课程体系教学研究、教学关键问题研究、基于问题情境的项目式学习设计等主题开展教研指导，以开放式教学作为教学主张，完成市教育科学规划课题，鉴定等级为 A。2019 年研究数字素养课程体系构建，被市教委列为基础教育教学成果奖培育项目。主编教育部中小学学科教学关键问题指导丛书之一《小学信息技术教学关键问题指导》，出版著作 10 余部。发表论文 30 余篇，其中《基础教育算法与程序设计模块内容标准解读》等 3 篇在中文核心期刊《中国电化教育》发表。《基于信息技术学科核心素养的教学改革实施建议》等 27 篇在市级以上期刊发表，9 篇获市级以上奖项。每年下校调研不少于 10 次，包括涉农学校，通过调研指导提升远城区教师专业水平。承办过首届全国高中信息技术优质课展评活动。编写了基于学科核心素养的信息技术学科教学指导意见，解决教师的教学难点问题，指导多位教师获得全国信息技术优质课展评活动特等奖和一等奖，多次执教全国现场示范课，指导青年教师潜心钻研教学，以教学展示促质量提升，促进教师专业成长。在理论和实践两方面研究信息技术教学评价，编写考试评价方案和指导纲要，参与命题及测试，通过分析测评结果，进一步改进教学，提高了天津市中小学信息技术学科的教学质量。

三、推动基础教育信息化建设与应用

我长期从事信息化教育研究与实践，以习近平新时代中国特色社会主义思想为引领，更新教育教学观念，具有较强的专业能力，自 2016 年被天津市教委聘为基础教育信息化"三通两平台"专家组副组长，参与研制多份基础教育信息化政策文件，负责推动全市基础教育信息化资源建设与应用，设计工作推动方案，建设天津市基础教育资源公共服务平台、天津市网络学习空间人人通系统、个性化学习服务系统、教师备授课系统、中小学数字图书服务系统、天津市网络教研平台等若干网络系统平台。参与建设的若干信息化资源服务平台在新冠肺炎疫情防控期间，保障了全市百万师生的"停课不停学，学习不延期"，相关工作及事迹被天津电视台和《天津日报》等媒体报道。

以信息化助推教育优质、均衡发展，组织全市中小学师生通过网络平台开展"弘扬爱国精神，奏响时代强音"主题活动，应用成效显著，得到了教育部肯定，相继被教育部、《中国教育报》、市政府、市教委、《天津日报》报道。2019年国家网络安全宣传周博览会上，我受命带队承担天津市"智慧教育"板块的设计、制作与展示，得到市委网信办高度评价。

2015年我被聘为市级督学，每年去4个区及其下辖的2所中小学进行信息化专项督查与指导，针对督导发现的问题提出解决方案，为市教委推动信息化应用提供决策依据。先后指导过的7个区15所学校被教育部评为信息化应用典型案例和优秀网络学习空间，天津的获奖单位数量位居全国前列。

四、引领青年教师成长

我热情关心青年教师成长，受天津市教委继教中心委托，担任第六周期继续教育面授课程首席专家和未来教育家四期学员、265农村骨干教师、"千名计划"、"乡村教师能力提升"、"学科领航"等多批教师培养工程学员的实践指导专家，对200余名青年教师学员做培训和实践指导。撰写4期面授课程120学时，编写的"信息技术课程教学法"被市教委评为基础教育教师培训优秀课程。

　　主持天津市教育科学规划重点课题"构建开放性高中信息技术课程的实践研究"、市教育学会重点课题"基于 Moodle 的高中信息技术教学设计与实施优化研究"、市教育信息化协会重点课题"高中多媒体技术应用课程 MOOC 建设与应用实践研究"、市教育科学学会规划课题"高中信息技术开放式教学模式研究"等多项课题。带领老师们共同参与课题研究，提升一线信息技术教师的科研能力。自 2010 年起连续指导李敏、刘学瑞等教师参加全国中小学信息技术优质课展评获全国一等奖及以上，16 次获优秀指导教师奖。发挥传、帮、带作用，指导和培养的青年教师均取得优异成绩，其中：指导红桥教育中心王勇 2017 年成为天津市中小学学科领航教师培养工程学员并获红桥区五一劳动奖章；指导静海区唐官屯中学姜坤 2017 年成为天津市中小学学科领航教师培养工程学员，2019 年被评为正高级教师；指导新华中学梁音 2018 年成为河西区级领航学员、学科带头人。我受教育部"国培计划"、中国教育学会、中央电教馆、全国学术研讨会等方面邀请，为北京、陕西等 18 个省、市教师进行过讲座和培训。在本市的专题讲座每年不少于 5 次，对象主要包括校长、教研员、骨干教师和技术人员，讲座主题包括信息技术学科课程实施、信息化应用两大类。

五、冲在抗疫第一线

　　在新冠肺炎疫情防控中，我始终奋战在教学资源支撑与网络技术保障的一线，为天津市中小学"停课不停学、学习不延期"发挥了积极作用。

　　挺身而出、无私奉献。2019 年，面对新型冠状病毒感染造成的大规模疫情，教育部要求各地教育行政部门立即启动应急预案。2020 年 1 月 26 日大年初二当晚，接到单位领导紧急通知，根据市教委 2020 春季延期开学的通知要求，我连夜撰写《天津市中小学"停课不停学、学习不延期"工作方案》及网络学习指南等文件，并受命不迟于 2 月 10 日开通网上学习平台。自此，我多次奔波于市教委中小学教育处、网信处和市教科院课程教学研究中心等多部门之间，顾不得脚趾骨裂的疼痛，主动承担起统筹协调教学资源发布与网络平台保障的重任。一方面积极联系市委网信办、广电部门，争取多种形式发布教学资源，协调提速、增容等网络技术支持，全力保障网上教学。另一方面在天津市基础教育资源公共服务平台上开通《天津云课堂》专栏，根据市教研各学科提供的 2020 春季第一周教学资源，制作小学至高中非毕业年级 10 门网络慕课课程，覆盖所有学科共计 340 课时。由于工作量大，又是首次创新使用这种方式建课，我几乎每天只休息四五个小时，任劳任怨，亲自摸索制作每课时资源，经过一周奋战，最终确保网上学习平台在 2 月 10 日前发布，使"停课不停学、学习不延期"得以顺利实施。领导慰问辛苦时，我的回答是"战疫当前，挺身而出，砥砺前行，是每个党员应该做的"。

勇于担当、科研攻关。作为教研员，我以新时代党中央国务院教育发展新理念为引领，全面落实国家教育信息化 2.0 工作部署。疫情防控中针对"停课不停学"教学组织结构由集中式学习变为分散式学习的难题，我结合多年的工作基础和研究专长，在市教科院统筹下，积极申报"构建数字素养网络课程体系应对突发公共卫生事件的策略研究"专项课题，基于天津市基础教育资源公共服务平台搭建数字素养实践空间，着手建设学生数字素养提升示范课程，作为应对大规模疫情防控时期学生开展网络学习难题的实用解决方案之一。此外，我还结合课程的学习内容知识体系，分析"一师一优课"教学资源的结构特点，为每个年级精心设计了灵活的网络课程学习框架，满足教学结构流畅性和学习结构多样性的需求。通过科研攻关，保障了既有网络课程资源的呈现效果和精准投放，提高了师生获取网络学习资源的效率，为开展基于网络的教与学奠定了基础。

团结群众、无私奉献。在工作岗位中我身兼多职，作为市级信息技术学科教研员，每周要根据教学计划提供信息技术学科教学资源，我便团结区校两级教研骨干团队，开发示范课程教学包，从撰写教案到录制微课，解决了 2020 年春季学期高中没有新课标网络教学资源的难题。由于开学时间的推迟，面对持续提供教学内容的大量工作，经请示领导，我组建了"市教研员建课小分队"，亲自编写网络课程建设指南，分工协作，带领大家共同建课，既提高了建课效率，也为网络课程建设的可持续发展提供了原动力。此外，我还组建由区校网管员和专业技术人员组成的网络服务团队，利用 400 热线电话、QQ 群、微信公众号等解答师生和家长的各种疑问，为师生正常访问平台提供保障。通过耐心细致的解答，化解家长和学生的焦躁情绪，累计解决群众提问 3 000 多条。经过合理预判与积极应对，保证天津市基础教育资源公共服务平台平稳运行，最高日访问量突破 350 万人次，为支撑网络教学作出了贡献，获得广大师生的赞许和好评。

敬业、专业、乐业是一个教师成长的路径，敬业为人生描绘了美好的前景与目标，专业夯实了前进的步伐，乐业使每一步、每一个脚印奏出快乐的音符。一路走来，一分耕耘一分收获，我的事迹先后被《科技日报》、天津电视台《天津新闻》栏目、《天津日报》、天津市教委、天津市妇联等官方媒体报道，但是我并没有止步于此，多项工作齐头并进、身兼数职是我的日常工作写照。我将始终践行一名普通教师的使命与责任担当，无悔柔情谱华章！

名师档案

高淑印

　　1970 年 4 月生人，中国共产党党员，正高级教师，天津市人民政府督学。1992 年天津师大计算机系本科毕业，2011 年取得教育硕士学位。1995 年调入天津市教研室，负责小学、初中、高中三个学段的信息技术学科教研和全市中小学教育信息化应用推动工作。主要社会兼职有天津师大教育硕士研究生导师，中国教育学会中小学信息技术教育专委会常务理事，中国教育技术协会信息技术教育专委会常务理事，天津市教育信息化协会副理事长基础教育分会理事长，天津市教育学会中小学信息技术专委会秘书长。

让爱盛开，开一树玉蕊琼花

广东省广州市海珠区实验小学　郑贤

我是半路出家当老师的，可是从教不到十年，就获得了"广东省小学特级教师""南粤教坛新秀""广州市优秀教师"光荣称号；在从教的第二个十年，获得了"全国模范教师""全国五一劳动奖章""广东省劳动模范""广东省首批名教师""广东省历任名教师工作室主持人""广州市优秀专家"等光荣称号；在从教的第三个十年，获得了"国务院政府特殊津贴""国家'万人计划'教学名师""广东省最美教师"等光荣称号，成为广东省第一批正高级教师。

我是如何从一个外行人成为内行者、从一个普通老师成长为名师的呢？回顾我近三十年的奋斗历程，"信念、努力、坚持、奉献"是我一路走来的真实写照。

一、雄关迈步，坚毅前行

在当老师之前，我是一家企业的部门主管。1992 年广州市海珠区公开招聘教师，我应聘并幸运被录取，那年，我已 31 岁了。对于我这么一个非师范类专业的人来说，转行当老师，可以说是年龄大、起点低，如何在教育领域求生存、求发展，这是我从教开始就思考的问题。

人的生命中最宝贵的是信念。虽然是半路出家，但从能幸运地当上老师那天起，我就立志要当一名出色的、学生喜爱的老师。就是在这一信念下，我坚持不断学习、钻研、追求。

1. 把握机会，巧拼出彩

1993 年 1 月初，我按海珠区教育局的任职通知，来到了海珠区同福中路第一小学任教。对于这所学校，在报到前，我知之甚少。后来通过多方了解，我才知道这是海珠区一所久负盛名、首屈一指的学校。置身在这么一所省、市、区都很有声望和影响力的学校，我思考：我非师范毕业，没有任何从教经验，如何在这人才济济、强手如林的环境下生存、发展，而且还要出色？！我给自己树立了一个目标：要通过奋斗，用比别人多一倍、两倍甚至更多的时间去工作、学习，尽快地缩短差距，用勤奋、努力去创设一片属于自己的蓝天！

抱着这一信念，我尽心竭力，认真做好每一件事，并坚信"好的开始是成功的一半"。

记得在 1993 年寒假结束回校，校长就找我谈话了。她告诉我："学校各学科的教学成绩斐然，尤其是语文学科和英语学科在业内更是响当当。但计算机学科却是起步阶段，学校把你招进来，目的是希望你能给这门学科的发展带来突破，取得成绩。"接着她就交给我一个任务："今年 4 月，有一项广州市小学生 LOGO 程序设计竞赛，学校希望你能培训学生参赛。"

到学校报到没几天，就放假了，说实话，我还没真正走进课堂开展教学和接触学生，现在就交给我培训学生参加竞赛的任务，而且距离比赛的时间不到两个月。当时，我心里直打鼓：天哪，这能行吗？这不是天方夜谭吗？要知道这不是学科考试而是参加竞赛啊。心里虽是那样想，但以我这种不轻言放弃和退缩的人来说，我是这样回答校长的："好，我会尽自己最大的努力去完成这项任务。"

培训学生参加竞赛，这于我来说真是谈何容易！我没有任何教学经验，更要命的是我还没接触过 LOGO 程序设计。但箭在弦上，已没有退路，我唯有全力以赴。我已习惯了这样的做事方式：每接受一项任务必先分析、评估，以从中获得完成任务的动力和策略。

首先，作为教育领域的新兵，我把这项任务看成一个机会，一个证明自己能力并且获得领导和同事认可和信任的机会。然后，我看到了自己完成这项任务的优势，我虽不懂 LOGO 程序设计，但我是学理工科的，有着较强的学习能力，小学生能学会的东西，对我来说应不是问题。最大的困难是时间紧和物色选手的问题。

有了工作的动力，找到了问题的症结，再采取行之有效的策略，我看到了完成这个"不可思议"任务的希望。

"巧妇难为无米之炊"。要掌握 LOGO 程序设计，必须有这方面的书籍。我利用周日时间，几乎跑遍了广州市的新华书店，凡是见到 LOGO 程序设计的书，不管是什么版本，我通通买下来，一下子就买了五六本。当我手中捧着这些书的时候，心里一下子就有了参赛的底气和信心。我作自学 LOGO 程序设计规划，要求自己一个月内全部掌握，并定下了每天的学习内容。

接着要做的事情就是挑选参赛的学生。我虽没有学过 LOGO 程序设计，但我学过 BASIC 语言，我知道要学好计算机语言，数学学习能力是关键。为此，我选参赛的学生除了喜欢玩电脑外，还要数学学得好，而且因为时间紧，不适合挑选太多学生，只能进行"精英培训"。还有我了解到 LOGO 程序设计竞赛是小学的常规竞赛，每年都有，所以我采取了"梯队接力"的培训方式，在四、五、六年级各物色一个学生进行。这三个学生分别是六年级的陈毓艺、五年级的谭卓祺、四年级的陈志岳。

与这三个学生初次见面时，我是这样说的："通过了解，我知道你们数学成绩很棒，并且对计算机的学习很感兴趣。现在老师与你们一起学习一种计算机的语言，可以运用它来解决数学难题，还可以参加广州市计算机比赛拿奖，你们想学吗？"孩子们被我如此鼓动，立刻群情鼓舞、兴奋不已，自信得仿佛我们已稳操胜券，纷纷表示一定会很认真、很投入地学。

也不知道为什么，对于当时没有任何教学经验的我来说，竟已意识到家长支持的重要性。在家长来接孩子的时候，我跟家长说明了培训孩子参赛的意义和学习计算机程序设计将会对孩子产生深远的影响，家长听到我如此说，并看到我是如此器重他的孩子，自然是笑逐颜开并大力支持。

万事俱备，只欠东风。剩下我要做的事就是自己如何学和如何教了。在竞赛前的两个多月，我过得如苦行僧修行。我给自己定下了每天必须完成的学习任务，几乎天天晚上看书自学，分析、编写程序，遇到难题常常钻研到半夜三更甚至通宵达旦。我晚上学，第二天下午下课就教这三个学生，并且与他们一起交流、分析、研究。

功夫不负有心人。这三个学生虽说是初出茅庐，却在比赛中分别获得了广州市一等奖（两名）、三等奖（一名）的好成绩。那段师生共同奋斗的日子，使我与这三个学生建立了深厚的友情，并成了我们至今难忘的回忆。现在早已大学毕业的他们，相聚时津津乐道二十年前的这段往事。其中，谭卓祺读的就是计算机专业，现在他在汇丰银行任计算机方面的区域主管。他说："当年跟着老师学习程序设计，使我找到了专业兴趣所在。"

2. 找准突破口，初尝成功喜悦

带领学生参赛，初战告捷，为学校争了光，我是甜在心里，校长是喜上眉梢。她见到我就表扬我，还在教师会议上宣布这一喜讯，我看到了老师们投来的赞赏眼光。

刚入职当老师，辅导学生竞赛，我尝到了甜头，我有了事业发展的方向。

当时学校还没有一个正式的计算机专用室，计算机室是由一个课室加一些课桌拼凑而成的，设备是 20 台已经很残旧的"Apple"机，并且这些电脑很多都不能正常运行，故障连连，属于淘汰产品了。学校的这一个机房与学校的名气很不相称，这也许与学校之前没有一个专职的计算机老师有关。为此我向校长提出：要发展计算机学科，必须有一个专用的计算机房，可否新建一个？校长很爽快地答应了，并对我委以重任，让我负责电脑室的设计。

1993 年的暑假，我与电脑公司的工程师们一起建成了电脑室，从此我就有了自己教学的专用课室，有了自己用武的小天地。在这个电脑室，我一待就是十二年，我在这里上课、备课、办公，可以说，只要我在学校，就必定是在电脑室，它成了我的第二个家，也成了学生在电脑世界遨游的乐园，在这里，我创造了自己教育生涯的奇迹。

计算机学科在 20 世纪 90 年代初还处于起步阶段，没有统一的教材和教学大纲，属于选修课。当时按照市和区的教学要求，计算机学科的教学内容是 LOGO 程序设计，对于已带过一届竞赛的我来说，LOGO 程序设计已非常熟悉，为此，在立足课堂教学的同时，我把更多的精力和时间用在了辅导和培训学生竞赛方面。

我是这样想的：我能用短短的两个月时间培训学生参赛并获奖，那么，如果用将近一年的时间培训，学生的成绩肯定会更好。我在课余时间开设了计算机兴趣小组，电脑室有 24 台电脑，我吸收了 24 名学生参加学习、培训。每周一次的课外培训，再加上寒假时间的集训，到了 1994 年参加竞赛时，这 24 名学生中有 21 名获奖了。

获奖的人数在当时是惊人的，引起了市和区本学科的教研员和老师的关注，而我因此也得到了学校的大力表扬和老师们的赞誉，在学校工作的一年多，我的教学能力和工作态度逐渐得到了学校和老师的认同与肯定，在工作岗位上，我站稳了脚跟。

且战且勇，再接再厉。辅导学生竞赛所取得的成绩让我更忘情、更投入计算机的教学。我已不满足培训 24 名学生参赛了，我要让更多喜欢计算机的学生有机会学习。当时报读电脑兴趣小组的学生很多，我共吸收了 48 名学生参加培训，每两人共用一台电脑，把电脑室坐满。

一年之后，即 1995 年的竞赛，我校 48 名学生参赛，有 39 名学生获奖，这在当时引起了轰动。当年的 LOGO 程序设计竞赛第一次设立"团体优胜奖"，我校获得了这个殊荣。

我入职时，计算机学科还是一个边缘学科，我校在这方面更是寂寂无名，但三年后，通过我辅导学生竞赛获奖，我校的计算机学科在市、区都成了颇有名气的学科。由于辅导竞赛成绩斐然，在学生和家长的口碑中，在老师们的赞许中，我在短短的三年工作时间内获得了"广州市优秀教师"光荣称号。

随着科技的进步、学科的发展，计算机学科已从选修课变为必修课，学科名从"计算机"更为"信息技术"，学科学习的内容已从单一的 LOGO 程序设计增加了内容丰富的计算机应用基础、画图、计算机文字处理、多媒体作品制作和因特网的应用等。所开设的竞赛项目也相应增加了，有电子板报制作、画图、文字处理、多媒体作品制作竞赛等。而我对学生信息技术能力的培养也与时俱进，呈现多元化。

从教以来，在课外活动中，我除了开设 LOGO 程序设计课外，还开设网页制作课、动画制作课、电子板报制作课、计算机文字处理课、多媒体作品制作课等等，带领着学生在精彩纷呈的计算机世界快乐遨游。在我校，计算机课外活动的人数是最多的、人气是最旺的，学生把能够参加计算机课外小组活动看作一件非常自豪的事情。因为计算机课外小组几乎囊括了全校学习最好的学生，在学生眼里，能成为其中的一员，那是"最棒孩子"的标志。在 2003 年，我校学生参加全国、省、市、区的各项计算机竞赛活动，获奖达 90 人次，其中有获全国二等奖，省、市、区一等奖和区特等奖，还获得了海珠区小学生电脑作品现场制作竞赛的团体冠军。六年级学生参加竞赛，有四十几人获奖，获奖人数占全年级学生人数近三分之一。

十几年间，我校参加由教育行政部门组织的各种计算机竞赛获奖的学生有 1 200 多人次，有两项竞赛项目"LOGO 程序设计"和"计算机文字处理"曾设立团体优胜奖，我校连续五年同时获得这两个团体优胜奖，为此我曾被《羊城晚报》专题报道为"创造教育奇迹的人"，还获得了"南粤教坛新秀"的光荣称号，得到了广州市人民政府颁发的"二等功"奖励。

辅导学生竞赛，既培养了学生能力的发展，也为学校争光，自己也获得了很多的荣誉，但在掌声的背后，是无尽的心血和无私的奉献。要在强手如林的竞赛中获胜，并且一直保持"桂冠"，这谈何容易！没有"十年如一日"的坚持、拼搏、追求，是根本不可能实现的！从教十几年，我从未完整地休过寒暑假，辅导竞赛的艰辛由此可见一斑。

然而，我也是幸运的，我抓住了这一学科的特点，以"培养学生参加竞赛"为突破口，提高了我的专业技术与技能，我因"竞赛"而成名，也因"竞赛"而发展。是的，掌声的背后是无尽的付出，可面对学生的成功和收获，我深感这就是一个老师的骄傲！

二、学而不已，追求卓越

辅导学生参加竞赛，让我"一举成名"，但作为一名教师，只有立足课堂教学，面向全体学生，才会有教育的生命力。

1. 无知中的思考

我是半路出家，记得我刚到学校工作的时候，除了对本学科的专业知识稍懂之外，不要说什么教育的理念、教学的思想，甚至连教学的基本常规都不大清楚。第一次上课时那种心中无数、不知所措的困窘，我至今忆起仍历历在目。

　　我来同福中路第一小学任教前，该校没有专职的计算机老师，而是由美术老师和数学老师兼任，并且当时计算机课只是选修课，没有统一教材，由学校自行选定计算机读本。课前，我询问学生，以往上计算机课学习什么？学生告诉我：学一点简单的 LOGO 程序设计命令，但大部分时间都是自由活动，老师让我们玩电脑小游戏，如虫子吃豆豆、打洞洞等等。

　　对于课堂教学近乎无知的我，也只能按学生所言：让他们在课堂上放任自流。

　　上课了，我不是站在讲坛上向学生娓娓道来，不是在黑板上书写教学重点，而是站在学生身边，看他们玩游戏时的得意忘形，听他们玩得兴奋时的欢呼声。但我越看越纳闷，越听越不是滋味，心想：难道这就是计算机的课堂教学？

　　我走到学生的中间，与他们聊天，向他们了解过去上课的情况，倾听他们对上计算机课的想法，再让学生自我介绍，让他们讲讲自己的兴趣、喜好。

　　一节课下来，我什么都没教，可是已经与学生打成一片，他们说好喜欢我这个和蔼可亲的新老师。可我心里却惭愧得很：我还不懂得怎么教学啊！

　　课后，我向以前任教这门学科的老师了解教学情况，并向他们请教如何开展教学。原来，课堂学习的内容也是 LOGO 程序设计，只是授课的内容非常简单，只讲简单的命令语句，让学生用简单的命令画出简单的图形，并且对教学进度没有要求，学生能学多少就算多少，每一节课还要留一小部分时间给学生玩电脑游戏，以满足他们爱玩电脑的需要。

　　课堂教学的内容于我这搞 LOGO 程序竞赛出身的人来说，并不陌生，甚至还是强项。慢慢地，对上课我有了一点思路；渐渐地，对教学我有了一点把握。

2. 三人行必有我师

课堂教学是一门学问，是一门本领，更是一门艺术。掌握它，教师教学如鱼得水，学生学习兴趣盎然，那么教学的质量自然会得到保证，教学的有效性定然会得到提高。

在学校，我独立任教计算机这门学科，对于我这初涉教坛的新兵来说，遇到最大的问题是：课堂教学的交流和研究没有同伴，很想通过听课提高课堂教学的能力却找不到对象。

我的课堂教学开始是一种灌输知识的教学，我把课外辅导学生学习的方式，用到课堂教学中来。可是，我总感觉课堂的气氛不对劲，学生学着学着就没劲、没趣，到了后半节学生说话的声音比我还大，他们不是讨论我讲课的内容，而是吵吵嚷嚷要我快点让他们玩游戏，甚至有学生直接跟我说，我讲的内容太难了，他们听不懂也不感兴趣。

怎么会这样？为什么这样教，课外活动小组的学生能学得好，课内的学生就不行？反差怎么会那样大？

带着不解，我陷入了深深的思考，也请教身边的老教师。渐渐地，我有所开窍了：虽然教学对象都是学生，但却有着本质的不同。课外小组的学生，本身学习的能力就较强，且他们有一个强烈的学习目标和追求，就是希望在竞赛中获奖，所以他们的学习是很有动力的。而课堂上面向的是全体学生，每一个学生的学习能力、学习兴趣以及学习基础都不一样，我怎能用一刀切的方法教学？而且用的还是单一、枯燥的知识讲授方法！

就在我苦思冥想如何改进教学方法，让学生对我的课产生兴趣的时候，我遇到了一个机会。

有一位任教数学的老师因生病住院了，学校决定让我去代她的课。因为代的是主科，我没有教学经验，所以校长要求我尽可能边听课边上课，也就是说模仿教学，听同一节教学内容的课，然后自己再去上课。我很幸运，我跟听的同级张老师是学校数学科的科长，有着非常丰富的教学经验。

听她的课，我才知道什么叫教学。每一节课根据教学内容都有一些固定的教学环节，如复习引入、新知教学、巩固练习、拓展学习等；每一教学环节又有不同的教学方式，有演练的、讨论的、自学的、合作的；而教学的方法更是多种多样，有启发式、讲授式、演绎式、示范式、探究式；等等。

跟着张老师学上课，我才知道课原来可以上得如此生动活泼，如此引人入胜，如此快乐享受，学生所掌握的数学知识就是在这么一节一节充满兴趣、好奇求知的课中探究获得。

两个月的数学代课经历使我对课堂教学的认识如蝉蜕变。我明白了：术有专攻，但教无定法。每一个学科的知识虽然不同，但教学的方法一脉相承、互有相通和各有特点与风采。

在学校，虽然没有我本学科的课可以听，但我可以听其他学科的课。只要学校有公开课、研讨课，无论是哪一学科，只要我没课，我必如饥似渴地去听课。在语文、数学、英语、科学、美术、音乐的公开课中，常常可以看到我这个计算机老师的身影。

我在听课中成长，在听课中反思，在听课中收获。时光渐去，我的教学能力也在渐长。

3. 绽放风采

听不同学科的课，我收获了不同的惊喜。

听语文课，让我知道优美的教学语言能吸引学生的眼光和调动学生的情感；听数学课，教学语言的精练和分析的细密，培养了学生逻辑思维能力和解决问题的能力；听英语课，教师的能歌善舞，给学生营造了一种真情实感的表达环境；听美术课，让我想到学生可以把美术课上学到的知识运用到电脑作品的制作中，美术学科与信息技术学科的整合，更有利于学生的学以致用；听科学课，启发学生多观察、多思考、多动手的教学方式与信息技术教学是如此相通，值得借鉴。

我的课堂教学能力在听课、学习中不断提升，也在教学实践的不断反思中得到升华。我重视通过反思自己的教学过程来不断改进自己的教学水平，每一节课后，我已习惯当即对本课进行反思记录，记下课上的亮点，更标注课上的不足和遗憾，所做的这些记录是我备下一节课的基础。

虚心求学、善于反思、刻苦钻研，使我从一个不懂上课的新手迅速地成长为教坛新秀，从教的第三年我就开始上市公开课，在第四年即 1996 年，我的教学设计《如何砌积木——过程的调用》获得了广东省中小学计算机优秀教学设计评比一等奖。之后，我曾多次参加省、市优质课、现场课比赛，获得一等奖。我还成为本学科广东省、广州市编《信息技术》教材和《教师教学用书》的编写者之一。

十多年教学实践和教学经验的积累逐渐形成了我"富有激情、亲和、循循善诱"的教学风格，我通过教态、教学语言以及课件等抓住学生的心，让他们追随着我在信息技术的世界里遨游，共同探究真理，获取知识。

很多老师听过我的课，他们不约而同认为我上课的特色是充满激情和亲和力，学生自始至终都保持着高涨的上课热情和求知探究的欲望。下面是我的徒弟袁飞华老师听了我课后所谈的感受：

师父的课以前是只闻其声，未见其课，今天第一次一下子听了两节课，感觉是捡到了一个大便宜。郑老师说第一节课是原汁原味的随堂课，第二节课是准备了的课，其实我更喜欢第一节，平常之中见真功。师父上的两节课给我很大的触动，我的感觉是，郑老师是一个"偷懒"的高手，我总结了一下，有下面"四懒"。

第一，信息技术课上课不去带学生，上课时对教学秩序不多去组织，下课后所有的电脑室整理由学生自己完成，此一懒也。

第二，上课只讲十来分钟，其余时间全是学生自己捣鼓，最多单独辅导三四个学生，此大懒也。

第三，"制作表格——我的理想课程表"一课中明明是怎样制作表格，但在制作前和制作后却花了很大一部分时间去让学生讲述为什么要设置这样的课程，此奇懒也。

第四，上课中，学生完成任务的情况由学生自己填写，在一节课中复习上节课和交代下节课学习任务的时间不算短，为下节课"偷懒"又做了铺垫。

细细品味郑老师的"懒"，我豁然开朗："懒"是一种艺术，"懒"是一门学问，"懒"是一种智慧！其实这是两节何其精彩、何其丰富、多么激扬生命的两节课呀！

课堂的精彩还体现在这两节课的人文魅力上。当郑老师亲切地搂住积极回答的学生的时候，我想到母亲对孩子的浓浓爱意；当郑老师用"完成任务后到讲台桌的光荣簿上签下自己的名字"这一个"煞费苦心"的细节时（激励了学得快的孩子又不伤后进孩子的自尊，又让自己及时了解学习情况考核），我想到心理分析师总是了解每一个咨询者；当郑老师用游戏贯串整个教学过程，充分调动孩子的学习积极性与学习兴趣的时候，我想到一个高明的演讲者总是能激起听众的好奇心；当郑老师让学生讲述为什么要设置这样的课程，而孩子们骄傲又得意地说出自己的观点时，我想到了有造诣的音乐家，心灵音乐家，用纤纤的手指弹拨起孩子们的情感、价值观、人生观。师傅的"奇懒"让他们在信息技术课里超越了冰冷的机器、枯燥乏味的练习，在心灵的舞台上自由飞翔！

郑老师的课不是单独的一节课，课与课之间是有传承的，这节课既是承上也是启下的，上"制作表格——我的理想课程表"这一课时，用一部分的时间讲解了行、列、单元格的概念，就为下节课"数据处理"的学习做了很好的铺垫。

由此，我想到了：人类的一切科学发展都是人类"偷懒"的结果。飞机、汽车是人类对走的"偷懒"，机器是人类对重复工作的"偷懒"，电脑是人类对思考的"偷懒"……而教学中的最高艺术是教者如何学会"偷懒"，用自己的"偷懒"换取习者的"偷懒"，让社会在人类的"偷懒"中不断前行。

4. 精益求精

教师的成长与发展，很大程度上取决于课堂；而学生学业的收获与进步，很大程度上也取决于课堂。因此，课堂教学是教师的主阵地，如何在这主阵地上优化课堂教学，提高教学效率，让每个学生更好地发展，这是我一直不断努力追求的目标。

（1）不断提高自身素养

古人云：安其学而亲其师，乐其友而信其道。我深知：教师广博的学识、精湛的专业技能、多方面的才艺、慈爱友善的个性特点、幽默风趣的语言风格、正直无私的高尚品质等都是吸引学生的魅力所在，所以不断提高自身素养是我不断完善自己、超越自己的目标。

一方面是提高文化素养，树立"学无止境"意识。在今天倡导终身学习的社会氛围中，我只有不断吸取新知识、新理念，用先进的思想武装自己、完善自己，我才能完成教书育人的光荣使命，我才能无愧于"人民教师"这一光荣称号。另一方面是提高品德素养，树立"修身"意识。孔子说："其身正，不令而行；其身不正，虽令不从。"因此，我时刻提醒自己做事要以身作则、心底无私、品行端正，要给学生做出表率。教师要先学会"做人"，才有资格"育人"，教师的人格会潜移默化地影响学生的人格。

（2）扎实做好常规教学

教学如何适应学生，并使每个学生更好地发展，这是我备每一节课时所思考的重要内容。第一，备好教学设计，并在每节课前做好上课的充分准备工作。根据学生上节课的学习情况和现有的知识水平设计好教学过程，如对学生电脑操作环境的设计，利用网络教室事先将上课所需要的软件材料等发送给学生。第二，关注每个学生的学习状态，尤其是"学困生"，根据学生在堂上的反应和学习情况及时调整自己的教学进度和教学方法。运用合作学习的教学方式，提高课堂教学的效率。第三，每节课后我都会马上进行教学反思，把课堂上成功的地方或出现的问题记录下来，为备下一节课提供有力的依据。

（3）让学生学会自主探索

信息技术课程的最大特点是集知识性和技能性于一体。它不仅承担着让学生了解、熟悉、掌握信息技术的基础知识和基本操作技能的任务，还承担着通过让学生学习，学会利用信息技术培养解决真实、开放问题能力的任务。如，在网络学习中，当学生学会了如何在网上搜索信息后，我就根据教材的内容，让学生自主学习，探究如何使用网络开展主题探究学习，如何在浩如烟海的信息中快速地搜寻到所要的信息，等等。在信息技术教学中，教师要给学生支架，让他们稳步前进，但教师也要及时有效地撤除支架，使学生养成自我探索的意识，为学会知识的迁移和举一反三的运用打下基础。

（4）让学生学以致用

信息技术是一门工具性极强的学科，但这并不代表着它只是操作性的学科。我认为，信息技术课的开展应有助于学生在以计算机和网络为载体的信息化学习平台上，自主学习和发展个性。如，学生通过网络交流评价画图作品、板报作品等。这对他们在其他学科中开展网络环境下的活动打下了一个良好的基础。同时，信息技术课也应教会学生通过网络更为广泛地获取知识，为其他学科的学习服务。

5. 更上一层楼

开展课题研究，是教师专业发展的有力抓手。

学校一直重视教育科研工作，我就是在学校教育科研的沃土上，学会了用研究的眼光开展工作，学会了创造性地教育教学。我自觉投身教育科研，并根据不同时期的要求自行设定研究的课题，在教育科研中边学习，边实践。我每一年都围绕不同的研究专题，完成"五个一"：一份专题研究计划、一节汇报课、一份优秀的教学设计、一篇优秀的教学论文、一份专题研究总结。我就是在这种良性的压力下，围绕目标，推动自己由开始时的疑虑畏难，到后来的勇于承担。我就是在这一次次完成研究任务的过程中逐渐成长起来的。

在课题研究方面，作为一线教师，我更偏重小课题研究。抓住教育、教学方面的某一热点或难点，进行有针对性的研究，教育理论的提升和问题的解决往往更有成效。例如，为了解决某一热点问题，我必须学习相关的教育理论，并在理解的基础上，运用教育理论来分析和指导教学实践。这种学习是基于解决问题的需要而产生的，我的学习所得就更为深刻，再灵活运用，也就更有效地提高理论水平。

开展课题研究还有利于我教育理念的形成。教育理念是教育主体对于"教育应然"的理性认识和主观要求，它经常支配着教师的教育教学活动。开展小课题研究促使我更清楚地认识并思考自己的教育理念，并结合自己的教育教学特点，更科学地确立教育理念——"让爱沁入每一个孩子心田，让每一个孩子都能不断自我超越"。

开展小课题研究促进了我的专业成长。在研究过程中，以理论学习为先导，以探索实践为重点，把敬业爱生融到了提高课堂教学质量之中，在课题研究中形成了自己的教学特色和教学成果。曾获得全国、省、市、区的教育教学奖励百项以上，其中由我主持的课题"中华文化融入小学信息技术课程十年探索与实践"获 2019 年广东省教育教学成果奖（基础教育类）一等奖。撰写的论文《基于 STEAM 的小学"3D 打印"课程设计与教学实践研究》发表在国家核心刊物《中国电化教育》（2016 年第 8 期）上并获广东省优秀论文一等奖。近三年，出版了 3 本教育教学专著《孩子王手记》《教育的真谛是爱》《玩转 3D 世界》。

积极参加教育科研，坚持课题研究，使我成为研究型、专家型的老师，令我的事业发展百尺竿头更进一步，为此我也被评为"广州市优秀专家"、"国培计划"专家。

三、真诚付出，情深谊长

爱是教育的源泉，在教育教学工作中我牢记着"让爱沁入每一个孩子的心田"，我把学生当作自己的儿女、朋友，把爱奉献给他们。正因为爱学生，我除了在教育教学中积极开展科研活动和注重学生能力的发展和提高外，更注重教学生如何"做人"，这可是为人之本啊！

每年都有好几个"活宝"成为我"重点扶持"的对象。有聪明但有许多不良习惯的；有自律性很差还要惹是生非的；有又懒、学习又较差的；等等。改变他们仿佛是在修建一项工程，给我的感受是：在修建的过程中，你不可能时时看到效果，只有等到竣工的时候，你才能体会到那无比快乐的成就感和幸福感！

1. 育心育人，只缘一个"爱"

基于对学生的爱，我以"爱心换真情"，和学生建立了亲密的师生情谊。我对学生在生活上给予关心和爱护，在精神上给予鼓励和支持，在学习上给予耐心的帮助和辅导，尤其关心学习有困难的学生，使他们勇敢、自信地站起来。

在面对一个喜欢捉弄人、爱搞小动作的调皮孩子，我采取了"钉子"的方法。在将近两个月的时间里，我天天盯着他，发现他不对，就先让他"换位"感受，再作"反思"，另外还跟家长紧密联系。只要该学生有进步，我就马上给予鼓励、表扬。另外我还针对这个孩子脑瓜灵活且爱好电脑这一特点，因材施教，重点辅导他提高网页制作技术，使他与另一同学合作制作的网页在全国中小学电脑作品制作活动中获得二等奖。他尝到了成功的喜悦，切身感受到老师对他严格要求其实都是出于对他的爱，逐渐变成一名对人友善、勤奋好学的好学生。

二年级有一个身形比同龄人都高大、强壮的学生，平时喜欢我行我素，谁的话也不听，对同学经常拳头相向。我并没有因此嫌弃他。通过观察，我逐渐地发现了这孩子的一个特点：喜欢听好话。于是我就对他采取了"赏识教育"的方法。只要他稍有进步，我就马上给予表扬。同时常常驻足在他跟前，以便随时发现他学习上的困难，给予及时的帮助。我还常常激励他向困难挑战，树立战胜困难的信心。对他的丁点进步，我不但会在全班同学面前表扬他，而且适当地给予小礼物奖励。就这样，在耐心而又充满爱的教育下，这孩子的进步非常大。有时面对一整节课的打字训练，他竟然可以很认真、很专注地练习。看到他那好不容易坚持下来的样子，我总会发自内心地表扬他，并搂着他说："只要你能坚持、努力，你一定会成为一个很棒的孩子！"

教育，真是一种温暖的抚爱。没有爱就没有教育。给学生抚爱，就是要多一份呵护，多一份激励。教育，也是一种殷切的期待。给学生希冀，他将还你喜悦；给学生期待，他将还你奇迹。教育，还是一种巧妙的忍耐。忍一时，峰回路转；耐一刻，天高海阔。在这令人难以忍耐中，定会出现那"润物细无声"的效果，达到那"柳暗花明又一村"的美妙境界。

2. 主动请缨，为的也是一个"爱"

曾有人问我：学生于你来说，意义是什么？我说：是互帮互爱、共同成长的伙伴。与其说这么多年来我培养了很多学生，倒不如说学生也造就了我。学生的成长总像一面镜子不断鞭策我，使我要不断学习、不断改进、不断提高，我的教育才有了生命力。

说一说我与已毕业的六年级的学生一起上的一节很特别的课吧。面对即将毕业的六年级学生，教了他们五年，与他们共度五载所结下的情谊早已是亦师亦友，那种彼此依依不舍的情愫总萦绕在我和学生的心头，一种从未有过的想法冒出来了：我要为我的学生做一件事。过去为了学校或者上级的任务，我常常让学生上公开课、接待课，那么现在我能不能也为孩子们上一节课，把他们的父母请到课堂来，让家长一起感受孩子们在小学最后阶段的一节课呢？当我把这想法告诉孩子们时，得到的是振臂欢呼！我请示校长并得到批准。那就上一节让每个孩子都能有机会展示自己才华的课吧，让他们的父母一起来感受孩子的成长和快乐。

请听听家长们在听完这节课的留言："这样的信息技术课，充分体现了当前课改的基本理念和精神，充分体现学生的主体作用，课堂生动活泼，效果很好。同时也让家长从中领略了老师的教学风采和孩子的学习情况。希望以后多开展这样的活动。""通过观摩今天的信息技术公开课，我们看到学校在教育创新方面所取得的成就。特别是在应试教育的今天，这样具有创造性的信息技术课更是难能可贵，这样的课使学生在学习的同时更富有创新的精神，更有利于学生学习积极性的提高，有利于逐步激发、培养、锻炼学生的创新思维，为今后的学习打下牢固的基础。建议一学期可多举办一两次这种学习活动。""信息技术课上得很好、很棒！非常活跃、精彩、生动、有创意。感谢郑老师！"

我不是没事找事做，相反，繁重的工作早已令我习惯没有工作日和休息日之分。之所以要做一些没人要我做却又主动做的事，那完全是因为对学生浓浓的爱，它让我不断地开拓自己、挑战自己！

得知学校要开展家长开放日活动，我主动找校长请缨：在校级的墙报上出一期"学生电脑作品展"，利用这一机会，让更多的家长和其他来宾看到我校学生在信息技术学习方面的才华和能力，与更多的人分享学生的收获，从而更进一步激发学生不断努力、不断追求新的成功的动力。谁不愿意得到赞赏和激励？尤其是学生！墙报展示后，从学生一脸的自豪和兴奋中，我感受到了我为他们做了一件有意义的事。

3. 无私奉献，收获了一片纯真的"爱"

这么多年来，在不断奉献自己的心血和精力、真诚和爱心的同时，我也在不断地获取。我获得了学生纯真的爱和友情，获得了学生莫大的信任和支持。这可是一笔宝贵财富啊！

就说在开学的第一天让我感动的事吧。在开学典礼上，校长向学生介绍学校行政人员、各科老师，当轮到我时，只听到全场响起了学生雷鸣般的掌声和欢呼声，而且是全场之最。你说我置身其中能不感动吗？我的眼泪直在眼眶中转。常有人问我：为何总见你如此精力充沛？这是因为我与学生互动的爱带给我源源不断的动力！

工作带给我的感受是热爱、快乐、充实、成就、感恩，我想这就是能让我一直坚持下来、十年如一日工作的成功秘诀吧。至于说到我与学生的关系，是师生？是朋友？好像不尽然，因为总有种难以割舍的情感。每年我都有学生毕业，每年我几乎都会哭，会很伤感；看着他们留下的电脑作品，我想起他们纯真、调皮的种种。我与学生有许多说不完的小故事。学生被同学欺负了，会找我相助；受到委屈，会找我申诉；中考失手，会找我安慰；遇到困难，会找我出手；在中学参加比赛拿了奖，他们会告诉我；读大学了，谈恋爱了，他们会把开心与不开心的事向我诉说；父母离异，心里很孤独，会找我倾诉；失去了最亲的人，会在我怀里痛哭……

下面我举两件往事，相信你看了也会与我一样感动。一件是十年前毕业的一个学生，恳请我在她大学毕业之际到她学校与她合照一张在人生路上富有纪念意义的"学士"相。当我看到昔日曾受挫不振如今意气风发的学生，顿感做老师的幸福！我常跟学生说：今天的付出、努力，其效果不是立竿见影的，也不是明天就能体现，它是在今后的岁月里慢慢地给予你启发、感悟、回味，收获往往是在意想不到中悄然而至。

另一件事是有一位家长写信来告诉我，他带小孩去买防辐射眼镜。买完要走的时候，小孩说："那我的信息老师呢？她不也需要吗？"看到这里，我心里是怎样的感动啊！感动的是孩子那份纯真的心！有你很爱的学生，也有很爱你的学生，有什么比做老师更幸福的呢？

四、示范引领，带动青年教师成才

自我评上广东省名教师工作室主持人后，我的工作重点已不仅是本学科的教学，还要肩负着对省、市、区本学科骨干教师的培养。

2010 年 6 月 9 日，广东省郑贤名师工作室成立并举行了富有仪式感的挂牌仪式。工作室从开始时成员只有 8 人到现在 18 人，从承接第一批省级骨干教师培养对象 11 位学员到现在已经承接 10 批省级骨干教师一共 103 位学员。十年间，工作室经历了 4 个周期，接受省教育厅的考核，其中 3 次考核被评为"优秀"。十年风雨同路、相互促进的岁月，成就了师徒的结缘、进步、发展、成长、成名，除了我自己作为主持人屡屡获奖外，我的徒弟们也茁壮成长。工作室的甘耀明老师被评为中小学正高级教师、特级教师、省名师工作室主持人，有 15 名成员或学员评上了高级职称，还有近 30 名的学员与成员也获得了各级的名教师、骨干教师、学科带头人等光荣称号。

工作室所取得的成绩，与工作室的培养目标与工作方式、培训内容密不可分。

1. 工作室培养目标

（1）总目标：承担省、市级骨干教师的培训和指导工作，以及指导本区骨干教师工作（"省级骨干教师"与"本区骨干教师"分别简称为"学员"与"成员"）。通过多种形式的学习研讨、实践探索、主题研究，提升全体成员与学员的教育教学理论水平，促进教学业务水平和教育教学研究能力的提高，把"郑贤名师工作室"建设成一支团结合作、积极向上、敬业乐业，具有创新精神、科研意识和较强的教育实践能力的骨干教师团队，为推动省、市、区在信息技术学科方面发展作出贡献。

（2）具体目标：① 本室成员与学员具有较深厚的教育理论素养和学科功底，掌握现代教学方法和现代教育技术，具有独立承担教育科研的能力，能独立开展教育教学研究，能熟练撰写教学案例并进行研讨和反思，能敏锐觉察学生关注的问题，成为具有稳定教学风格的研究型教师。② 本室成员与学员能独立处理教育教学中出现的问题、胜任学科教学，熟练使用现代教育技术，有效地利用各种教育资源。敬业乐业、团结合作，成为领导放心、学生欢迎、家长赞许的骨干教师。③ 本室成员与学员具备指导和示范本校其他教师进行本学科教学及研究的能力，发挥辐射作用。

2. 工作室培训方式

（1）师徒结对，示范带学

根据广东省、广州市中小学名教师工作室管理办法的精神，采用师带徒模式，通过集体备课、双向听课、上课评课、教学案例分析、课题研究和专题讲座等多种形式，并以网络平台为主要依托、课题研究为重要方式、教学研讨为主要内容，开展系列教学教研工作，促进骨干教师专业发展。

（2）课题引领，提炼成果

立足学科教学研究，结合每一位教师的专业特长，深入扎实地开展小课题研究，让工作室课题与教师小课题相结合、互促进，从而使每一位教师在专业发展方面都得到提高。

通过科研，提升认识，及时总结经验，逐步形成成果，并积极推广先进经验，提升工作室的知名度和影响力，传播新的教育理念，促进教育教学研究与改革，力助教师专业发展。

（3）名师引领，送教下乡

为充分发挥名教师工作室的示范引领和辐射带动作用，每年工作室都会开展送教下乡或者支教活动。就当地教师在教学过程中普遍存在的问题，进行有针对性的培训，同时也会带去较为前沿的信息技术教学内容和教学方法，拓宽当地教师与学生视野。

例如，2018年11月送教下乡活动围绕两大主题展开，一是围绕班主任日常管理展开交流活动与案例研讨，二是围绕学科的微课应用与制作技能培训，让当地教师真真正正地能学有所获。2019年6月与当地农村学校的老师同课异构，工作室带去的课是师生互动、合作，共同探讨解决问题的方法，立足于知识的学习是承上启下、举一反三、学以致用的，这种新的教学理念给教学上还停留在传统的、单一的讲授法的农村教师带来冲击与影响。2020年10月工作室到贵州支教，带去的课是"神奇的3D打印画笔"，教师深入浅出、生动有趣的教学，让学生即学即得，学习效果立竿见影。尤其是学生在教师的引导下，创作出一个个生动有趣的3D作品，如眼镜、卡通动物、水果、玩具等，使学生对高科技的知识充满向往与渴求，包括当地老师也十分渴望能有机会学习3D打印知识。

（4）团康活动，凝聚力量

工作室在每一次跟岗培训中，都一定有一个常规的项目——团康。例如，2018年4月到增城正果镇送教，课后到湖心岛游湖踏青，在山清水秀的增江边上畅谈甚欢；又如，2019年6月到信宜市合水镇送教，课后到华冠农场开展团康活动"美食大比拼"，各小组使尽浑身解数烹煮佳肴美食，饱餐后组织别开生面的节目表演，团结互助、载歌载舞。形式多样、丰富多彩的团康活动，加强了学员之间的了解，发挥了每一个人的作用，提升了学员积极进取、团结合作的精神，也增强了学员之间的友情。

3. 工作室特色创新方面

（1）课题引领，引领教师专业成长

在每一批学员的跟岗学习期间，主持人都会根据工作室已立项的课题带领学员结合课堂教学进行课题研究，并且在跟岗学习结束后，通过QQ群、博客把课题研究延续，直到课题结题。以课题引领开展教育教学的研究非常有助于成员与学员的专业成长。

（2）网上教研，拓宽学习和交流的时空

每一批学员短暂的跟岗学习结束，才是教师专业发展真正的开始。为了让学员的学习和交流得到延伸，更为了让学员的教科研能力得到持续发展，工作室把教研的学习、课题的研讨、专业技术的提升等等，安排在每周一上午进行网上教研。为了加强教研活动的有效性，每次网上教研，主持人都会根据工作室的工作计划以及学员反映的问题，事前在网上发布教研的主题及具体内容。网上教研极大地推进了工作室的工作以及解决学员在教研和信息技术方面的问题，它打破了时空的限制，拓宽了教研和探讨的空间和时间。尤其是对于问题的讨论、争辩，更见其好处，多方即时发表意见，即时交流，充分体现了网络教研的省时高效。有事不能参加教研的老师，可以通过事后补看教研记录，再发表看法和见解，同样也起到了参与教研的作用。

（3）远程学习，是提高信息技术教师专业水平的重要途径

信息技术的发展一日千里，信息技术教师要注重知识的学习和更新，为此主持人提出了远程学习的做法，并且是以当下热点技术问题或者新的软件学习作为远程学习的内容。

授课者首先是从工作室的老师中挑选或自荐，发挥团队中每一个人的优势和作用。通过这样一个平台互相学习、互相交流，促进教师的技术技能的提高，努力实现了主持人倡导的"每一个老师都应该有自己的拿手'绝活'"！

（4）访学游学，延续着学员成员的友情和深入交流

自从有了第一批学员，每年暑假，主持人都会带领全体学员和成员访学、游学、交流，到学员所在的学校去与学校的行政人员、老师进行多方面的交流和学习，既加深了解，也促进了友谊。

"潮平两岸阔，风正一帆悬。"广东省广州市郑贤教师工作室将秉承工作室的理念"承师道，行名范，启真知"，继续成为本省、市小学信息技术

骨干教师成长的幸福之室，让更多的教师满怀憧憬而来，充满信心而去，为广东省、广州市小学信息技术教育撑起一片充满希望与理想的天空，让教师的教育人生飞得更高更远！

苏霍姆林斯基说：信念只有在积极的行动之中，才干才能得到加强和磨砺。从教伊始，我就立志要当一名出色的、学生喜爱的老师，且"十年如一日"地坚持、拼搏、追求，无私奉献，用爱浸润每一个孩子的心田，最终得到了学生、家长、同行的口碑——"能成为郑贤老师的学生真幸福！"

"红花吐蕊昨日芳，今日绿叶衬新人。"成就他人，就是成就自己，这是我目前状态的最好诠释。

名师档案

郑　贤

　　任教于广州市海珠区实验小学，中小学信息技术正高级教师。曾获得教育行政部门颁发的荣誉以及奖项百项以上，曾获国务院政府特殊津贴、全国五一劳动奖章、国家"万人计划"教学名师、全国模范教师、"国培计划"专家、广东省特级教师、广东省劳动模范、广东省首批名教师、广东省历任中小学名师工作室主持人、广东省最美教师、南粤教坛新秀、广州市优秀专家、广州市优秀教师、广州市好教师、广州市名师工作室主持人、广州好人、羊城公德公益百星、海珠区拔尖人才等光荣称号。

追寻人生坐标的足迹

山东省青岛市盲校　曹正礼

回顾从事特殊教育的五十余年，总会有些挥之不去的苦辣酸甜。为了理想痛苦过，但也幸福过；为了事业辛苦过，但也收获过。以下是我八个真实的故事，也是我在追寻人生坐标路上留下的几个深浅不一的脚印……

一、最庆幸的一件事——选择了视障教育作为自己终生的职业

师范毕业时得知青岛盲哑学校需要教师，许多同学担心被分配到盲哑学校，甚至有的做梦都被吓醒了。我却主动写了书面申请，要求到青岛盲哑学校工作。许多人不相信或不理解，难道你愿意一生都与视力障碍、听力障碍孩子打交道吗？按宿命论的因果观解释，我与盲人有缘分啊！我原不姓曹而姓潘，是山东莱州人，家里十分贫穷。在我一岁多的时候，因抗日战乱，民不聊生，困苦所迫，母亲欲把我卖掉，苦苦找不到人家，是一位双目失明的占卜先生，说服了善良的曹姓养生父母收留了我，从此转变了我的命运……我不是宿命论者，这可能是巧合吧！不管怎样，我幼小心

灵埋下了对盲人有好感的种子。后来我多次看到双目失明的盲人能为别人准确地算命，赢得围观人们啧啧称奇，于是我很想探讨其中的奥妙。

1963 年 7 月，我被青岛市教育局分配到青岛市盲哑学校工作。1971 年盲哑学校分为青岛盲校与青岛聋校。后来，在盲校工作的三十八年中，我担任过教师、教导处主任、副校长和校长等职务，曾被评为全国优秀特殊教育工作者、青岛市首批专业技术拔尖人才、青岛教育名家，终生享受高级专家政府津贴。我曾认真地衡量自己的能力和水平，在人才济济、竞争激烈的当今社会，如果我不是从事特殊教育工作，很难有今天的成果和荣誉。我非常庆幸当初选择了特殊教育这个职业。

二、最受启发的一件事——"带鱼的样子是方方的"

刚踏进盲校大门，学校领导让我担任小学五年级班主任并兼语文、数学课程教学。有一次发现几个学生在教室里争吵不休，好奇心促使我默不作声地听着他们争辩。有的说："带鱼的样子是方方的，我吃过多次。"有的说："带鱼的样子是长长的，还有头。"最后竟然多数学生赞同"带鱼的样子是方方的"。这使我吃惊不小，因为他们都是五年级的学生啊！联想到曾经有个一年级的男生意外地触摸到女同学头上的小辫子，吓了一跳，认为头上长了个又粗又长的东西不可理解。这些小事使我第一次感到盲童由于视觉的丧失对事物认识存在着严重缺陷，这极大地激发了我对盲童行为观察、对盲童心理探讨的兴趣，决心致力于视障教育的研究工作。

教师不能深刻而全面地了解学生，就不可能取得良好的教育效果。我利用住校的方便条件，经常在早晨和晚间休息时间或节假日混迹在盲生之中，和他们玩耍、聊天等。有时蒙上自己的眼睛感受失明的困难和痛苦，甚至将被子搬到男生宿舍和他们睡在一起，自己似乎变成了盲生中的一员，比较深入地观察和了解了盲生的思想意识和行为习惯。后来还参加了中国科学院心理学函授大学的进修，理论和实践的结合深化了我的学术研究活动，使我撰写和发表了《盲童听觉能力及其培养》《盲童感知特点刍议》《盲童基本概念的形成》《盲童的康复与训练》等探讨盲童生理和心理规律的文章，使我更有兴趣地投入到视障教育学术研究工作中去。

三、最心碎的一件事——看到自己所教的盲生沿街乞讨

我想，世界上没有比看到自己所教的学生沿街乞讨再心碎的事情了。20世纪60年代初，我怀着憧憬心情踏上了视障教育之路，由于天灾人祸，社会经济萧条，"文化大革命"的铁锤将教育事业砸得扭曲变形，在校盲学生除了能呼几句"万岁"口号以外，什么技能也没有学到，离校后还得依靠家人养活，成了家庭的累赘、社会的负担。当时，我经常看到自己曾经教过的盲生衣衫褴褛、沿街乞讨。作为老师，心里能不流血吗？心真的碎了！同时，也深深地感到自己人生价值的低微。

实事求是地讲，人失去了眼睛就丧失了基本的劳动能力。为了生存，为了自食其力，盲人比正常人更需要教育，更需要获得一技之长。青岛盲校在20世纪70年代初开设了按摩职业教育课程，建立了按摩实习门诊部，接待社会上的病患者（后来扩建成按摩职业中专和盲人按摩中心），使学生获得独立生存的能力。1979年，我和几位老师到农村招生，刚到平度县城招待所住下，服务员便说：按摩诊所张延华大夫来电话约你们到饭店吃饭。我听了十分激动，张延华是盲校毕业生。这毕竟是我从教二十年来第一次由学生请吃饭。吃饭时，全盲学生张延华说："我开办按摩诊所，也已经结婚了，在县城里有许多病号和朋友，县政府所有领导都认识我，你们刚一下车我就知道你们来了。老师们，我有今天，首先要谢谢你们！"从学生的话语中，我深深地感受到盲校职业教育给学生带来的幸福和新生，同时我也第一次体味到实现自身价值的欣慰。是啊，学生口头上称呼你一声老师，

这很容易，因为这是你的职业；如果学生从心灵深处呼唤你一声老师，那是很难很难的，因为"老师"两个字蕴涵着强烈的事业心和高度的责任心。

四、最心寒的一件事——被推上了法庭的被告席

1988年，在小学部招生中遇到了一名典型的孤独症盲童。他存在明显的语言障碍，反应迟钝，神情漠然，我行我素，行为异常；患有严重的人际交往障碍，除了母亲以外不愿意和任何人接触。入学检查时极端不配合，无法做任何测试，招生小组决定不录取。家长哭哭啼啼，赖在学校不走，再三请求将孩子收下。

我想：对多重残疾儿童的教育是世界特殊教育的前沿课题，许多教育先进的国家已经将它纳入议事日程。虽然我国没有学校教育的先例，但我校何不作一个教育试验？当时，我任副校长，在我的干预下，把他作为观察生留下试读。谁知当天，在他母亲离开三小时后，他便从三楼的平台爬墙跳到楼下，幸好下面是棵大树和建筑工地沙堆，除了极小的表皮擦伤外安然无恙。不管怎样，学校立即将他送往医院检查，并请来了家长陪护，在医院观察了几天后便出院回家。当时我感到十分内疚，曾多次登门看望并动员他回校读书，但都被家长断然拒绝。事过九年，家长一纸诉状把我这个校长告到法院，向学校索赔20万元。虽然经过法院医学鉴定和开庭审理，驳回了家长的无理主张，但此事给我的教训极大。联系其他兄弟盲校也曾多次出现过盲生坠楼现象，我加强了对盲童特殊心理、特殊行为的专题研究。通过调查和论证认识到：这是先天失明者由于缺乏空间意识和方位概念的病理因素而造成的行为失控。这件事激励我更深入地研究盲童特殊的生理和心理现象，撰写并发表了《失明与身心健康》等学术研究文章。

同时，由于我认识到了对多重残疾盲童的训练和管理是十分艰巨的教育任务，仅凭善心和热情是不够的，必须在校舍、师资、设备、专业技术等条

件都具备才能进行，于是学校积极创造条件、培训人员，制订了安全管理制度并正式招生，开办了专对多重残疾盲童教育的"特训部"。在中央教科所和美国柏金斯盲校的指导下，学校取得了显著的教育成果，受到国内外的好评。我深刻体会到：没有不适合教育的孩子，只有不适合孩子的教育。

五、最自豪的一件事——主持了中美联合主办的"卡特师资培训班"

1988 年，我有幸主持了中国特教史上规格最高、时间最长的中美两国联合举办的"卡特师资培训班"盲教育专业班，并受到美国前总统卡特先生和邓朴方先生的接见，这是我一生最荣幸的事情。

1987 年 6 月 9 日，国家副主席王震与美国前总统卡特先生在北京中南海紫光阁签署了合作项目意向书。主旨：从 1988 年到 1992 年，五年内由美国卡特基金会提供经费、提供特殊教育专家授课，为中国培养高层次的特殊教育师资和管理人才。

中国残联和国家教委把智障专业师资培训班安排在北京师范大学举办；听障专业师资培训班安排在辽宁特殊教育师范学校举办；视障教育专业师资培训班安排在青岛盲校举办，并委任我为培训班班主任，全面负责培训班的工作。学员由教育部选定，来自全国 19 个省、自治区、直辖市共 32 名，其中有高等院校的在职研究生，有特教师范学校的教师，有盲校校长、主任等专业干部，也有刚进特教大门的大学毕业生。他们常年都在青岛盲校食宿、学习与活动。美国教师有阿肯色州立大学的霍尔布鲁克博士、北卡罗来纳州巡回指导教师卡洛林·少凯教授、田纳西州立大学琳达·比绍博士、亚利桑那州立大学丹·海德博士等，他们常年轮流为培训班授课。依据培训班教学计划，培训班还邀请了我国盲字设计者黄乃先生、北师大朴永馨教授、南京特师周苗德老师、上海盲校沈云裳老师等讲授少部分课程。

培训班 1988 年 9 月 7 日正式开学，至 1989 年 6 月 25 日结业，历时一年，虽然中间受到特殊事件干扰，但最终圆满完成中美联合制订的课程计划，顺利结业。1992 年秋天，应卡特先生邀请，邓朴方先生率领中国特殊教育代表团赴美参加在亚特兰大市卡特中心举行的中美特殊教育师资培训项目评估大会。我有幸以中方视障教育项目主任的身份随团出席了大会，并在大会上报告了盲教师资培训班举办情况和成果，受到卡特先生与朴方同志的接见与赞誉。

后来 30 年的现实证明，卡特师资培训班视障教育专业的学员大都在特殊教育领域中辛勤耕耘，如浙江特教职业技术学院院长许保生、北京联合大学特教学院副院长韩萍与钟经华教授、北京华夏出版社编辑赵学静、武汉盲校校长邓克勤等等，好多已经成为我国视障教育战线上的精英和领军人物。为此，我深感自豪。

六、最得意的一件事——成功创办了我国第一个盲人普通高中

成功创办了我国第一个盲人普通高中，是我特教生涯中最值得骄傲的一件事。说句实在话：要想提高盲人的社会地位，不被社会歧视，能和正常人一样参与社会生活，光靠政府的扶持政策、光靠社会的文明宣传是不行的。我认为关键是要提高盲人自身文化素质和劳动技能，使其能与健全人同等地创造社会价值。要提高盲人文化素质的唯一途径就是施行或者普及盲人普通高中教育。所谓"盲人普通高中"就是指所开设的课程、所用教材和健全人高中基本一致。

由于视觉缺陷和摸读文字缺陷的限制，盲人到底能不能学习普通高中数理化课程成为社会关注的重要课题。1993 年 1 月，中国残联和中华人民共和国教育部联合行文委托青岛盲校试办我国首个"盲人普通高中班"，要求所开设的课程和所用的教材与健全人普通高中基本一致。我作为校长光荣地接

受了这个艰巨任务。真是万事开头难啊！当时许多人受传统观念的影响，对此很不理解，学生与家长都认为盲人读普通高中没有用，不如读职业高中或职业中专更实惠。所以首届高中班招生费了九牛二虎气力也只动员了9名本校学生报名（后来又增补了2名），生源质量和数量严重不足。

青岛盲校在中国残联与各级政府的支持下，短时间解决了师资、校舍、盲文课本、理化实验设备等困难。1993年9月，中国第一个盲人普通高中班正式开学。后来逐年扩大招生数量，六年后高中部在校生达到6个班80余人。截至2019年共毕业23届43个班479名学生，其中升入高等院校470人。毕业生大都考入长春大学、北京联合大学、滨州医学院、武汉理工大学、南京特殊教育师范学院等高等学校，升学率达到98%。最近几年，已经有应届毕业生与健全人一样参加国家统一的普通高考，每年都有多名盲生被各大学录取。业内人士称赞：青岛盲校高中班就是"大学预科班"，在港台及东南亚国家的同人中很是轰动。

青岛盲人普通高中确实为盲人架起了一座通向高等教育的桥梁，在国内外视障教育界享有盛名。

七、最荣幸的一件事——主编了国家十五规划重点图书"视障教育丛书"

在我的学术研究生涯中，我最引以为荣的是在教育部李仲汉副司长和香港盲人辅导会行政总裁陈梁悦明太平绅士的大力支持下，2005年主编并出版了国家十五规划重点图书——"视障教育丛书"。

2002年，教育部李仲汉副司长建议我针对视障学生的生理缺陷与心理缺陷及其补偿的途径和方法，编写一套教学辅助用书。2003年，我开始组织我国视障教育界有经验有成果的教学第一线教师，如上海的徐洪妹、李季平，宁波的袁东，南京的黄银美、余寿祥等，在青岛讨论研究了"视障教育丛书"的书目分类，制订了详细的编写计划，并分工实施具体编写。历时近三年时间，在教育部李仲汉副司长的指导下，在国家出版署与中国盲文出版社大力支持下，"视障教育丛书"作为国家十五规划重点图书，于2005 年 8 月正式出版。

该丛书共分六册：《视障教育专用资源与应用》由曹正礼编著；《视障儿童个别矫正与康复》由袁东编著；《视障学生心理健康与辅导》由李季平编著；《视障学校美工教学与制作》由徐洪妹编著；《视障学生兴趣活动与实践》由余寿祥编著；《视障学生劳技与家政教育》由黄银美编著。

该丛书提供了比较丰富的教学经验和行之有效的教学指导，是视障学校与盲童随班就读学校理想的教学辅助用书和师资培训教材。曾一度受到海内外视障教育工作者与视障教育研究者的青睐和好评，促进了我国视障教育与教学的深入发展。国际视障教育学会秘书长曼尼先生曾建议泰国、菲律宾、马来西亚等多国选译、应用。

八、最欣慰的一件事——打通了海峡两岸视障教育学术研究、学术交流的渠道

在 20 世纪 50 年代至 80 年代的 40 多年间，海峡两岸特殊教育交流特别是视障教育学术交流基本上是隔绝的。当时台湾地区虽然出版了大量的视障教育专业书籍，但是在大陆买不到、看不到；大陆出版的专业书籍，在台湾地区同样看不到；两岸的视障教育工作者和学者基本上断绝往来交流，不能相互沟通。

自 20 世纪 80 年代开始，大陆推行改革开放政策，促进了经济的蓬勃发展，教育经费也相应地提高了，给特殊教育的发展带来了契机。大陆的特殊教育工作者渴望和台湾地区等进行学术交流，苦于没有门路和渠道。

1995 年 8 月，国际视障教育学会中国分会在山东泰山脚下的泰安市举

办了国际视障教育学会第二次学术交流会。当时我任该会副会长，我希望打开海峡两岸视障教育学术交流的大门，就抱着试试看的愿望给台湾"中华视障教育学会"发出了参会的邀请函。当时台湾师范大学张训诰教授是该会创会理事长，他欣然接受了邀请，并率领台湾著名的视障教育专家王亦荣、杞昭安教授等一行八人出席了学术交流会，这也是他们第一次到中国大陆来。这是在海峡两岸视障教育隔绝四十余年后第一次举行较大规模的交流会。会后我租了辆大巴，邀请他们一行访问青岛盲校，从此开启了海峡两岸视障教育研究和交流的大门。之后的 1997 年在上海、1998 年在成都、2001 年在上海、2004 年在昆明，以及 2003 年、2007 年、2011 年、2012 年多次在青岛等地由我组织或主持的视障教育研讨会，都邀请了台湾地区的专家教授及盲校的教师来参加。张训诰、王亦荣、杞昭安、庄素贞、韩继绥、郑龙水等台湾著名教授、专家，多次参加了大陆举办的视障教育研讨会、交流会和培训班，传授了宝贵的经验。

特别值得我敬佩的是，张训诰教授、杞昭安教授、王立君先生等在 1995 年至 2014 年的二十年间，走遍了大陆经济比较发达的地区，如北京、南京、上海、广州、宁波等，也走遍大陆经济相对落后的地区，如兰州、西安、呼和浩特、乌鲁木齐等，从东北的哈尔滨、沈阳到华中的武汉、长沙，再到大西南的贵阳、昆明等等，在我的联络下，他们共参访了 32 所盲聋学校和一些高等院校。同时，也邀请了大陆许多视障教育学校领导和老师到台湾地区访问、参观、学习。自 2009 年开始，中华视障教育学会在台湾师范大学等地举办了 10 多次学术研讨会，共邀请了大陆 300 余人次的学者、教师赴台参会，有力地促进和加深了海峡两岸视障教育的学术交流。

回首五十余年特教生涯，汗水伴着耕耘，白发伴着收获；为了播洒光明必须无私奉献。无私奉献是痛苦的，因为它必须牺牲个人利益；然而无私奉献又是幸福的，因为它实现了自我价值、接近了自己的"人生坐标"，所以我觉得精神十分富足。

名师档案

曹正理

　　笔名曹正礼，1941年出生，汉族，中学高级教师职称。1963年青岛师范毕业分配到青岛市盲校工作。1988年在中国科学院心理学函大儿童与教育专业进修毕业。2001年退休。在青岛盲校曾任教师、教导主任、副校长、校长等职务。年轻时住在学校，和盲生一起生活，成为盲生的"眼睛"，比较深入地观察和了解盲生的思想意识和行为习惯，为视障教育学术研究积累了大量鲜活的素材。在国内外发表了20余篇学术论文，出版了11本视障教育专著。曾在全国、省、市特殊教育学术团体任职二十余年，2002年在阿姆斯特丹召开的"ICEVI第十一届世界大会"上被选为东亚区副主席、中国分区主席。曾经被评为"全国优秀特殊教育工作者""青岛教育名家""青岛市首届专业技术优秀人才"，终生享受高级专家政府津贴。

做点亮学生梦想的好老师

广东省深圳市罗湖区星园学校　邓晓红

　　三十五年前的那个夏天，校园的柳树下，两个豆蔻少女倚风而立，畅谈梦想。其中一人就是我，我的梦想是当一名作家。从此，我就带着这个梦想砥砺前行。中学时代，我的作文一直被当作范文在全班朗读；中师四年，我沉醉在图书馆里；踏上讲台，我成为一名语文老师，带领着学生一起用文学点亮梦想。再回首，在教育的芳草地，以梦想为底色，让我朴实的人生熠熠生辉。

一、激情燃梦，找到教育工作的意义感

　　美国诗人惠特曼在诗中写道：有一个孩子每天向前走去，他看见最初的东西，他就变成那东西，那东西就变成了他的一部分……在学生生命成长的关键期，教师是他们走向幸福人生的重要他人。

　　初中三年，我印象最深的是语文老师兼班主任岳健，她有一张永远微笑的脸庞。初一时，我从农村转到伊宁市八中，当时只有高中才安排住宿。岳健老师得知我独自一人无法在外租房，几次找到学校，终于解决了我的

难题。更让我难忘的是，语文课上，她常常表扬我，一篇篇作文被当成范文在全班宣读，激发了我心中的文学梦。

1989 年，我从新疆考到了南京特殊教育师范学院。四年的盲教育专业学习，让我从最初的文学梦转向教育梦。因在南京特师，我遇到了改变我命运的谢真老师。他教我们工艺美术，我表现出色，他选我当课代表。毕业回到新疆两年后，他写了一封信把我召唤到了深圳。因为我遇到了好老师，得到了很多的关爱，所以我也想做一个好老师，把这份爱传递给学生。

1995 年，我走进深圳元平特殊教育学校，成为一名特殊教育教师，我的学生是视力障碍孩子。第一次拉起他们柔软的小手时，我的眼泪唰地一下就涌了出来，心里只有一个念头：我要帮助这些特别的孩子，让他们同样有梦可追。当时，我所在学校没有视力障碍孩子的高中教育，广东省唯一的盲校——广州市盲人学校也只有按摩中专的职高教育，我就暗下决心：从一年级开始，夯实学生文化知识基础，将来带他们去山东青岛、淄博等面向全国招生的盲人高中考试，让我的学生也能上高中、考大学，做更高素质的社会有用人才。因此，"让生命与梦想结伴同行"——成了我人生的航标灯。我体会到，教师，既是一种职业，更是一种人生理想，是需要用整个心灵去点亮梦想的伟大事业，教师应该拥有这样的人生信念和使命担当。

这种使命担当让我认识到，好老师就要激情四射。在我看来，激情是教师始终保持初心的核心能力。教师面对的是几十个性格迥异、家庭背景不同的学生，有各自的身心特点和问题挑战，不发自内心热爱学生，没有工作激情，就不能充分发挥教师的创造性和感召力。当遇到学习盲文有困难的学生，我用纽扣自制成放大版的 54 个拼音点字模型、编儿歌、做游戏等，想尽办法突破教育困境；我不断创新语文课堂，总想激活学生快乐的笑脸；我会精心策划亲子活动，周末组织家长和学生亲近大梅沙海滨公园；课余时光，我带学生去欣赏春天第一批花朵的开放、幼芽的萌发，去触摸雨后散步的蜗牛……有了这种激情，教师就会鼓足生命的风帆，孜孜不倦地追求，遇到困难不气馁，每天都朝气蓬勃，充满干劲。

这种使命担当让我懂得，好老师就要师爱馥郁。爱是教育的起点，更是学生塑造自信、坚强勇敢、乐于学习、热爱生命的内驱力。一个好老师，意味着他热爱学生，相信学生，善于用爱去唤醒每个学生的天赋潜能。学生小青，四年级从老家转来，学习成绩落后，父母对他完全失去了信心。我每天抽出半小时给他补课，从一年级开始教起，有了点滴进步及时表扬，发现他运动能力强就推荐他参加校游泳队。四年的坚持，他在省游泳比赛中多次摘取金牌，学习成绩也跃居全班前列并成功考入山东淄博盲校的高中班。如今，小青从山东滨州医学院毕业后，成为一名中医医生。教育的使命就是帮助每个学生成为最好的自己，关爱学生，就是关爱我们自己；成就每个学生的人生梦，才会让这个社会更美好。

这种使命担当让我懂得，好老师就要坚定梦想。教师被誉为"人类灵魂的工程师"，学为人师，行为世范，教师不仅是传授知识，还会在精神层面上熏陶学生、影响学生。我很爱阅读，儿时有作家梦，当我成为一名语文老师时，我无比欢悦，把自己的文学梦和教育梦自然融为一体。课堂上，我不是在教语文，而是和学生共同在课文中亲近文学，平等对话。正是这种梦想，让我富有创意地开展《曙光》作文周报、原创诗文朗诵会、感恩父母系列演讲比赛等大语文活动，让学生用语文表达生活中的真情；正是这种梦想，让我乐此不疲地组织学生作文投稿，参加朗诵比赛、全国读书少年海选等文学活动；正是这种梦想，让我不断锤炼教学艺术，大力推广课外阅读，希望学生在浩瀚的书海中走近"优秀的灵魂"，看见世界的美好。教师有梦想，学生才有榜样可追随。做老师，最好的回报是学生成人成才，朝着梦想的方向，找到幸福。

二、倾情教学，点燃学生的学习兴趣

苏联教育家马卡连柯说：高度熟练、真才实学、有本领、有技术、手艺高超、实事求是、不辞辛苦——这才是最吸引孩子们的东西。一名好老师，一定首先在学科教学上征服学生，要让学生爱上自己的课堂。

课堂，是学生生命成长和梦想起航的地方，更是教师专业修炼和挑战人生的道场。学生的基础不一样，智力、性格、脾气秉性、兴趣特长、家庭情况，以至成长环境和语言积累都不一样，要教好每一个学生，不花心思和精力是不可能的。每天行走于课堂，怀着对文学、对语文、对学生炽热的情感，我一点点探索与实践着，总想把语文课上得有滋有味，总想在课堂上吸引学生。

好老师要尊重生命，让每个学生在课堂上被"看见"。二十五年的语文教学实践，我深深感悟到：教学艺术来自对学生的尊重和赏识。我注重创设民主、开放的快乐课堂，关注学生的个体差异和学习需求，全盲生教盲文，低视力生教汉字，课上所有学生一起赏析课文，课后单独辅导低视生学汉字。视障学生因视觉影响，易形成畏难、退缩的性格，在学习中常处于被动状态，我鼓励学生自主学习，乐于表达：课前预习，摘抄喜欢的段落和句子；课上分享喜欢的理由，赏识学生个性化的朗读和解读方式；自读课文，提出问题，鼓励质疑，课上集体探讨，学生互答，激励每个学生自信表达。

多年后，大学毕业的家良对我说：邓老师，刚入学时我特别纠结到底是学盲文还是学汉字，如果没有你坚持利用课余时间单独教我学汉字，我一定不会像普通人一样读书、写字、看新闻，你的决定改变了我的一生。他刚入学时，仔细观察，我发现他还有 0.2 的残余视力，无法通过戴眼镜矫正，学习汉字很吃力，但学习盲文，他又会习惯性地去用眼睛看，复杂多变的盲文点位对他来说也格外困难，后来我坚持教他学习汉字，最终他以学习汉字的方式考取了山东滨州医学院。家良的发展告诉我们，当学生被"看到""聆听"和"尊重"时，学生将会和我们共同去行动、实践和创造美好的人生。

好老师要授人以渔，教给学生学习语文的方法。著名作家周国平说：如果我是语文老师，我就抓两件事，一是鼓励学生多读课外书，二是写日记。为了发挥视障学生的听觉和学习优势，我立足课堂，大力推广课外阅读，让学生每周写一篇读书笔记。学习《伟大的悲剧》，组织"胜利和失败如何定义"课堂辩论会，课外同读《人类群星闪耀时》；读《音乐巨人贝多芬》后拓展阅读《名人传》，写心得感悟，开展班级读书会分享；学习《再塑生命的人》，观看电影《海伦·凯勒》，课外同读《假如给我三天光明》，引领学生像海伦一样勇敢追梦。同时，我非常重视语文课程丰富的人文内涵对学生精神成长的价值引领，学习《生命的意义》一文，课后拓展阅读《轮椅上的梦》，引导学生懂得超越身体的障碍，发挥自己的优势。在读书会上，一个学生说道："张海迪阿姨，你的坚强和勇敢激励着我。虽然我看不见，但我也有自己的梦想，我会像你一样努力战胜各种困难。"丰富的课外阅读滋养学生快乐成长，多名学生在全国读书征文、讲故事大赛中获奖。2014 年，学生林喆禧在中央电视台"我的一本课外书"比赛中荣获"全国18 强读书少年"。

好老师要创新课堂，努力创设大语文课程。根据课文内容，我每月确定一个读书活动主题，师生共读共评，评选每周阅读之星。建立班级图书角，教师、低视生定期从家中带书来，学生轮流担当图书管理员。低视生可以从图书馆、图书角借阅书籍，全盲生则借助听书机、电脑等阅读书籍。班会课上，组织学生学习《弟子规》《唐诗三百首》等，激发学生对古诗词的兴趣。定期开展融趣味性、知识性于一体的活动。围绕阅读名著进行名家名篇诵读活动，组织"开卷有益"读书辩论会，开展"班级优秀作文集"评选活动，编辑《曙光》作文周报；结合佳节，设计语文实践活动，开展"我爱你，妈妈"原创诗文朗诵会、父亲节致爸爸一封感谢信、"感恩老师"小学毕业联欢会送老师赠言等，让学生用语文表达生活中的真情。同时，悉心指导学生作文，鼓励他们积极投稿，30 多篇学生习作相继在国家、省、市级刊物发表，成功的自豪感激励着他们更加努力地学习语文。

2014 年 4 月，中央电视台"我的一本课外书"深圳赛区选拔活动开始。当时我正在参加名师评选活动，扁桃体发炎肿痛，话都说不出来，但想到机会难得，决定再忙再累也要带孩子们试试。此后一个月里，我每天利用午休时间，和班级选拔出的参赛选手喆禧一起阅读讨论，写出 10 本最喜爱书籍的推荐理由。最终，她走向中央电视台，成为"全国十八强读书少年"。当主持人采访她，她这样说："我要感谢邓老师，她就像一颗露珠，为我的生命增添了色彩。语文课上，她常常给我们介绍书籍、朗诵文学作品，慢慢地我也喜欢上了读书，将来我也想当作家。"那一瞬间，我的眼泪喷涌而出，内心无比激动，觉得自己的一切付出都是值得的。现在的喆禧是长春大学音乐系的一名大学生，心怀音乐老师梦，她坚韧不拔。

好老师要锤炼专业本领，勇于承担公开展示课。如何让学生爱上自己的课堂，这需要老师有扎实的学识和高超的教学能力，而教学公开课是提高教师教学能力、水平和教学质量的一种重要途径。我努力探究教学原则和教学方法，大量阅读教育学、心理学著述，向于永正、贾志敏、李吉林等名师学习，认真研究他们的课堂实录，从中寻觅有效的途径。每期的《小学语文教师》我必看，上面的名师课例我一篇篇抄写下来，边写边琢磨。我珍惜每一次公开课的机会，在全校上公开课，参加全省青年教师综合技能比赛，代表广东省参加全国竞赛课，我全身心投入语文课堂教学艺术的钻研之中，对语文教学的价值、意义和方法有了新的认识和体会。

2008 年，我作为全国 10 名参赛选手之一到重庆参加第二届全国特教学校教师信息技术综合能力大赛。备赛期间，学校科研办组织全校语文老师一次次听课、评课，我一次次擦干眼泪重新设计；学校请来著名的语文教研员赵志祥老师手把手教我如何设计语文课，从预设学生、钻研教材甚至到一张图片的选择，赵老师都事无巨细地指导我；那一个月，每天回家后，我躲进小屋挑灯夜读，反复揣摩教学设计，攻克信息技术。五天的激烈角逐，我捧着现场课堂教学、网页和课件制作三项总分第一的奖杯回到深圳，在回家路上，我泪如雨下：这座奖杯凝聚着学校领导和同事的关爱，更凝聚着我对语文教学无比的热爱和执着的追求。因为耕耘，一路芬芳，2014 年，我入选广东省"特支计划"教学名师；2016 年，入选第二批国家"万人计划"教学名师。

三、以爱育人，做专业而幸福的班主任

我很喜欢当班主任，也很赞同著名班主任任小艾说的话——当老师如果没有当班主任，将是一种遗憾，将是一种不完美的教师生涯。教师精深自己的专业的目的是影响学生，而班主任的爱心、责任和信念能让教室里的每个生命都得到最大的张扬、最大的成长。

从教二十八年，我担任班主任二十三年。守望一间教室，让每个生命都像我一样拥梦而行，是我最朴素的理想。每接手一个新班级，我都会根据学生的身心特点，规划班级发展的路径，开发特色班本课程，每学期设计一次特色活动，努力创造多元、创新和展示自我的班级舞台，让学生沐浴着班级文化自信成长。我的班级叫"梦想班"，采用"爱心赏识、梦想激励、书香滋润、活动引领"的班级思维育人模式，激发出每个学生的潜能。

打造梦想课程，让每个生命都闪光。我和学生一起拟定梦想班级的班名、班训和班规，组织"超越与梦想"系列作文和演讲活动；设计"梦想家园墙"，展示学生的学期计划，以目标管理法引领学生成长；运用期待效应，设计"班级吉尼斯"，请学生找出自己的三个亮点；开展"励志"主题

教育活动，设计"自强不息""我的未来不是梦"等理想信念主题班会课；举办"班级年度梦想人物"颁奖典礼，让梦想的种子在每个学生心中生根发芽。

开展书香课程，倾听心灵的浅吟低唱。立足语文课堂，根据视障学生的阅读心理和优势，结合中学生课外阅读 70 本必读书单，定期推荐阅读书目；每月共读一本名著，如《爱的故事》《巴黎圣母院》《大卫·科波菲尔》等，组织读书交流会，评选班级阅读"周冠军""月冠军"和"年度冠军"。开设励志书香课程，引导学生读张海迪、海伦·凯勒、居里夫人等名人的传记，树立自强榜样。每学期组织一次读书活动，如"新年新诗会""名家名篇诵读活动""弟子规诵读比赛"；让书香滋养学生自强不息的追梦之路。

创意活动课程，擦亮成长中的重要日子。节日、庆典、仪式文化，对梦想班的学生来说，是一段刻骨铭心的记忆，因为它们，我们的教室变得辽阔而美好。开学、期末举行颁发学期梦想计划书仪式、评选班级年度梦想人物，隆重开启"闻鸡起舞又一年"开学第一天仪式；儿童节策划音乐会，端午节举行"妈妈教我包粽子"活动，教师节自制贺卡亲手送给每一位任课老师；每学期一次班级特色活动，如"班级才艺秀""十四岁集体生日会""我爱你，妈妈——原创诗文朗诵会"等，携手家长形成教育合力，让学生在体验式德育活动中找到自信，找到生命的力量。

开发人际课程，让每个孩子阳光成长。在多年的班主任工作中，我发现视障学生缺少与同龄普通儿童的交往，易形成孤僻、自卑、畏惧与人交往等不良心态。2011 年，在为期两年的广东省名班主任培训期间，我选定"促进视障小学生建立良好人际关系的团体辅导研究"作为研究课题，主持开发了 21 节人际交往团体辅导课程，把团体心理辅导和班级管理、团队活动结合起来，通过心理游戏、角色体验、故事感悟等各种德育体验活动，让学生在活动中愉快获得人际交往技巧。课程实施两年，深受学生喜爱，结果表明：实验班学生社交焦虑倾向由实验前的 50% 下降为 12.5%，学生的人际交往能力得到明显提升，同学间形成了尊重、理解、互助的良好关系。课题成果显著，多篇论文在国家、省级期刊发表，校本课程"视障小学生人际交往团体辅导训练"入选深圳市中小学好课程，荣获广东省教育教学成果二等奖。

坚守信念，决不放弃一个学生。马卡连柯曾说：爱是一种伟大的感情，它总在创造奇迹，创造新的人。执着的信念要靠爱的支撑。中考前两个月，小玉查出骨癌要去北京治疗，我一边安慰家长，一边激励小玉：让每个同学给他写一封爱心鼓励信，坚持把每天的课堂实录通过 QQ 上传给他，多次把他需要的课本和复习资料特快专递到北京。临考前，因为化疗无法考试，我开创性地把试卷特快专递到北京，并亲自去看望他，陪他在病房里完成了中考。超乎所有人的想象，小玉不仅以总分第一的成绩考上了高中，还成功地战胜了病魔，返回校园，后来以全国第二的成绩考取了北京联合大学的钢琴调律专业。作为学生生命中的重要他人，育人过程中，教师要给予学生的不仅仅是爱心，更需要用"同心共济，始终如一"的职业坚守去成就学生的梦想。

在我心中，每个学生都是玫瑰花蕾，迟开的花和早开的花一样美丽。面对学习和行为有困难的学生，我更是悉心引导，携手家长共同努力，想方设法树立孩子的自信心。

阿梢自卑孤僻，学习能力弱，三年都学不会盲文。经过与家长多次沟通，得知她长期跟不上学习进度，丧失了自信心。于是，我经常找她谈心，让她当语文科小组长负责收作业。得知她家庭困难，我带上水果、礼物去家访，为她买校服，帮她申请帮困助弱奖学金。班会课上，设计"优点大轰炸"，让她在同学的赞美中找到自信。每天中午，提前半小时去宿舍接她，从一年级盲文入门开始教她。一年后，她终于学会了盲文。慢慢地，她的精神面貌焕然一新，音乐课上学会吹竖笛、葫芦丝了，能摸读五年级的课文了。

　　凭着一颗坚持不懈、永不放弃的心，三年学不会盲文的洲洲、阿顺也在我的耐心教育下学会了盲文。二十年来，无论是五年级转来连拼音都不会写的低视力学生，还是初一转来后天失明的盲孩子，我都耐心地从一年级补课。教师节，阿顺妈妈专门绣了一幅爱心十字绣表示感谢，她眼含热泪地对我说："邓老师，您不光教会了孩子，还给了我生活的希望。"

　　我所带的班级班风浓、学风正，连续四年被评为"优秀班级"，学生团结奋进、勤奋好学。其中，张洪被评为"全国自强不息好少年"；喆禧、小可均被评为市"十佳美德少年"；多名学生考上了大学，蔡勇斌成长为信息无障碍工程师……看着曾经迷失在黑暗里的雏鹏能振翅飞向蓝天，我感到无比骄傲和自豪。

　　怀着对班主任工作的挚爱，2010 年，我以直属学校第一名的成绩在深圳市、广东省班主任大赛中均获初中组一等奖，慢慢地由一名普通的班主任成长为"广东省名班主任"，近十年来一直担任深圳市班主任培训及大赛评委工作，先后指导 12 名深圳的班主任选手获得广东省班主任大赛一等奖，在省、市、区班主任会上汇报经验 50 多场。

　　岁月如歌，回眸成长，站在新时代的教育征程上，涌上我心头的一句话依然是"愿你历尽千帆，归来仍是少年"。二十八年的耕耘与守望，凝聚着我全部的爱与智慧，让每个学生勇敢追梦、自信成长。一天又一天，一年又一年，坚持的信念来自相信的力量，我欣喜地看到一个个学生从这间教室出发，在各自的人生追梦路上快乐成长，努力地奔跑着。

　　我只愿每一个生命，每一天，都能朝向梦想，幸福成长。

名师档案

邓晓红

  深圳市罗湖区星园学校副校长，正高级教师。秉持"尊重生命价值，爱启梦想教育"的理念，倾情教学，以爱育人，先后获得国家"万人计划"教学名师、全国先进工作者、全国模范教师、广东省"特支计划"教学名师、广东省劳动模范、广东省名班主任、广东省名师工作室主持人、深圳市直属学校年度教师、深圳市名班主任工作室导师、深圳市优秀班主任等荣誉称号。是广东省、深圳市班主任专业能力大赛一等奖获得者，主持的省级课题荣获广东省教育教学成果二等奖，在国家、省级刊物上发表论文 20 多篇，出版专著 4 本。

特教之路

江苏省邳州市特殊教育中心　郭庆

我是一名特殊教育教师，在特教领域工作了二十四年，获评国家"万人计划"教学名师、特级教师。回望二十多年的教育之路，走得很艰难。我的起始学历只是中师，我父母都是农民，我的起点和平台都很低，我施教的对象又是残障儿童，教学难度很大。在这样的情形下，想在教学上有所突破，就非常困难。

一、初上工作岗位，经历尴尬

我1997年特师毕业进入聋校工作，我的教学对象是一群听障儿童，他们有耳听不见，有口不能讲，听力障碍把他们和世界隔开，他们看世界的目光是懵懂的，大家看他们的目光是不解的、好奇的，他们生活在一个封闭的圈子里，许多人路过他们的生活，但很少有人能走进他们的生命。作为一名特教老师，我想走近他们，融入他们，带领他们翻越障碍，帮助他们成长。这么多年来，"做走进生命的教师"是我的追求，在"无声世界里，实现有声梦想"是我的工作目标。

初上工作岗位，我走进了三年级课堂，第一天上课，我用手语满怀激情做了自我介绍，可是当我说完后，没有一个学生明白，他们你看我，我看你，不理解我说的是什么。我很尴尬，他们已经上三年级了，竟不能理解一段话。

随后我看他们的作业本，他们写的语句更让我吃惊：语序颠倒、用词不当，让人难以理解。比如：他们会写出"桌子上面有操场""爸爸去理发店买理发"；"同学们在操场上跑步"，他们会写成"同学跑步操场"；女生头上扎辫子，他们会写成"女生头上戴辫子"；"学校传达室门卫"会被写成"学校门口小屋爷爷工人"。

为什么会这样呢？这就是我以后要教的学生吗？我的教学热情瞬间跌落下来。一群残疾学生，一个茫然的老师，我很不适应，这是一个不正常的环境，我害怕听到听力障碍学生无意发出的尖叫和他们不正常的语调。在学校中，我感觉自己的嘴巴也失语了，耳朵也失聪了，我去医院测听力，医生告诉我，我的听力是正常的，是我的感觉出了问题。我感觉我的世界失去了应有的色彩，我感觉自己就像一艘在茫茫大海中孤零零漂泊的小船，完全没有方向，没有目标。我就一直觉得自己这么多年所学的毫无施展的机会和余地。

全邳州市就一所这样的学校，没有学校之间的交流，学校里年轻的老师少，找不到可倾诉的朋友，我感到很孤独。我特别怀念师范校园的生活，我感到自己和所在的校园格格不入。我想教好听力障碍学生，可是我不知道怎么教他们，我找不到切入点，焦虑伴随着我，课堂上我看着学生懵懂的眼神都心虚，我想上好课，但现实是我游离于他们之外，我没有办法走近他们。我想给他们知识，但我找不到给的途径。

我很不适应，工作没有给我带来欢乐，我只是硬着头皮在应付。同时心里不甘，自己在师范苦练教学基本功，准备到工作中去运用，可是对充耳不闻的听力障碍学生怎么施展？真是郁闷。

二、不幸的孩子，困境中的家庭

当时学校安排我带一年级班主任并教语文。真正走近学生时，我才知道孩子们还有那么不幸的家庭。孩子是一个家庭的希望与寄托，一个孩子的残疾可以说就是一个家庭的灾难。尽管大部分家长都来自农村，经济拮据，但他们走南闯北，寻医问药，然而，结果却是一次次希望、一次次失望、一次次流泪。这样的悲剧不仅给家长带来巨大的经济和精神压力，更是他们心里永远不能弥合的伤痛。

面对孩子们，我第一次深刻理解了"幸福的家庭都是相似的，不幸的家庭各有各的不幸"这句话的内涵，我心里沉甸甸的，感到肩上担子沉重。幼小的他们承受了太多的苦难。每想到这，我都很难过。在校的日子，我都尽量照顾他们。

学生全部住校，两周回家一次，六七岁的孩子正是在父母面前撒娇的年龄，可是他们却要独自面对生活了，第一次和亲人分别简直如同生死离别，孩子们哭得撕心裂肺，紧紧拉着家人不放。我去抱他们，他们抓我的胳膊，咬我的手，踢我的腿。孩子在教室里面哭，家长在教室外面哭，走时一步三回头。孩子们不知道来这个陌生的地方做什么，眼睛里充满了恐惧，和我对峙着。他们没上过幼儿园，没接受过教育，不知道什么是上课，什么是下课，也不知道老师是做什么的，一切对于他们来说都是懵懂的。

我牵着他们的手，带他们认识厕所、教室、宿舍，告诉他们红灯亮代表上课，绿灯亮代表下课；教他们洗脸、刷牙；给他们剪指甲、铺床、叠被子、打饭……照顾他们的生活，他们时刻牵动着我的心。为方便照顾他们，我就住在学校的单身宿舍，和他们一起吃住，陪伴了他们三年，后来结婚，由于不放心他们，连婚假也没请。

学生生病，我深夜带他们去医院"挂水"；衣服、蚊帐破了，我给他们缝补；家中贫困，我帮他们交学费、买车票；周末休息，家长不能来接，每次我都把他们送到汽车站，安排他们坐上开往各个乡镇的汽车，直到汽车开动，我才离开。

寒来暑往，我记不清多少次给学生盖被子，多少次给他们缝缝补补，多少次帮他们洗衣服，多少次带他们去医院，多少次送他们去车站……

付出在每日每夜、一言一行。我平时所做的一点一滴都感染着学生和家长。家长信服地说：我们能做到的，你做到了；我们不能做到的，你替我们做到了。老校长经常对家长说："孩子在郭老师班上是你们的幸运。"我感觉这不光是对我工作的肯定，更是对我的鞭策，鼓励我更好地做下去。

三、不断学习，提升业务

作为班主任，在生活上我尽量关心学生，但我觉得对于他们来说，只是关心生活太浅表层次了，要真正关心他们，就改变他们的命运。知识可以改变命运，所以我想给他们高质量的教育。

要给他们高质量的教育就意味着我要有较高的业务水平。虽然我是特师专业毕业，但我觉得我教学水平不行。学生听力有残疾，接收信息有障碍，我必须找到好的方法打通障碍。我想找特教的名师、榜样，跟在他们后面前进。可是特教落后于普教，起步晚，业务薄弱，这是一片未知的领域，大家都在摸索，我感到很无助。我鼓励自己，路是一步一步走出来的，没有现成的路可走，那就自己闯一闯。在接下的日子里，我不断地学习，充实自己，阅读、上课、做课题、反思……不断调整心态，艰难地突围，我鼓励自己有改变总是好的，铺路的过程没捷径，捷径就是脚踏实地，一直往前。

（一）学习

1. 学习手语

听力障碍学生不会口语，我就用手语和他们沟通，为了使自己的手语娴熟，我经常对着镜子练习，看手语的方向、范围、幅度。为了规范自己的手语，手语书是我每天必看的工具书，《中国手语》上下两册 1 000 多页，我翻了无数遍。人讲话速度快，手语慢，为了使手语跟得上口语，我常常口中念念有词，手跟着上下翻飞。看电视时，我会跟着翻译手语。听收音机时，我一边听解说一边配手语。经过训练，我的手语速度终于提上来了，口手能配合一致。

手语是没有感情色彩的，比如"你去"用口语表达，可以表达成陈述句，也可以表达成疑问句，使用手语就只能表达成陈述句。为了使手语能像口语一样表达感情，我要求自己打手语时配合丰富的面部表情、肢体语言。我会用手语给学生声情并茂地读课文、讲故事，学生非常喜欢。手语成了我和学生沟通的桥梁。

2. 自学考试

我教聋语文，为了能胜任教学，我自考了两个本科和南京师范大学的学士学位。当时我想学特殊教育的本科，可是没有，我就参加了小学教育的本科自考，考完 10 多门科目后，我觉得学到了一定的教育理论、教育心理等知识，但我觉得对语文教学的针对性不是太大，我还想再加强语文、语言知识，我又报考了汉语言文学教育的本科，我还考了南京师范大学的学士学位。整个自考时间跨度较长，一直到 2010 年。在十三年的自考过程中，我不断充电，拓宽了知识面，加深了思维深度。

在扎扎实实的自考中，我锻炼了自学的能力。回过头看，自考虽然很难，但它给了我丰厚的回报，对我的工作、学习都发挥了潜移默化的深远作用。

3．向名教师请教

在工作中，我虚心向名师请教。由于工作的特殊性，同行不多，交流面窄，我很孤独。在特殊教育领域，我找不到学习对象。我把目光投向了普教。我带着困惑、问题、教案、说课稿向普教名师请教，他们都不厌其烦地给我解答，感谢他们给我无私的帮助。除了向他们请教，我还把他们请到我们学校，看我的课堂教学，给我指导。

4．听课

我特别喜欢听课，借鉴优秀教师的课堂，吸取养分。我不放过任何一个学习机会。我听说当地普校请名师来上课，就请假去听。我倍加珍惜难得的机会，每一次听课都如饥似渴，认真专注，生怕漏掉一句话。

（二）阅读

苏霍姆林斯基曾在他《给教师的建议》中疾呼：读书，读书，再读书——教师的教育素养取决于此。一个只教眼前书而不广泛阅读的教师是不可思议的。勤奋地读书学习是教师专业成长的必由之路。

由于工作岗位的特殊性，我开始不知道读书，后来知道要读书，但不知道读什么，找不到合适的书目，直到一次培训，看到一位教授罗列语文方面的书目，我如获至宝，全部买来。

作为一名特教老师，我们要学的东西很多，包括专业理念、专业知识、专业能力。我们要有一般的教育专业理论知识，还要有特殊教育的专业理论知识，要有一般的教育专业技能，还要有特殊教育的专业技能。我觉得自己应该不断地充实知识，更新观念，拓宽认识领域，只有这样才能得到更快更好的成长，才能保持教育的青春与活力。

（三）上课

课堂是教师的主阵地，教师的业务是在课堂中练习的。要认真、慎重上好每一节课，不能敷衍。我坚持上校内公开课，我给自己定下目标，每学期要上一次公开课，去请领导、同事来听，给我提意见。有时感觉自己上得不好，听取大家的意见后，修改再重上，一次次锻炼，提升自己。

教师就是在听公开课的过程中成长的，也是在上公开课的过程中成长的。如果哪位教师有机会上公开课，他的成长就快一些。如果没有公开课，教师的专业成长是缓慢的。对于公开课在教师专业成长中的作用，许多教师深有体会。

我们特殊学校，平时赛课机会少。机会总是留给有准备的人，多次主动上学校的公开课后，2004年，当地电教馆搞优秀电教课评比，我得了一等奖。我拿到了执教生涯第一张教学获奖证书。2008年，全国聋教育优质课评比，这是聋教育的第一次全国性比赛，我又得了一等奖。

平时我很注重锻炼自己的教学基本功，徐州市特殊教育青年教师基本功大赛每三年举行一次，我连续参加4届，拿了4个一等奖。

四、育残成才，听力障碍学生考入高等学校深造

听力障碍孩子听力受损，书面语表达能力差，为了训练他们的习作能力，我要求学生每天都要写日记，我每天批改，时间长了学生厌烦，不愿意写，他们却不知道老师的良苦用心。写日记看起来并不起眼，但日积月累意义重大。从教十多年，我一直坚持。日记写出了几十本，学生最终写出了流畅的语言，他们能用书面语自由表达，和健全人沟通没有任何问题。学生语文能力和素养得到了极大提升。我知道这背后有几十万字的积累，有学生和我的辛苦付出。

他们在我的引领下跨入知识的殿堂，他们手语娴熟，运用自如，他们写句流畅，沟通自如，他们每次考试基本上稳居学校第一。学生在我的教育下也成长起来，他们不再是嗷嗷叫的无知的"小聋孩"。梅花香自苦寒

来，经过九年的师生努力，学生毕业了，周颖、何海峰、王立平被山东聋人大专班录取，葛云婷、杨红梅后来考入南京特师聋人大专班。聋人能考取大学，非常不容易。看到他们跨入高一级学校深造，我就像看到受伤的雏鹰又飞回了蓝天，非常高兴。

五、听力障碍儿童讲话，实现有声梦想

2009 年，邳州特殊教育学校就创办了康复部，让我负责对 6 岁以下的听力障碍儿童进行语言康复训练。我深知，在这个年龄段对他们进行康复训练，他们就有可能学会讲话，进入美妙的有声世界。如果错过了这个年龄段，孩子的语言大门将终生关闭。学校没有老师做过语言康复训练，没有课程标准、没有教材，学校里这方面的资料一张纸片都没有，这意味着我要从头做起。

最小的孩子只有 1 岁半，还有几名 2 岁左右，孩子刚入学又哭又闹。我既当保育员又当老师，要照顾他们大小便，又要安抚他们情绪，还要教他们讲话，难度超过了想象。我全天在班里陪着他们。抱小的，哄大的，给他们洗脸、擦鼻涕，带他们上厕所，脱裤子、擦屁股。孩子小，经常把大便拉在裤子里、椅子上，我都用手去清理。一天下来，真是身心俱疲，声嘶力竭，那时，我累得想哭，可是工作那么忙，哪有哭的时间。

听力障碍儿童的语言训练很难做，最初，我敲锣打鼓唤醒孩子们的听觉，带着他们用手"摸"声音。教室里放着大鼓、锣，我把他们的小手放在鼓上、锣上，敲鼓、敲锣让他们感受声音的振动。教他们听到鼓声举手，这个简单的动作，可能要教两个月。喊他们名字让他们回应，可能要喊半年。

让听力障碍儿童讲话如同让铁树开花。我们每天都带着孩子做成百上

千次的发音练习，孩子们摸我们的喉咙，跟我们脸对着脸，嘴对着嘴，一遍又一遍地练，我们的嗓子都哑了，孩子却没有起色。一天，两天，一个月，两个月……人们常说"一分耕耘，一分收获"，可是在听力障碍教育园地里，几十分、上百分的耕耘可能也换不到一分收获。

这份职业非常考验人，不仅需要专业知识、康复技能，还要有很大的毅力、耐心，每天重复、纠正孩子的发音，说到自己想吐的程度，孩子的进步比蜗牛还慢，老师们时常感到要崩溃，到欲哭无泪的地步。

我根据孩子听力损失、年龄等因素为他们制订个别训练计划，一人一案，每天都要一对一给他们进行个别教学，建立成长档案。每个孩子每个学期都有厚厚的一本，直到他们毕业。在孩子的语言发展上，老师付出了大量的心血。

现在有近 200 名听力障碍儿童语言康复成功，他们经过严格的训练，发音清晰、口齿伶俐，入普通幼儿园、小学就读。收获的喜悦冲掉了所有的辛劳，经历过播种的艰辛，此刻更能体会到收获的甘甜。

六、做研究型教师，不断进取

做研究型教师是我努力的方向，带着康复部老师坚持科研引路，科研促教，做了省重点课题"聋儿语言康复中对家长实施亲职教育的研究"顺利结题，获特等奖。

科研推动听力障碍儿童语言康复工作发展，教学效果优异，走在徐州市同类学校的前列。2013 年，省残联经过层层筛选、严格考核，最终确定我们学校语言康复部为省耳蜗定点机构，这意味着邳州市特殊教育中心的听力障碍儿童语言康复水平走到全省前列。教学质量得到学生、家长的一致好评，很好地对周边地区发挥了引领和辐射作用。

2014 年，我又带领同事们探索新领域——孤独症儿童康复、智力障碍儿童康复。为使这部分孩子也能接受早期康复训练，我查阅大量资料，设置课程体系，培训教师。在这片未知领域里，我一直摸索前进，负重前行。

历经十年艰辛，在我努力下，康复部由创办初期的 2 名教师、4 名听力障碍儿童，发展为 36 名教师、200 多名残障儿童，包括听力障碍、孤独症、智力障碍三类儿童。我们不断开辟的新领域，使学校走在了全省特殊教育康复教学的前列。

七、创办家长学校，教家长康复知识、技能

孩子是家庭的希望，一个孩子的残疾是一个家庭的不幸，家长的精神压力非常大，悲痛、无助、自卑、绝望……父母是孩子的第一任教师，孩子的教育需要家长、老师共同完成，残疾孩子的教育更需要家长的参与。但是家长大多来自农村，他们不了解孩子的生理、心理特点，不了解教育孩子的知识和技能，他们无比急切，对孩子却无能为力。

为了帮助家长解决痛苦，教育孩子，家校形成教育的合力，我决定成立家长培训学校。培训的内容涉及父母心理调适、角色认定以及孩子语言康复知识、技能等不同方面。我带领同事每年培训家长 4 000 余次，有效提升了家庭的康复训练水平。

八、成立名师工作室，带领团队成长

培养、带动年轻教师成长是我的责任，我为学校康复部培养了一支 30 多人的康复团队。我 2017 年获批邳州市名师工作室，2019 年获批徐州市名师工作室，我不仅自己不断成长，还影响、带动了一批年轻教师成长。我对年轻老师进行"传、帮、带"，为全面提升特教年轻教师素质，促进年轻教师专业成长贡献自己的力量。2020 年 10 月，我被评为江苏省首届

"苏教名家"培养对象。

奉献是幸福人生的重要元素。这么多年和残疾孩子打交道，我还做了许多公益事业。看到社会上有困难的弱势群体，我总会伸出友爱之手。为残疾家庭捐款，为重病学生捐款，为留守儿童捐款，为利群阳光助学捐款……坚持不断传播着正能量。工作之余，我经常义务到社会上翻译手语，先后去过派出所、刑警队、汽车站、看守所……

人们常说教育是爱的事业，"爱"是什么？我觉得爱不是口号，爱不是标榜自己的语言，爱要用行动去诠释。在特殊教育里，"爱"是对残缺生命的尊重，"爱"是对弱势群体的尊重与接纳，"爱"是我们发自内心的谦和，"爱"是我们搀拉之手的温暖，"爱"是我们日复一日默默执着的耕耘。

名师档案

郭 庆

　　江苏邳州人，1978年10月出生，1997年8月参加工作，本科学历，学士学位，中小学正高级教师，江苏省人大代表。

　　二十多年如一日，守望残障儿童教育事业。创办康复部，对听障、智障、自闭症儿童进行康复教育，已有100多名听障儿童进入普校学习，使100多个不幸的家庭又充满了欢声笑语。所教的多名听障学生考入大学深造，培养了多个中国的"海伦·凯勒"。执教的课获全国优质课一等奖，主持省重点课题获特等奖。获"全国模范教师"、国家"万人计划"教学名师、全国"特别关注乡村教师"等荣誉称号。典型事迹片《生命之光》被中组部评为一等奖。

目标务实　内容创新　磨炼艰苦

湖北省荆州市教育科学研究院　余映潮

　　我于 1966 年从武汉华师一附中高中毕业，1968 年作为知青下放到湖北省监利县的农村。

　　我没有上过正规大学的经历，公办教师资格是从农村乡镇中学开始的，我在那里当上语文教师时已经 32 岁了；而且我在 35 岁时成为县语文教研员，在 37 岁时成为市级的语文教研员，可以说对课堂教学也没有多少切身的体会与着力的实践。就语文教研与教学而言，这些都是先天的不足：几乎没有成为优秀语文教师的好条件。

　　但我认真地在语文教研与教学的漫长道路上走了几十年，终于取得了些许成就。因此，从教师成长的角度而言，我个人的经历倒是可以为努力奋斗着的同人提供一点借鉴。

　　本文讲的是五个故事，它们相互关联，像线索一样串起了我的奋斗历程。每个故事都表现出这样的特点：定向——奋斗目标明确；创新——实践角度新颖；磨炼——在不懈的努力之中坚持。

一、1979 年起开始研读专业杂志

当上语文教师的前一个月，1979 年 8 月，我收到了订阅的 1979 年第 1 期（总第 1 期）《中学语文教学》杂志，它从北京来，出现在乡镇中学里我的破旧的办公桌上。

我要求自己用最扎实的学习方式积累资料与知识：手抄笔录，做读书笔记。

于是，许多年来，我用最笨拙而又最科学的方法读书，我用最辛苦而又最有用的方法读书，我用最麻烦而又最精细的方法读书：那就是做专业杂志的读书卡片。

到了 20 世纪 90 年代，我手中所拥有的，已经是数以万计的资料目录索引和资料卡片，这是覆盖面极大的、内容丰美的教研情报。国内数种语文刊物的历年精美文章的目录，被我分门别类地收进各个专题研究的目录卡片中。这些卡片的类别划分细密。如，阅读教学类就分为综论、记叙、说明、议论、小说、散文、诗歌、戏剧、文言文、语言、词语、句义、段意、讲读、自读、语感、教例、课型等小类，每一小类都拥有大量的资料目录。

我特别注意特级教师研究、教学案例的收集和资料目录索引的积累。

我曾经在一篇文章中写道：

很多年前，我就有于漪、钱梦龙、魏书生、宁鸿彬等老师的专题目录卡片，还有对张建华、章熊、黎见明、洪镇涛、徐振维、陈钟樑、蔡澄清、陆继椿、鲁宝元等名师的研究记录。特别是 20 世纪 80 年代上海的一批名师，可以说是被我"尽收眼底"，即使是上海本地的老师也没有像我这样研究过他们。在我的读书卡片上至今还有他们的名字：沈蘅仲、何以聪、鲍志伸、周其敏、陈亚仁、戴德英、卢元、钱蓉芬、俞达珍、何念慈、潘鸿新、方仁工、吴侃、陆军、火观民、梁康华、金志浩、杨墨秋、邵愈强、朱乾坤、过传忠、冯志贤、董金明、居志良……在我的心目中，这是何等雄奇壮丽的队伍啊；在我的心目中，这是何等才华横溢的队伍啊！

专业杂志是一扇敞亮的窗子，将我引向了无限视野的语文世界。我在大量学术资料的濡染中获得方向，吸取经验，感受力量。

一直到现在，我在日常生活中还保持着积累资料的良好学术习惯。

在教学资料的研究中提高教研、教学水平，让我受益无穷。

二、1983 年编写全套单元练习

1982 年，我从乡镇中学调到了县教研室，成为县里的中学语文教研员。

我发现当时大面积上的教学奇缺教学资料；特别是没有练习册，更没有单元练习册。我开始用拼命的精神编写资料。6 册初中语文，我要编写 48 个单元的练习题。编写的过程是四遍成文法：第一遍，草稿；第二遍，修改；第三遍，刻写；第四遍，油印。

在不下乡听课的日子里，我每天的生产工具是"钢板"与"蜡纸"；每天都有刻满了习题的"蜡纸"在我的"笔"下诞生；每天我都会打开那遍身油墨的油印机盒，用蘸了油墨的滚筒一张一张地推印出那些练习；我的装有单元练习题的信封，也带着墨香，每周一次地飞向了全县的每一个初中学校。不久就好评如潮。

1984 年 4 月，荆州地区教育局教研室的沈主任带着一批教研员来监利县视导。临别时，我送给他 6 册装订好了的带有封面的单元练习册，他有点激动地说："我的天！前两年我组织全地区的语文教研员编写单元练习，一直都没有编出来。"他突然很认真地看着我："你到我那里去吧！"

1984 年的 8 月，我就调到了荆州地区教研室，成了市级教研员。

我后来想：编写了一套教材的单元练习，刻印了一年的蜡纸，却得到了调到市一级教研室工作的机会，原因在哪里？一是我填补了工作中的重要空白，有益于广大一线教师的课堂教学；二是我练出了过硬的本领，在重要的岗位上立刻能够担纲。

果然，1985 年，荆州地区的中考语文由我命题；命题，此时正是我的特长。"欲穷千里目，更上一层楼"，这两句诗点示了我这个故事中的哲理。随时都把自我训练放在极为重要的位置上，既不离学术，又不离实践的人，才可能有能力进行创造性的工作。

三、1993 年动笔写教例品析 100 篇

在荆州地区教研室，我一方面应对繁重的工作，一方面时刻不忘提高自身水平。自 1979 年国内中学语文专业杂志复刊以来，我在持续的阅读中提炼出了不少精美的教例；同时我发现，多少年来没有人写"教例品评"方面的文章，多少年来也没有人写出课堂教学艺术研究方面的系列文章。这时候我积累的大量资料起了作用。

从 1993—1997 年，在五个年头中我写出了 100 篇教例品析文章，它们全是千字文，作为专栏文章在湖北大学《中学语文》杂志上连载。2000 年底，结集为《中学语文教例品评 100 篇》，由武汉出版社出版。

在这批文章的写作中，我归纳、抽象、命名，提出了非常丰富的教学艺术手法，在当时作为全新的视点进入了人们的眼帘，许多观点即使在现在也仍然处在前沿。如：

"充分利用课文，进行语言教学""一线以串珠""分类式课堂笔

记""教学设计要弦外有音""课中活动充分""诵读品析积累""在课型设计上进行技术创新""思路明晰单纯""只取一瓢饮""开发学习潜能""穿插几次练习""引进一点参读材料""教读""美读""一次多篇""讲求教学生动的艺术""设计精妙的朗读练习""无提问式教学设计""课堂活动的设计要有厚度""上出文学作品的文学味""根据课后练习安排自读课文教学""多角度利用课文""探求因果，一线串珠""高效背诵""提倡课堂智能练习""让学生过一把'问'的瘾""细细地讲个片段""提问之美""培养学生的信息检索能力""发现""合理利用课文的价值""教学设计要有'制高点'""层层推进美读美析""积累语言""走出课文""用精美的提问来结构课堂教学""课堂活动的深层含义""妙在这一'问'""以读带讲，感染熏陶""准确掌握分析的'入射角'""课堂教学的组合美""诵读，是文言文教学的基本环节""整体赏析""讲究创意""在释词见义中品评鉴赏""全面感受　重点研讨""传授方法更重要""比同求异，品评鉴赏""巧问""指导学生通过读写结合来分析课文""从一例探求一理""一词以经纬""巧变角度""创设审美氛围"……

这些教例的品析研究，比国内大面积上的案例研究早了十年。所以当人们热情地进行案例研究的时候，我已经在不断地创造着案例了；1997年，在我50岁的时候，开始了我的课堂教学实践。

最重要的是，在1993年《中学语文》第3期的《〈白毛女〉选场》教例品析的短文中，我提出了"板块式"教学思路与"主问题"教学手法的观点，为我后续的教学研究设置了一个重大的实践课题。现在看来，"板块式""主问题"在全国中小学语文课堂阅读教学中，已经表现出不凡的教研张力。

从此以后，我的论文写作也成了日常生活中的一部分；到了2020年，我公开发表的文章已经超过1 800篇。

这个故事含义丰富，有自我训练、自强不息、崇尚学术、目标明确、积累丰富、专项研究、长期坚持、着眼实例、关注细节、提取精华、发现规律、形成文字等。在语文教师专业素养和教学能力的提升发展上，这些应该都是比较有效的思维方式与操作方式。

四、1997 年，50 岁开始学讲课

从 1984 年担任市级语文教研员，到 1997 年，十四年过去了，我也评上了特级教师。由于写作《中学语文教例品评 100 篇》，我深知语文课堂教学的一些规律与奥妙，我给自己定了一个向：开始学讲课。

于是，1997 年 11 月 26 日下午，荆州地区监利县周老镇直荀中学的操场上，我开始了我的第一次公开课；这里，曾经留下过我知青下放的足迹。

这次课，应该说事先是"保密"的。但等我到达时，很多老师已经知道这件事了。大家从来没有听过教研员上课，大家都想听一听从荆州回来的余映潮老师怎样上课。

天气很冷。上课之前，天公作美，霏霏细雨渐止，寒风也悄然停息。从四面八方赶来听课的语文老师有 200 多人。可是这里没有大的教室，也一时难以找到可以供这么多人听课的地方。我说，就在学校操场上上课吧，一个篮球场就能解决问题。大家赶快行动，从教室里搬出桌椅，在学校湿漉漉的篮球场上摆开了阵势，黑板放在体育老师喊操用的土台上。

学校给我安排了两个班的学生。我站在土台的下面，听课的老师把两个班的学生围在了中间，气氛热烈。

我带了两个课过来，一是郭沫若的现代诗《天上的街市》，一是文言文《口技》。这个乡村小镇曾经是柳直荀烈士牺牲的地方。柳直荀烈士的墓，离学校大门只有 200 多米。墓前大碑刻有毛泽东手书的《蝶恋花·答李淑一》，还刻有李淑一给毛主席的信。设计教学时，我将毛泽东词《蝶恋

花·答李淑一》插入了《天上的街市》的教学。

我的第一个公开课，就显现了精致的教学创意，哪怕是在乡下学校执教。首先，它运用了"板块式"教学思路：体味音乐美，品析图画美，感受情感美。其次，居然运用了"联读"手法：在《天上的街市》的教学中插入了毛泽东的《蝶恋花·答李淑一》。

那一天，我的感觉很好：我终于走上了公开课的讲台。50岁过了的我，一次成功地而不是用多次磨课的方式在人们难以相信的自然条件下讲完了两节课。

从此以后，我就在中学语文课堂教学艺术的田野里辛苦耕耘而不能自拔。

后来，回忆起这次经历，我深有感触：中学语文教育教学研究中有着无数个空白无人问津或者涉之不深，任何时候进入这种研究都不能称之为"迟"。哪怕你到了100岁，只要你有兴趣，还有研究的空白在等着你。

如果说我的课堂教学设计常常很着意地讲究创意的话，那么，50岁过了学讲课则是我最奇妙的人生创意……

我每年都有相当数量的新课推出。我现在在全国各地所教学的小学、初中、高中语文公开课的课例，已经超过300个。从"课文"的概念上说，相当于上了300多篇"课文"。其中，有阅读训练课，有作文指导课，有备考指导课，有读报课，有课外阅读指导课，等等。这个数量应该说是空前的。

五、60岁开始研究与实践小学语文教学

2007年我退休后，广东东莞市塘厦镇成立了国内第一个"余映潮工作室"，开始了我的语文教师教学技能的培训工作。这个镇有6所小学，这就"逼"得我开始小学语文课堂教学的研究与实践。60岁的我，走上了小学

语文课堂教学的讲台。

我将这样一种奋斗理念渗透于日常工作之中："量"大才有力量。

我将这样一种观察作为自信的理由：大面积上的语文课堂教学，基本上是一种"碎问碎答"式的教学。

我将这样一种发现作为创新与写作的动力：新中国成立以来，国内基本上没有出版论述"小学语文课堂教学艺术"的专著。

我一方面进行大量的课堂阅读教学实践，一方面提炼书面成果。

到 2019 年底，我讲过的小学语文公开课的课文将近百篇。

近年来，全国各地基本上都有我进行小学语文示范课教学的身影。

我进行公开课与示范课的教学，不预先"打埋伏"，什么先与学生见面说说话，什么先下发详细的导学案让学生读与做，什么先上第一个课时然后公开上第二个课时，什么请当地的老师好好地组织预习，这样的"动作"，我一律不做。

我的小学课堂教学实践，既不挑肥拣瘦，也不"偏科"，从小学二年级到六年级，小学语文教材中各种文体课文的教学以及作文课、复习课，我都有实践的经历。

我的备课与上课，在课文苦读上下足了功夫。我要求自己备课之时、教学之前要写课文赏析短文，甚至要求写出对课文教学资源进行提炼的内容。我写出来的课文赏析短文已有上百篇之多。我对课文研读的深度与广度以及从课文中提炼出来的教育教学资源，足以让我进行任何小语课文的一课多案的设计。

我对小学语文课堂教学的研究与实践，集中在如下几个关键词上：

一是"活动"。在课堂上常常给予学生大量的时间，让学生在大量的实践活动中学习运用语文的规律。

二是"积累"。在教学之中关注学生语言的积累和语文知识的积累，我以为，在课堂上，我们无论怎样指导学生积累都不为过。"课堂积累丰富"

是最好的课的要素之一。

三是"能力"。教师在语文的阅读教学中要善于利用课文训练学生的阅读技能，养成学生良好的学习方法，要尽量减少"就课文教课文"的教学过程。

四是"容量"。小学语文的课堂教学，课时中的教学量往往不足，在时间的浪费上令人惋惜。在我的眼中，增加容量，缩短教学的课时，也是极有科研价值的话题。

因此，我的小学语文的课堂教学，能够表现出足够的训练力量。

2018年8月，71岁的我，在中国人民大学出版社出版了专著《小学语文教学艺术30讲》。人们对此曾经有这样的评价：

本书的可贵之处在于研究视角新颖、课例丰富实在、教案借鉴性强。这是小语界首次关于小学语文教学艺术研究的全方位展示，是小学语文教师案头必备书。

经典案例的解读让你轻松掌握教研方法，艺术的、实用的、创意十足的教学设计让你的课堂熠熠生辉。

我自己则认为，这部作品表现出来的是年轻的力量与年轻的智慧。

时间到了2021年，我依然在繁重的教师培训工作中，奔走于各地的"余映潮工作室"。

在目前的教师培训活动中，像我这样独自一人、亲自引领、指导过全国各地"工作室"的"名师"，像我这样独力胜任覆盖小学、初中、高中三个学段语文教师培训的，像我这样手把手、面对面地指导过那么多的中小学语文教师的，像我这样工作严谨、连学员作业都亲自批改的，像我这样亲自示范、不带任何"团队"、自己长期站在讲台上的，没有第二个人。

这，也许是我的第六个人生奋斗故事。

名师档案

余映潮

　　当代中国语文教育家。语文特级教师。全国中语会学术委员，全国中语会名师教研中心主任。中小学语文课堂教学艺术研究专家，湖北省荆州市原中学语文教研员。创建了全新的"板块式、主问题、诗意手法"阅读教学艺术体系，被誉为"中青年语文教师课堂教学艺术研究的领军人物"。已发表各类教学文章1 800余篇，出版了《中学语文教例品评100篇》《余映潮阅读教学艺术30讲》《余映潮的中学语文教学主张》《这样教语文——余映潮创新教学设计40篇》《致语文教师》《余映潮语文教学设计技法80讲》《余映潮中学语文精品阅读课教学实录》《余映潮教语文（小学卷）》《余映潮中学语文散文名篇教学实录及评点》《余映潮中学语文古诗词教学实录及点评》《余映潮文言课文教学实录及点评》《小学语文教学艺术30讲》《余映潮谈阅读教学设计》《余映潮谈写作艺术》《余映潮口述——用奋斗定义时光》《余映潮论阅读教学"好课"的设计》等22本专著。精彩的课堂教学受到各地中小学语文教师的普遍欢迎。

一生"溯从"，只为"伊人"

江苏省泰兴市洋思中学　刘金玉

> 蒹葭苍苍，白露为霜；所谓伊人，在水一方。
>
> 溯洄从之，道阻且长；溯游从之，宛在水中央！
>
> ——《诗经·蒹葭》

曾几何时，总认为自己小，时间还很多，路途还很远；恍然间，已是年过半百，时间已经不再很多，终途也不再遥远！

回首走过的那些路，确实有很多的哀伤，很多的悲叹，很多的感慨！当然，也有很多的激动，很多的兴奋，很多的欢喜！

一路走来，作为教师的我，有必要对所走过的路作一小结：一则为己，给自己一个回味；二是为人，让别人得到些许启示！

一、遇挫时：自忍自强

1969 年，我出生在一个农民家庭。父亲是"上山下乡"的泰兴城里人。

打小学到初中三年级，我都是班长。五年级时，担任中心校大队长，以全乡第一的成绩考上本乡大众初级中学。

1985年4月，扬州市四所师范学校面向全市提前招生。

我所就读的大生乡大众初级中学（现在为济川街道大生初级中学）超水平发挥，竟然史无前例地考中两名。而对面的大生中学（含高中）却是光头。这两名学生在当时真成了家喻户晓的人物。那两人是谁？一个是当时一心想考大学，并不愿意考中师，但最终还是服从了父母、校长、老师的身为班长的我；另一个是我的同班女生，平时不声不响、成绩却很出色的学习委员。

中师三年，我先后担任语文、数学、心理课代表，做过班长、团支部书记，多次被评为"三好学生"，也算是风光无限。转眼就到了毕业之时。本以为家中没有关系，会被分在中心小学，抑或是下面的小学。谁知，初中母校缺少语文教师，我初中的化学老师——当时的学校副校长竟然真的将我要到了我的母校——大生初中来任教。

好景不长，大生镇的四所初中合并为一所镇中心初中。下面一所学校的校长担任了大生初中的校长。也许是因为我是他的竞争对手、我的初中化学老师的学生，也许是因为我不知何种情况无意中得罪了他，也许是因为他一心要培养同为教语文的他的亲戚的缘故，教学实绩一直处于前列的我被打击了——本是正教初二、下面送初三，却落得个"落聘"的结局，后经多方关系，被指派教初一年级。当时，我正24岁，正是血气方刚的年纪，怎么受得了这样的"奇耻大辱"？我就要与该校长"大干一番"。

我的父亲，一个从城里下放到乡下的算是见过大世面的人，对我说：金玉，你要经得起挫折，不管是不是你的问题，你都应该反省自己，事实上，你有意无意间做了、说了无利于自己的事和话；你所要做的，就是继续做好自己，证明自己；如果与他斗，于你究竟有什么好处？你还能实现你的理想吗？你还能有美好未来吗？父亲的话点醒了我——是的，我有很多的问题，自傲，自大，常常不把他人放在眼里——年少轻狂。

于是，我变了，变得沉稳，变得安静，变得隐忍，变得不再"多管闲事"，我一门心思放在了语文教学与班级管理中了，放在了教学研究与文章写作上了。

终于，我在该位校长的领导下，成了校先进、镇先进；同时，还当上了年级负责人、教导处主任！其间，还进行了课题研究，给当时的扬州市语文教师上了展示课，在《语文教学与研究》上发表了文章。

二、孤独时：自谋自助

"人怕出名猪怕壮。"我"壮"了——在 2001 年，我被评为"市优秀教师"。"壮"后的我便立即得到了"重用"——我被中国名校洋思中学蔡林森校长相中了，他要我到他学校工作，以展示自己更大的才华。

——我才不去呢！

不为其他，只为我深爱着我的"母亲"——我初中的母校、我现在工作的学校、我爱人的母校。更何况，我爱人还在离母校约 500 米的幼儿园工作呢！我的父母、兄弟都在离我不远处，更何况，我在这儿也算是要风有风要雨有雨呀！

但最终，我还是被"任命"为洋思中学副校长，还是离开了我心爱的母校，离开了我的家人，来到十公里之外的洋思中学。

来到一个人生地疏的学校，我自然有很多的不适应。其实，我还是一个比较外向的人，但在陌生的环境里，也只能慢慢适应，将思念之苦吞进肚子——我一个人在洋思中学艰难地生活着，工作着，努力地适应着。

其间，难免遇到痛苦，也只有自己一个人默默地扛着，我不能让家人为我担心。我总是一个人在校长睡后，在晚上十一点开摩托车回到离校十公里的家，我总是第二天早上五点前又开着摩托车在校长起身前来到学校——我真的是无法忍受这样的生活，回家是排解孤独的唯一办法。但我始终坚信，只要度过了这个紧张期，一切都会好起来的。

在那一段时间里，白天，我抓紧工作，抓紧研究，用工作和研究来排遣孤独痛苦。一方面是上好我的语文课。事实上，第二年秋天，我就被老校长领着到兖州上课，这可是我第一次出省上课啊！另一方面，我积极地研究洋思中学的办学理念、课改方法、保障措施，寻找其与众不同之处，我要努力地融入其中。通过我的研究，我竟然也能到洋思的讲台上对外讲学了，虽然没有老校长讲得那么顺畅，但这可是为我走出去奠定了坚实的基础。

"艰难困苦，玉汝于成。"说实话，在那一段时间里，我并没有多少的论文发表，也没有多少的研究成果出现。大家都只是埋头拉车，而不会问拉车的方向和拉车的方法，我与他们稍有不同，我来自另一所学校，写是我的习惯，但我写得明显少了。

随着校领导的换届，我迎来了一个在专业上大力发展的新阶段！这一阶段，我的行动不在学校层面，我的行动在语文组，在我的语文课堂上。这一阶段，我赛课获省级一等奖，我成为泰州市学科带头人，被评为高级教师、特级教师、正高级教师，我写成了获得江苏省哲学社科类优秀成果奖的著作《高效课堂八讲》《学校高效管理六讲》《班主任工作艺术六讲》，我发表了 10 多篇核心期刊文章。

三、艰难时：自开自救

"月有阴晴圆缺，人有旦夕祸福。"就在我顺风顺水发展、大展宏图之时，家庭发生了不幸！

2014 年 5 月，我的爱妻——与我初中三年的同学，那时与我一道同时提前被高邮幼儿师范学校录取的女同学，被检查出了乳腺癌。通过医治，似乎好了！但祸不单行，更为不幸的事情发生了。

2015年6月，中考前夕，我的爱妻处于脑干部位的动脉瘤突然破裂，虽经抢救，人活了，却变成了"植物人"；2018年8月，我唯一的孩子，在苏州才工作一年的孩子被检查出得了甲状腺癌；2019年4月，长期照料我的爱妻的年迈的母亲中风，左手左脚失去了知觉；84岁的父亲也是双腿难行，步履蹒跚；而我自己这几年，又是血压高，又是高血糖，又是胆囊息肉，又是偏头痛，又是内痔，又是失眠……家中的不幸之事一件接着一件。

在这种状况下，我也曾想自杀，也曾想出家当和尚，也曾埋怨命运的不公——为什么这些事会发生在我家，发生在我的亲人身上，发生在我身上？

但最终我还是走出来了——因为宗璞的《紫藤萝瀑布》，因为宋代集儒释道于一体的苏轼，因为命运多舛却始终不放弃自我目标的司马迁——他们能，我为什么不能？我平时总是教育学生正确面对挫折，而当自己真正遇到时，为什么不能做到？更何况，家人和学生都需要我呀！

于是，我走出来了，我重新担当起我应该承担的责任——我必须做好丈夫，我要让妻子有尊严地活着，有尊严地离开；我必须做好父亲，我要陪护好我的孩子，让我的孩子幸福起来；我要做好儿子，让我的双亲有好的晚年！事实上，至今，一切都做到了，一切都很圆满！

可我的事业怎么办呢？是弃之一边，不管不问，一心一意扑在家庭、家人身上？

不，不能！我必须做到家庭、事业兼顾。只有做到两者和谐的人，才是最有智慧的人。

于是，我一方面履行着对家人的责任，另一方面积极工作，将失去的时间补回来，让我的事业发展起来。

我没有放弃我的课堂，我始终站立在课堂上。多少老师、领导看我这么辛苦，劝我不要上课，上课太苦了，离不开，要保证质量，要各种考核。但我说："我宁可不做管理，也要做老师。"课堂给我诸多的灵感，让我得到发展。离开了课堂，不就是花儿离开太阳、鱼儿离开水吗？自己所谓的研究不就成无源之水、无本之木了吗？岂能？岂可？

我没有放弃我的研究，只要有一点空余时间，我都会看书，都会思考，都会听课，都会评课，都会上示范课，都会努力写作。

2014年至今，我仍在进取着进步着——我完成了江苏省自2015—2020年长达六年的"江苏人民教育家培养工程"的培养任务，以"优"的成绩顺利结业；我获得了国家"万人计划"教学名师的光荣称号；我顺利获得了"正高三级教师"的职称；我申报并圆满结束了2项省级课题，并获得了2个省级教学成果奖，3个市级教学成果一等奖；学术专著《刘金玉与阳光语文》《刘金玉教阅读》《课堂教学的革命》《教出幸福来》《守正立人："正语文"课堂教学》已出版，《中华经典名句赏读》正在出版中；我的事迹被《江苏教育》《泰州师说》、"江苏教育台"、"泰兴融媒体"先后报道！

四、烦恼时：自解自适

回忆我的成长之路，我也有很多的苦恼。前面讲的外界环境给我的考验，我扛过来了；家人各种的疾病，我也圆满地应对了。但我不能满足的是，我有点停滞不前了，我所取得的成绩太少了，我有点落后了——尽管在别人看来是那么高不可攀。

我曾有幸被泰兴市人力资源部两次推荐申报国务院政府特殊津贴专家，但都因为遇到更为强有力的对手——一位是曾经支教拉萨三年的职业院校的领导、一位是泰州中学资深校长而失败；2021年，我也自信满满参加中国教育学会组织的"未来教育家"的申报，也参加了线上答辩，本以为花落我家，最终在邮箱中却以"年龄超过50岁"为由，将我梦想打碎；我还自信满满地申报过"江苏省名师工作室"主持人，结果不知是什么原因，没有被选中……凡此种种，让我分外沮丧，为什么总申报不上，为什么我不能再向前一步，为什么他们行，我却不行？

近期，我又有烦恼了——我的几个教育家同学申报"正高二级教师"成功，他们都是在地级市的教师，而我却是县级市教师。据说，县级市不设"正高二级教师"岗位，那我的努力不就泡汤了吗？

还有，北京、南京、苏州、广州、杭州、深圳等大城市都曾有人来校找我，希望我能加盟他们的教育，薪水自然很高，职位也能保证。我很需要钱呀，我要不要去呢？

再有，2021年，我已经52岁了，还有三年，我就要退职了。在我们泰兴，有一个不成文的规定，到了55岁，必须退职——这自然是应该的，大家都这样；但55岁之后，无一待在学校工作，全都离开学校，另寻他业了。我呢？我应该怎么走呢？

烦恼的事太多了！一个接着一个！

我该怎么面对？我静心而认真剖析了我的那些所谓"烦恼"，原来我的所有的烦恼都来源于我的"贪"，我是"过犹不及"——我的追求欲望太重了，我的攀比之心太重了，我的得失心太重了——成功在于自己，成功亦不在于自己；只有当自己足够强大时，成功才会最终属于你；你的诸多不成功，都是因为自己未能足够强大造成的；只有不断地、继续地努力，才会使自己真正强大；即使不成功，也说明自己曾经努力过，奋斗过，这样才无悔来此世一遭，这样的不成功，亦是成功！

如今，我已经开悟了——人生需要有不懈的追求，没有不懈的追求的人生是没有什么意义的！但凡事都有限度，适度、适当、适可、适宜，才是最好的追求！做好当下的事，才是最为重要的；自然而然地发展，才是最为关键的。所以，我要继续地上好我的语文课，带好我的学生：我要继续地研究我的语文教学，不懈地寻找语文教学的规律；我要发展好我的省市工作室、"四有"好教师团队，做好督学工作，做好区域教研、教育联盟工作，有力地促进更多人更好地成长！

想开之后，如今的我，又高高兴兴地轻装上阵了，又走在了为人、为师、为事的道路上了！

朋友，你说，明天的我，会是怎么样的呢？对，一定很美，一定更美。是吗？

前行的路从来都不会是平坦的，只有为着心中的理想不懈地努力，才有可能到达胜利的彼岸！

从前"溯从"，只为"伊人"；今天"溯从"，也只为"伊人"；明天"溯从"，还是为"伊人"！

我要真正做到一生"溯从"，只为"伊人"！

名师档案

刘金玉

江苏泰兴市洋思中学副校长，正高二级教师。国家"万人计划"教学名师，教育部"国培计划"专家库入选专家，国家教育行政学院特聘授课教师，全国赛课一等奖获得者，全国十佳语文教师，江苏有突出贡献的中青年专家，江苏省语文特级教师。国家"万人计划"教学名师、正高级教师、特级教师评委。"江苏人民教育家培养工程"培养对象。"洋思经验"缔造者、发展者之一，"高效课堂"的提出者、践行者、推广者，"正语文"教育的首倡者、实践者、发展者。出版 10 部专著。12 个研究项目获国家、省、市教学成果奖，其中，有 2 项国家级一等奖，2 项省级特等奖，4 项省级一等奖。6 项省级课题结题。被 60 多个师范大学、教育局、教师发展中心聘为学校发展、课程改革指导专家。省市五级名师工作室、培育站主持人。入选"百年中国·语文人博物馆"名录。应邀在全国各地作课堂改革、学校发展、双减落实、文化建设、语文教学、团队培养、课标落地、学生成长、课题研究、论文撰写等 80 多个专题讲座。

全心投入，为明天的累累硕果奠基

浙江省杭州新世纪外国语学校　虞大明

时光荏苒，岁月如梭，不觉间，今年已是我从教的第三十一年。回首成长之路，我是幸福的——成长路上与可爱的学生相伴。成长路上的每个故事都是快乐的——这些流淌着快乐的故事仿佛是凝固的诗篇，联通着过往和未来——瞻前，蓝图如画；顾后，脚印里荡漾着快乐。

我常想，作为学科教师，应当凭借自己的智慧、责任、热情，将课堂学习演绎成"课堂生活"，让更多的课堂以生活的样态更长久地住进学生的心里，铭刻一辈子，润泽一辈子，从而被学生感恩一辈子。我坚信，只有全身心投入课堂，只有真正让课堂住进学生的心里，只有带学生享受课堂真正的快乐，才能收获明日累累的硕果！

一、为"情"所困，我迷上了配乐朗读

师范毕业后，我走进了胜利小学的大门。我一直虚心地学习着，兢兢业业地工作着，初入小学语文教坛的我，一直在憧憬着美好的未来。很幸运，我成了著名特级教师张化万老师的弟子。在张老师门下学艺，已过

三十年，每每回想起张老师的教诲，回想起与张老师相处的时光，敬佩之情、感激之意油然而生。

回想起第一堂公开课《神笔马良》，仿佛一面镜子，照出了我的缺陷。我清楚地记得，那是 1991 年的深秋，丹阳。

秋风起，秋雨冷，而我的内心和后背却燥热无比。

回杭的路上，师父侃侃而谈，一针见血。师父说我上课时只是在一味地贯彻教案，而不注重与学生情感交流。说我游离于学生之外，有些时候甚至凌驾于学生之上。在我看来，师父的每一句话都极具道理。我频频点头，内心却彷徨和疑惑——我怎么了？我适合教语文吗？我能教好语文吗？我究竟怎么了？

现在想来，很简单，那是为"情"所困。

后来，师父为我开出药方——强攻情感型课文，大有"明知山有虎，偏向虎山行"的架势。师父认为，情感型课文丰富的情感内涵，为锤炼教师合理、准确的情感投入提供了充分的条件。

师父常说，要使学生读出感情来，教师要善于垂范。教学这类课文，教师首先要认真、反复地备读，力图让课文打动自己，然后才能在课堂教学中，将体验到的情感通过表情、动作、声音外化，从而感动学生。

就这样，反复地有感情地练习朗读，成了我当时上课前必不可少的修炼内容。我经常是早晨早早到校，下班迟迟回家，专挑校园里空无一人时，把自己关在教室里，大声地读个痛快。

那时候，电化教育刚刚起步，对于小学而言，电化教育的设施还是十分欠缺的。胜利小学因为是浙江省的实验学校，所以每个班除了幻灯机之外，还配有一架收录机。有了收录机，在练习朗读的时候，我很自然地萌发了把自己的课文朗读录下来的念头。一来可以以此为据判断是否进步，二来可以在早自修或上课时播放给学生听。

也许是我的普通话和音质都还不错，我的课文朗读录音深受学生喜欢，甚至还经常被同年级的老师借用。

一个偶然的机会，我拥有了 5 盒特殊音效的资料带，据说这些带子来自电影制片厂，大自然的各种声音，带子中几乎都有。各种鸟叫的声音、下雨的声音、刮风的声音、爆炸的声音、冲锋号的声音、机枪扫射的声音等等，应有尽有。光是打雷的声音，就有响雷、闷雷、滚雷、炸雷等21 种。

我把这些带子视作宝贝。我想：如果能把这些逼真的声音用到课文朗读录音当中去，再配上跟课文情感内涵相吻合的背景音乐，那效果一定会好得多。我为这个想法兴奋得睡不着觉。第二天便找了《珍贵的教科书》这篇课文，开始了新的尝试。

想想简单，做起来难。这话一点不假。因为有了枪炮声和紧张的背景音乐，一架收录机是绝对不够的，便再问别的教师借来了两架。一架播放背景音乐，一架播放枪炮声，另一架质量稍好的负责录音。因为是第一次尝试，所以五六分钟的课文，我手忙脚乱地折腾了三四个小时。

特别是文中指导员牺牲前说的话有很多省略号，意为说话断断续续，奄奄一息。而我一个大活人，怎么才能读出这种感觉呢？办法总比问题多——我一方面想象着指导员当时的内心世界，一方面加重喘息声，竟然泪眼蒙眬……录音完毕，我静静地聆听从录音机里发出的我的配乐朗读，竟然又一次泪眼蒙眬……

就这样，我的第一个配乐朗读录音作品终于新鲜出炉了。同年级的老师用后都赞不绝口。初尝甜头的我，从此一发不可收拾——《神笔马良》《小珊迪》《十里长街送总理》《手术台就是阵地》《在炮兵阵地上》《董存瑞舍身炸暗堡》《小音乐家杨科》等20 余个作品相继诞生，整整录制了 2 盒磁带。

我还自己动手，设计了磁带的封面，还贴上了我的"帅照"。美其名曰

"虞大明配乐朗读专辑"。

自然，我的这一举动受到了师父的赞许。师父还在一次全区语文教师教研活动中，播放了我的作品。从那以后，录音带经常被外校的语文教师借用，而且经常会有教师找上门来，请我为他们的公开课专门制作录音带。

在我的记忆中，那段时间是无比快乐的。因为从事语文教学以来，我第一次看到了自己的价值，虽然那样的价值很小，很小，不足挂齿。

再后来，我精心制作的2盒带子在接力棒似的传递中，不翼而飞了。但我没有觉得特别遗憾。毕竟，制作这样的带子本不是我的目的，更不是我的工作。回想当初的用意，只不过是想通过朗读的训练，增强自己的情感投入罢了。

我想，我基本上达到了自己的目标。因为后来的公开课，我不太再会为"情"所困。

二、注重情趣，让课堂住进学生心中

工作以来，我执教的各级各类公开课已过千节次。不论是听课教师还是学生，都说我的课很有意思，很喜欢，我想这得归功于我对"课堂情趣"的不懈追求吧。

课堂之丰富，很大程度上取决于教学内容的丰富。如果一堂课，教师只局限于仅仅被称为例子的"课文"，翻来覆去、纠缠不清，实现不了文本突围，这样的课堂学习一定会使学生如同嚼蜡，索然无味。因此，教师应当以教学目标为导引，以"基于文本，适度高于文本、广于文本"为宗旨，以"旁征博引、举一反三、适度拓展"为策略，立体构筑教学内容。让课堂如同生活一般丰富且充满情趣，从而住进学生的心里。

钱塘江大潮自古以来被称为天下奇观。刘禹锡的"八月涛声吼地来，头高数丈触山回"，苏轼的"八月十八潮，壮观天下无"等，都是对钱塘江大潮最好的写照。观潮最好的时日是农历八月十八。观潮最佳的地点是海宁的盐官镇。

农历八月十八那天，我驱车前往海宁——不只是为了目睹钱江潮的壮美，更为了将"钱江潮"带回杭州，带进《观潮》的课堂。

路不远，从杭州出发东行，大约一小时车程，便进入海宁地界。进入海宁，前往盐官，车多了，人多了，再加上形形色色的迎接八方来客的标语和迎风招展的彩旗，我不禁感叹——观潮的氛围愈来愈浓了。

观潮人实在是太多了，费了好大的周折，我才找到车位停好车。

随着挨挨挤挤的人流，大约十几分钟，我便登上了海塘大堤。呵，目之所及，真的如《观潮》中所言：江潮还没有来，江面显得很平静……《观潮》是我最近正在琢磨的一课，读过十余遍，甚至已经到了烂熟于心的地步。因此，当目睹此情此景，文字便如同细流，从心头涓涓而出。

既然江潮还没来，闲着也是闲着，还不如先拍点潮来前的景象吧！忙乎了好一阵子，"中山塔、观潮台、翘首东盼的人群"都定格在了我的傻瓜相机里。光拍风景和观潮人，自然是不够的——要不然，岂不是枉此一行了？于是，找人帮忙，选好地点和角度，"咔嚓"——我连同其他观潮人，也定格了。

江潮还没有来，海塘大堤上依然人声鼎沸。我摆弄着相机，一遍遍欣赏着相机中定格的景象，思绪却已飞到了周一的《观潮》课堂——同学们，你们制作过音乐风光解说片吗？老师根据课文的第二段，也就是描写"潮来前"的内容制作了一个短片，请欣赏——我点击课件，轻柔的乐曲声中，一张张照片飘然而现——中山塔、观潮台、平静的江面以及翘首东盼的人群——屏幕上，一张照片由远及近，照片中的人脸渐渐清晰，最后铺满了整个屏幕。"啊！是大明老师！是大明老师！"学生兴奋地嚷了起来，"大明老师，你也去观潮啦？""是啊，为了让你们学得更快乐，我特意来到盐官。这样的音乐风光解说片，有意思吗？""有！太有意思了！""你们想不想亲手做一做？""想！"孩子们就这样被"点燃"了。

"潮来了！潮来了！"我正美美地想着，思绪被观潮人的喊声拉了回来。人群顿时沸腾起来，纷纷涌向海塘大堤近江的石栏。

我凭着年轻力壮，很快便"占得"一处好地方。我可不想错过这大好时机，要不然，这趟盐官之行，算是白费了。我紧握相机，对准江面，接二连三地按动快门……于是，壮观的钱江潮从"一条白线"到"拉长变粗横贯江面"到"像是一堵白色水墙"到"仿佛千军万马齐头并进，浩浩荡荡飞奔而来"，全都在相机中成为永恒。

那天，我很是激动。因为，潮水实在太壮观了，超出了我的想象。我想，有了这些素材，再准备几首激昂高亢的背景音乐，孩子们就可以在课堂中，依据"潮来时"的内容，酣畅淋漓地制作音乐风光解说片了。我甚至可以想见，孩子们在选择编排图片的同时，顺利地达成了对内容的理解；孩子们在练习解说的同时，圆满地实现了有感情地朗读；孩子们在呈现短片的同时，脸上的笑也如同潮水一般……

就这样想着，走着，走着，想着。我随着人流，已经下了大堤。

就这样想着，走着，走着，想着。我突然觉得，身上似乎少了点什么东西——天哪，我的背包不见了——车钥匙还在包里啊，完了！

脑袋"嗡"的一声，大了。我奋力拨开退潮般的人流，迅速往回走。唉，连包的影子也没见着。

我的包啊，我那藏着车钥匙的包啊，就这样被我"丢"了。

还好——相机没丢。因为，我一直像宝贝似的攥着它。

联系了海宁的朋友，找来了修车师傅。用锤子、起子"乒乒乓乓"一阵敲打，车门终于撬开了——那个心痛啊，无以言表——似乎每一锤都敲打在我的心上。

修车师傅拉出方向盘下边的电线，摩擦点火，终于发动了汽车……

我终于回到家了。心痛了好一阵子。

但很快，《观潮》课堂上学生的快乐，将我的心痛冲刷得无影无踪了。学生会感谢我吗？以后的日子——一周，一月，一年，数年，学生会依然记得《观潮》吗？

我想，会的。

那就，值了。

三、彼此成就，让学生收获课堂真正的快乐

1999 年，我依托建构主义学习理论，着手实践问题情境教学。《庐山云雾》《观潮》的成功实践，让我尝到了甜头——依据文本个性，创设问题情境，以此改变学习方式，令学生学得积极，学得愉悦，令课堂充满着快乐。

我真真切切地觉得，这样的课，学生喜欢。

于是，浙教版义务教育五年制小学课本（试用）语文第七册中的《小镇的早晨》一文，便进入了我的视野。该文文字质朴，行文流畅，层次分明，向读者呈现了一个恬静、热闹、紧张的蚕乡小镇。我准备凭借该文，再次进行问题情境教学的尝试。

在细细研读文本特别是第一、二段之后，我觉得大城市里的学生在学习时，会有一些困难。

《小镇的早晨》的第一、二两段将一个恬静的小镇实实在在地呈现在学生面前：

城市的早晨，是汽车短促的喇叭声惊醒的；蚕乡小镇，四周河道纵横，它的早晨是木船悠闲的摇橹声唤醒的。

小镇的早晨是恬静的。淡淡的霞光下，宽宽的河面闪烁着片片银鳞；河水静得透明，犹如一条碧绿的带子，静静地穿过小镇。沿街的河边停满

了各式各样的小船，一只紧挨着一只。一些油光发亮的乌篷船翘起尖尖的船头，显得格外醒目。两座拱形石桥遥遥相对，坐落在小镇两头，不时有一叶叶小舟从半月形的桥洞中悄悄钻出来，又在河上轻轻飘过。

……

我想，大城市所带给学生的印象往往是车水马龙、熙熙攘攘和热闹非凡。因此，城里的学生很难真正体会古老小镇"恬静"的一面；城里的学生见惯了川流不息的车流，听惯了尖锐嘈杂的汽车喇叭声，他们没有听过"摇橹声"，感受不到摇橹声的悠扬和静谧……

我该如何满足学生的需求呢？

当我了解到课文中所描绘的就是绍兴的安昌古镇时，一条"妙计"涌现在脑海中，把自己激动得要命。

我选了个少云的日子，起了个大早，约上摄像师，驱车直奔安昌。到达小镇的时候，晨光熹微。小镇不大，我们很快便找到了那条"在淡淡的霞光下闪烁着片片银鳞"的贯穿小镇的河。在我的指点下，约莫二十几分钟，摄像师便将"淡淡的霞光、静静的小河、遥遥相对的拱形石桥、半月形的桥洞还有那油光发亮的乌篷船"等按照课文第二段行文的节奏，拍成了视频。

在回看视频的时候，我发现了现实与文本的差距——也许是小镇的发展变化太快，也许是乌篷船另有泊位——河边只泊着两只乌篷船。这怎么能体现"一只紧挨着一只"呢？灵机一动，我想到了刚刚从拱形桥洞中钻过去的那只乌篷船。我沿着河岸一阵猛赶，"截停"了那只摇摆着身子的乌篷船。

船主戴着毡帽，是个憨憨的老农。在向他说明来意后，他欣然接受了我的请求。我为小镇居民的热情而感动。

他将乌篷船摇回，与另两只船紧挨在一起。摄像师改变拍摄的角度……乍一看，还真有"停满"了的感觉。大功告成！有了这些素材供孩子们欣赏、品味，他们不兴奋才怪呢！

向船主表达谢意后，我又"得寸进尺"："能否让我上到你的船上？能否借你的毡帽一戴？"船主憨憨一笑，一摆手，大方地应允了。

船主摇着橹，我头戴毡帽，手扶乌篷，我们一摇一摆地在恬静的河道上轻轻地、悄悄地"滑"着。最终，都"滑"进了摄像师的镜头里，成为永恒的特写。

我对这段视频特别满意。因为，我已经融进了小镇，融进了《小镇的早晨》。我想，当学生在预习完课文之后，如果想听听摇橹声，那么，我只需轻点课件，古老而悠扬的声音便会清晰地响起。更妙的是，当乌篷船渐行渐近，学生一定会惊喜地发现——船头那个西装革履、头戴毡帽的人，居然是大明老师。那是多么有意思的事情！

回到杭州，我便着手制作课件。针对课文第二段内容的视频剪辑和编排还算顺利。我想，有了这段视频材料，小镇的恬静一定会在学生的内心深处铭刻，久久也不会忘怀。

但在制作"摇橹声"时，问题来了——实地随机摄录的声音太小，太模糊，根本听不清"吱嘎，吱嘎"的节奏。怎么办？怎么办？我有些郁闷。

正所谓"眉头一皱，计上心来"。我想到了偷梁换柱、移花接木。那时，正值杭城大规模地改造旧城，一些老房子面临拆建。我提着录音机，一次次地跑向工地，不为别的，只为搜寻木头窗户——开合间能"吱嘎，吱嘎"作响的窗户。功夫不负有心人，效果奇佳。我不知道这算不算作假，应该不算吧！就像电影后期制作中的"拟音"，我想是一个道理。

这样的课堂，学生肯定是快乐的，我想，这份快乐恰恰源自教师的用心投入和可贵童心吧！

学生的成长就是我最大的收获。为了能让学生学得积极，学得快乐，学得有效，当老师的，该付出什么呢？付出钻研教材的潜心，付出教学设计的精心，更付出方法与策略选择的用心。执教《刷子李》，我不惜"牺牲"自己，把自己装扮成蹩脚的、浑身上下布满白点的粉刷匠，并拍成照片，放进课件中在课堂上展示，以此衬托刷子李"一面墙刷完，身上绝没有一个白点"的高超技艺；教学《金钱的魔力》，我用沙皮狗的嘴脸来诠释马克·吐温笔下见钱眼开、皮笑肉不笑的托德的嘴脸……为了学生，我愿意付出时间，付出精力，付出智慧，付出能够付出的一切。

"教"与"学"是永远"相长"的——这是教育的本质和内涵，教师成就学生的成长时，亦促成自身的发展，这是多么美妙的事情。这三十余载，我一直在追求的，就是这种和学生一起慢慢长大的快乐感觉。可以这样说，离开了天真烂漫的学生，就不会有我快乐充实的人生，因为我是教师。

名师档案

虞大明

国家"万人计划"教学名师，全国优秀教师，浙江省特级教师，正高级教师，杭州市 B 类人才，杭州师范大学特约研究生导师，现任杭州新世纪外国语学校校长。曾获全国首届青年教师阅读教学大赛一等奖，浙江省首届教学技能竞赛、首届教师才艺大赛金奖。三十年来，一直以开拓、创新、勤奋的态度实践着"用心成长，享受课堂"的理想与追求。拍摄《中国名师》专辑数套。应邀赴全国各地讲学千余次，获广泛好评。出版《走过 10 年——我的语文教学求索之路》《虞大明与快乐教育》《略读课的另一种可能》。

在数学育人的毕生坚守和持续创新中不断超越自我

浙江省台州市仙居县教育教学研究中心
吴增生

　　有很多人问我是怎样成长为全国知名的特级教师的，起初我一笑了之，被问多了，自己也在反思：我的专业成长足迹中对我影响最大的是什么？哪些方面可能是我的优势？尽管在职业生涯中，我经历了教师、校长、教研员等许多角色转换，但是我有以下不变的职业特质：拥有家国情怀，热爱学生，毕生坚守数学育人，在持续学习和创新中改进数学教育。

一、用毕生坚守教育报国

　　我出生在一个农民家庭，1982 年大学毕业便从事数学教育，那年我 20 岁，今年，我 59 岁了，从事数学教育已三十九年。我们这一代人，在青少年时期接受的是红色革命教育，尽管"文革"时期科学文化受到很大的冲击，但是，鸦片战争、五四运动、红军长征、抗日战争、解放战争和抗美援朝战争等教育内容很多，谭嗣同、康有为、孙中山等历史人物毕生救国的故事，中国共产党人的英勇故事，张思德、白求恩、杨根思、王成、邱少云、黄继光等英雄人物的故事在我们的心灵刻下了深深的烙印。至今，我还能背诵《谁是最可爱的人》。我读高中时期，刚好是拨乱反正、尊重科学的时期，对华罗庚、陈景润等宣传较多，因此，我上大学后就立志以科学报国，努力学习，希望能考上研究生，研究现代数学与物理，服务国家。

毕业时，不巧政策变化，需要两年工作实践才能报考研究生；两年后报考时，又因为本地教师不足，主管部门不准报考。于是，我转变努力方向，立志以教育报国，在数学教育中作出出色的成绩。

大学毕业后，我被分配到农村一所落后初中——仙居县田市镇后胡中学任教，学校只有 8 个教学班，20 位教师，其中正式公办教师 10 人，在那里，我工作了十二年。在这十二年里，凭着年轻精力充沛，我与学生打成一片，与学生一起学数学、打乒乓球、放风筝、到河里捉鱼等等。我坚持每天在教案后面写几句简单的教学反思，如哪些地方没教好，可以怎样改进，等等。为了更好地改进教学，我于 1984 年参加了浙江师大的函授，其中对我影响最大的是两本书：一本是苏联心理学家克鲁捷茨基的《中小学生数学能力心理学》，另一本是苏联数学教育家 A. A. 斯托利亚尔的《数学教育学》。我反复学习，用这些理论指导自己的教学实践，改进教学，教学水平不断提高，学生的数学成绩开始提升，中考成绩遥遥领先。1987 年，我获得县"教坛新秀"称号，并被评为台州地区（台州市）先进教师。

1993 年，我调任到山区乡——淡竹乡担任中心校校长，面对山区落后的教育现状，我通过教师培训、进修，提升教师的专业水平；我亲自担任初中数学课教学，带徒弟，与他们共同研究和改进数学教学，使学校破天荒地保持了三年中考升学（中专师范）零的突破，学校的整体质量明显提升。由于长期住在潮湿的宿舍和高强度的工作，我腰间盘严重突出，无法站立，三个月中，我只能手撑讲台上课，躺着开会、改作业、办公。

当教师要淡泊名利，用心坚守育人初心，要成为杰出的教师更是如此，教师的专业发展是在课堂实践和研究中打滚出来的。几十年来，我几乎没有节假日。我把节假日当作研究数学教育教学的难得可以保证的整体时间，持续努力学习和研究。

2010—2013 年，我参加了人民教育出版社的新教材修订工作，承担教师教学用书的主编工作，工作很辛苦，经常工作到深夜。2013 年，我患上了胃癌，在经历了一段心理挣扎后，我对生命的意义有了进一步的感悟：我来到世界是偶然的，离开世界是必然的，在这有限的生命里，最大的价值是为社会做事，而不是从社会索取。我要把每一天当作最后一天活，在全身心的工作中忘却病情。于是，手术后 15 天，我又投入工作，指导教学，研究教材及教师教学用书修订，还开始承担台州市及浙江省名师工作室的领衔人，为教师培养作出自己的努力。也够幸运，上天眷顾，我至今已经活过了八年，身体还不错。所以我常跟同事和徒弟们说，我至少赚了八年。

二、孜孜不倦地寻求最适合于学生的教学方式

每一名学生都是充满活力的生命，他们因家庭和环境的不同呈现各自的个性，这既给课堂教学带来挑战，但也造就了班级的多姿多彩。怎样为特殊学生量身定制进行个别辅导值得研究。记得 1989 年，我在田市镇后胡初中任教初中一年级，班里新来了一名小学只读到四年级的特殊学生，他是因为母亲从小学调入本校而直接从小学四年级跳级到初中一年级学习的，当时只有 11 岁。第一次考试，他的成绩是班级倒数第三，40 多分。他母亲很焦急，我也很焦急。怎么办？与他的母亲及本人反复交流，我了解到他在小学学习很好，而且自尊心很强，不喜欢与人沟通（可能是父亲入狱的家庭特殊原因），而且他的空间想象能力很强，小学已学的知识掌握得不错。我从中确定，他学习困难的原因是小学五、六年级的知识缺陷及心理发展的不成熟，需要与众不同的教学方式。于是，我先用 4 个星期

的晚上给他补习小学五、六年级的数学主要内容，并进行小学数学知识结构、思想方法、主要思维活动的复习和总结。在此基础上，在课堂上我特别重视引导他用图形直观的方法发表对知识的理解，并在有理数及其运算、整式和方程内容中，结合小学分数和小数运算进行个别指导，每天补习 20 分钟左右。到了初一年级下学期，他的数学成绩已经处于班级中等水平，能跟上班级整体教学进度。八年级开始，他逐步表现出其基于空间推理能力的优势，在学习过程中初步学会了用系统思维思考问题，而且思路与众不同。于是，我把他收到数学竞赛辅导小组，与组中的学生一样，给他发竞赛用书，让他做更有挑战性的题目，并与小组同学经常讨论，还多让他主讲解题的思考过程，这样，他的学习自信心不断增强。到了初中三年级，他已经成为班级的优秀学生，在 1991 年数学竞赛中，获得台州市（原台州地区）二等奖（小组成员中有 1 人获得台州市二等奖，3 人获得仙居县二等奖），这对于我们这个优秀学生先被县城中学、大区中学两层选走的农村落后初中学校来说，是难能可贵的。这名学生还表现出惊人的学习后劲，最后成为北京大学的博士。在寻求为他量身定制的教育方式中，我自己对数学教学的理解更加深刻了，认识到学习团体的建设与个性化教学的关系，初步获得了通过建立班级中不同的学习团体来激发学生的学习兴趣，形成学习氛围，保证学生的学习成功率等提高班级学习成绩的教学策略。

三、在包容与激励中坚守对学生的热爱

热爱学生，是教师职业的基本道德准则，爱好学生容易，但爱有问题的学生难。事实上，对问题学生的爱，更能反映出教师的育人品位。对问题学生的爱，体现在对其问题的宽容和对学生问题纠正的激励及持之以恒的信任与督促上。2010 年，我任仙居县初中数学教研员，兼任仙居县实验

中学教学副校长。一天，学校召开校务会议，专门研究处分问题学生张某。原来，张某在课堂中纠集同学殴打教师，德育副校长认为问题很严重，建议给予"转学"（实际上是退学）处理。会议中间，我给张某的原任班主任打电话了解情况，班主任说张某平时表现还可以，没有与人打架前科，成绩中等。当天发生这一事件的起因是：老师讲课时被班级学生取笑（不是张某），老师以为是张某，用木质三角板在张某的头上轻打多下，于是张某与老师打了起来。基于这种情况，我认为错不全在学生，于是我建议暂停讨论处分，由我先与学生谈话。谈话中，他也认识到自身的错误，而且表现出良好的智力。我建议学校不要让张某"转学"，而是给予记大过处分，再调换班级，由我和新班主任负责他的后续教育工作。我和他的新班主任每周找他谈话一次，肯定其进步，并指出进一步努力的方向。一个学期后，张某远远地就跟老师打招呼，对老师很尊敬，学习成绩也不断进步。最后，在中考中以全校第一名的成绩考取了县重点高中的实验班。如果当时让这名学生退学，他的人生轨迹可能完全改变。从中，我感悟到关爱每一个学生的新的含义，我用这一案例与老师交流，告诉老师：我们爱每一个学生，需要我们对问题学生以宽容、信心、耐心和恒心，我们不能因为学生一时的问题而抛弃他们，我们肩上承担着为每一个学生的人生奠基的重大责任。

四、在理论与实践相结合的研究中持续创新育人方式

2000 年，我开始担任初中数学教研员，我认为教研员的核心任务是研究课程教学，指导教学实践，帮助教师专业成长。从那时起，我系统地学习数学、心理学、脑科学等理论知识，追求融合数学和脑科学来设计最适合学生的数学教学，追求数学育人。基于数学教学实践，孜孜不倦地展开理论和实践研究，从不停止。

从 2013 年开始，我一直致力于数学与脑科学的融合研究，带领第一

届工作室成员，以人教版教材修订为契机，开展基于脑、适于脑、发展脑的数学教学策略研究，形成了《用数学发展智慧——基于脑、适于脑、发展脑的数学教学策略》的研究成果，广泛应用于教学实践，出版了专著，成果获得了浙江省政府的教学成果二等奖；2016 年开始，为了解决教学实践中复习教学的短板问题，带领第二届工作室成员开展了基于脑的复习教学策略研究，该研究成果正式出版，被广泛推广应用。在 2020 年新冠肺炎疫情期间，于 2 月 1 日联合中国教师研修网开展"停课不停学"活动，免费为全国师生提供系统的、高品质的初中毕业复习教学资源（教学设计用书电子稿、PPT、学生用书电子稿、教学微课等共 50 课时），从 2 月 1 日到 4 月中旬，全国在线使用量达 120 多万人次，湖北省有多个市、县全域使用，为抗疫作出了应有的贡献。有人问：免费投入这么多精力，值不值得？我觉得很值，因为国家兴亡，匹夫有责！能用自己的专业成果，为国家、为师生作出贡献，是真正的"普度众生"，是实现人生价值的最好机会！

现在，我正带领第三届工作室成员，进行基于脑的研究性单元整体教学研究，用教育神经科学、数学相融合的视野，以研究性单元整体教学为载体，基于科学原理研究和改进数学育人，得到了北京师范大学脑与认知国家重点实验室周新林教授团队和华东师范大学教育神经科学研究中心周加仙研究员团队的大力支持。

要更好地服务国家和社会，需要练就自身高超的专业能力，这需要持之以恒地研究。经过三十多年的研究积累，我出版了 5 部学术专著（1 部独著、1 部主编、3 部合著），在核心期刊和全国性期刊发表论文 100 多篇，其中《数学教育学报》（CSSCI）10 篇，《数学通报》4 篇，其余初等教育 / 中等教育类核心期刊 12 篇，有 30 篇论文被人大复印报刊资料全文转载。我也成长为浙江省特级教师、正高级教师、教育部国培专家、浙江师范大学教育硕士实践导师，台州市第七届拔尖人才，2020 年获得苏步青数学教育奖一等奖（排名第一）。

取得这些成绩靠的是对数学教育的持久兴趣，靠的是虚心好学，靠的是牺牲节假日的醉心投入，靠的是对教育的热爱和淡泊名利的家国情怀！这些研究的成果是我服务教育的专业工具，这些研究的过程是我专业成长的阶梯。

附专家点评

我与吴增生老师相识，完全是因为对数学教育的共同爱好。全国的数学老师千千万，当年聘请吴老师参加人教版初中教材的编写工作，除了他精湛的专业水平、高超的教学能力，更重要的是他热爱数学教育事业的那颗炽热的心、不为名利的奉献精神以及谦虚好学的为人品格，正好与我们"水平高，肯投入，好合作"的选人标准完全契合。事实证明，邀请吴老师进入人教版教材编者队伍是非常正确的选择。

因为有一起讨论教材、一起搞课题研究、一起做课堂教学观察等机缘，我有机会以超然于功利之纯粹心去观察吴老师，得出的结论是吴老师的成就源于他的爱，爱数学教育事业，爱数学教师职业，爱教研员岗位，由此而产生的爱学生，爱课堂，爱琢磨教学规律，爱钻研教育理论，再加上他的聪明才智、勤奋好学，使他一步步走向事业的辉煌。

我与吴老师的交往当属君子之交淡如水，他的故事时时感动着我。愿吴老师的数学教育教学研究之树常青。

（中国教育学会中学数学教学专业委员会理事长　人民教育出版社中数室原主任　人教 A 版高中数学教科书主编　章建跃博士）

名师档案

吴增生

　　浙江仙居人，大学本科毕业，浙江省特级教师，中小学正高级教师（三级）。从事数学教学及研究三十八年，致力于结合数学和脑科学研究的数学育人策略。主持的《基于脑、适于脑、发展脑的数学教学策略研究》获得浙江省政府教学成果二等奖，出版有《用数学发展智慧——基于脑、适于脑、发展脑的数学教学策略》等专著 5 部，总计 150 多万字。发表论文 100 多篇（10 篇 CISSCI），初等教育 / 中等教育类核心期刊 12 篇，其中 30 篇被人大复印报刊资料全文转载。第十三届苏步青数学教育奖一等奖获得者，教育部国培专家，浙江师范大学教育硕士实践导师、人教版初中 2012 版教材编者、教师教学用书主编、培训专家。2015、2017、2019 连续三届全国优秀课展示培训活动评委、学术委员，台州市第七届拔尖人才，台州市名师工作室领衔人。

因为喜欢　所以执着

山东省北镇中学实验初中部　邢成云

飞鸿雪泥，岁月无迹，笔耕舌耘三十一载不经意间挥手而去。我于1989年入职，实现了从一个学生到一名人民教师的转身。曾记得，1989年7月毕业后被分配至无棣县偏僻的马山子乡中学，说实在的，当时自己视域狭窄得有点不可思议，都不知道地球上有这个地方，更不知道位居何处，因为上高中时，这所学校没有一个与自己同级的同学，对这个地方陌生得自己都难以置信。报到的那天，骑着自行车按照父母给指的路，磕磕绊绊地前行，一路上不知问了多少人，终于找到了马山子乡中学。这一年，适值所在的无棣县教育局搞"三制"改革，具体是什么，我也弄不清楚，基本上就是给了校长聘任权，当时的记忆中有少数老教师落聘，闹得鸡飞狗跳。由于我刚刚走出校门，对人情世故所知甚少，有没有卷入"旋涡"也不自知，可以说稀里糊涂地就跟着投票、举手表决等等。接下来就成了一名初一两个班的数学老师。

时间的长轴轮展至2009年，在这二十年中，我有幸入选了山东省"齐鲁名师"工程，这既是对我二十年勤勤恳恳，兢兢业业，孜孜以求，执着于课堂教学的肯定，又是一份沉甸甸的责任和使命。在这一专业高速发展的平台上，我对教育教学有了更多的思考，开始尝试对既往的二十年及以后的二十年分别做了系统的梳理与规划，形成了八个五年专业发展规划。

第一个五年，按照钱梦龙先生对"教师四境界说"的划分，就是"不言春作苦，常恐负所怀"的第一层阶，是像竹子一样向下扎根的五年。除了正常的上课教学之外，我沉迷于自娱自乐的解题中，起初的想法就是把能见到的题都解出来，为什么敢这样想？因当时地处偏僻的马山子镇中学（1994年11月，撤销马山子乡，设立马山子镇，校名随之变更），教学资源匮乏到题目都很少，除了一本教材、一本基础训练题，再也见不到其他的书籍，到了学期终发一本《寒假作业》或《暑假作业》感觉都新鲜，看到里面有趣味的题目或有挑战性的问题我如获至宝，品起题来有甘之如饴的感觉。记不起是哪一天了，学校来了一个卖旧书的，我看到了其中有两本我喜欢的数学书，一本是我国著名数学家华罗庚教授的《数论导引》；一本是梁绍鸿编、赵慈庚校的《初等数学复习及研究（平面几何）》，我毫不犹豫就买了下来，至此，这两本书就成了我打发闲暇的"闲书"，一点一点地啃读，纵然它们对我而言有点难，但咂摸起来有浓浓的味道。总之，可以用爱不释手来形容我对那两本书的感情。误打误闯也取得了一点成绩：1990年春天获得全县春季竞赛初一数学第三名；1991年指导学生在山东省教育委员会主办的《中学生报》发表了一篇小论文；1992年指导学生获得全国初中数学竞赛一等奖。

第二个五年，我自己感觉虽然有了经验的积累，但对经验的反思、提炼不够，仍徘徊于钱老界定的第一境界。不过已经由自己笃定地解题，开始转向研究解题，有了初步的研究意识，这缘于见到大学同学在《中学生数学报》上发表文章，心动了，心动催促行动，前几年不断在解题，有了厚实的解题积累，对竞赛题研究颇多，由此萌生了写出来交流的念头。1997年2月，我的第一篇小文《与初一小同学谈逆向思维》发表在《中学生数学报》上。同年《非负数的性质》发表在《中学生数学》上，这是中国数学会唯一面向中学生的期刊，当时期刊聚拢了不少的名师、专家，这给了我莫大的鼓舞，感觉能与罗增儒等教授同刊载文很是荣幸。从此也揭开了我从在报纸发文走向在期刊发文的序幕。前期的积累让我的解题研究文章一发而不可收，三年下来，50 多篇指导学生的小论文面世。又由于我教学成绩优秀，遥居同学科同年级第一，功夫不负有心人，有些许荣誉开始眷顾。1995 年、1997 年连续两届分别获得"无棣县优秀教师""无棣县师德标兵"称号，1997 年又由于辅导学生竞赛成绩突出，获得"山东省奥林匹克优秀辅导员"称号，并在 1999 年跨越市级成为"山东省优秀教师"。这在一个偏远的乡镇中学可以说到了一定的高度，引起了地方较大的反响。

　　第三个五年，是个混合状态下的五年，1999 年至 2001 年 9 月，我仍在马山子镇中学任教，这两年也是我发展的一个小高峰。2000 年我被评为无棣县第一批名师，2001 年 8 月被授予"山东省师德标兵"荣誉称号，2001 年 9 月由于科研成果丰硕，获评滨州市第五届青年科技奖。2001 年 10 月朋友引荐，我加盟了山东省北镇中学，成为实验初中部的一员。到了一个陌生的环境，又由于实验初中部是面向全市招聘优秀老师，可谓教学高手云集，管理大腕林立，我告诉自己沉下心来，把以前的成绩归零，重新定位，重新打拼，再起航，再扎根……在这个时段内，作为一名教育行者，我感觉只有自己会解题还远远不够，除了让学生惊慕自己的高水平而谋求一点虚荣心之外，还有什么？如此的叩问不断敦促自己，想法让学生会解题，这才是真本领、真本事。从自己善于解题到引导学生学会解题，成为我从教的历史转折点，这一转，带来了更多棘手的问题。自己独立解题，那是个人行为，自己说了算，但让学生学会解题就不是单边活动了，需要和学生的合拍共振，这样，一个严峻的问题摆在了面前：如何摸清学生的认知起点而施之以教？如何循着学生的思考去调整自己的教学思路？用今天的话来说，就是如何"以学定教"？在那个年代，我是一介懵懂的解题莽夫，进一步说，是没有深刻的认识，更没有系统的、有效的应对策略，只是不辞辛苦地埋头去做，效果如何，自己也没有底数，唯有执着地研究学生、研究课堂、研究教学。所幸的是在这一沉淀期，我实现了由解题研究向解题教学研究的转身，有了授之以鱼到授之以渔的转向行动，发表了关于解题研究的文章10篇，解题教学研究论文3篇，但在教育的其他方面基本无进展，出现了专业发展标志性成果的歇停期。但不管怎样，要把教会学生解题落实，教师的专业功夫是不可或缺的。要使自己的解题教学做到"浅出"，必须先进行个体解题的"深入"，要让学生学会解题而不陷入题海，教师必须先跳下题海，搏击遨游，鏖战"顽敌"，从而在题海泛舟，遴选最有价值的题目并施之以教，解题教学才会有实效。用教师的"真会"去引导学生学会独立思考、有序地思考、有逻辑地思考。学生会思考了，思路就有了！

第四个五年，通过前期关于课堂教学不断实践的探索与积累，关于整节课的课堂教学案例或设计不时发表在《中学数学教学参考》等学术期刊上，成为我教学生涯中的一个发展期。尤其是获得了一个"滨州市教学能手"的评选机会，我加大了对整堂课教学的研究力度，利用学校的图书馆和自己订阅的有关初中数学的专业期刊，博览广收，积累了丰富的教学资料，厚实了自己的教学资源库，并为我所用，不断充实着自己的课堂，使自己课堂的底蕴变厚，驾驭课堂的能力增强。就这样，一路过关斩将，我在2007年成为"山东省教学能手"，这也给了我进一步发展的信心和勇气。

不断地探索，不懈地追求，再上层楼，2009年，我被评为滨州市有突出贡献的中青年专家，同年入选山东省第二期"齐鲁名师"工程，成为五年锻造期的培养人选，获得了再次抽青拔节、向上生长的机会。

第五个五年，是个不平凡的五年。"齐鲁名师"培养工程搭建了一个全省优秀教师集体发展的大舞台，我们经历着前所未有的培训与磨炼，提高认识、增长才干、广开眼界，教育教学观得以淘洗，对教研也有了较为清晰的认识。五年内我积极承担了 3 项省级课题，都如期结题，并获得山东省优秀教科研成果一等奖，这给了我莫大的鼓舞。2010 年，首期"国培计划"骨干教师培训（赴北京师范大学）揭开了我高端培训的序幕，让我有了与诸多全国专家、学者面对面学习的机会。期待与激动并存，外铄与内求共力，我的专业发展在良性的轨道上延伸……

的确，内生自求的发展外加工程培养的任务驱动，我不断提升着自己的专业水准，教学业绩突出，教学成果丰硕。2014 年，以教学研究课题为依托、以丰富的教学案例为主体，我获得山东省省级教学成果二等奖，开始有了提炼自己教学主张的想法。关于课堂教学，我从一开始精细研究一节一节独立的课，转向了把一节一节的课关联起来思考，形成教学组块——单元化，开始走向了整体化教学，初步建构起自己的教学主张——"快慢相宜的整体化教学"，并把这一成果发表在《江西教育》的《名师导航》栏目上，这也助推了我对这一教学主张的深入研究。

第六个五年，可以说是"齐鲁名师"称号获得的后研究时代，我并没有停歇脚步的念头，而是一如既往地坚守在教学第一线，笃定信念，奋发前行。习主席"四有好老师"的定位敦促着我，我对自己提出了更高的要求，努力实现自己再次的向上生长，使自己优秀的同时还要使他人优秀，达己达人，美人之美，美美与共，带动更多的人垂直攀爬，不断超越自我，共同造福于社会，为伟大的教育复兴中国梦而尽心竭力。一分辛苦，一分收获。2017 年，我被评为山东省特级教师。2018 年，获得山东省省级教学成果一等奖，并被评为正高级教师，同年入选教育部"国培计划"——中小学名师名校长领航工程，有了全国层级的名师工作室——教育部邢成云名师工作室，把个人的发展与团队的成长紧密结合，力图领出一方初中学科的教育教学生态。回顾这一段历程，我发现自己内心更加笃定，追求愈加执着，这得益于入选教育部"国培计划"——中小学名师名校长领航工程后"强师德、铸师能"的文化锻造。我更加坦然，更加淡定，更加自觉，不疾不徐，更加稳健地行走在教育教学的朝圣之路上。

第七个五年，刚刚起航，也是我从教的第三十一个年头。回眸过去，一路波澜、一路坎坷、一路风尘，虽谈不上有多大的成就，但也见证了自己成长的足迹，见证了自己的一路执着、一路高歌、一路奋进。一切过往皆为序章，展望未来，还需要自己的突破与超越，充分发挥全国名师领航的作用，带动更多的教育同仁，砥砺前行，为实现中国伟大的教育强国梦，倾尽绵薄之力。

第七个五年，先前的规划是著书立说，走向全国，带动更多可带动的人投身教学与研究。2020 年，我出版了两部个人著作，一部是对自己入职前二十年发表作品的梳理《从解题之术走向教学之道》（由中国石油大学出版社出版），一部是带领滨州市第一届初中数学名师工作室全体成员完成的《章起始课的思考与实践探索——以初中数学人教版教材为例》（由吉林大学出版社出版），算是初步完成了著书的规划。2019 年，我的教学主张的进一步发展与完善，在"山东教师队伍"公众号发布并获得滨州市教学模式一等奖，也算是完成了立说之任。2020 年，我被评为山东省有突出贡献的中青年专家，这虽说是意外的收获，但也算是对自己厚积薄发的一种回馈吧。这个五年，可以说我再次在教科研的茫茫大海上扬帆起航……朝向愿景，力学笃行，精进不休。

期待第八个五年的精彩……

时间的序轴无声无息地转动，求真务实，扎实工作，我潜心做教学上"明白人"的想法没有被撼动，对教育教学的初心愈加坚定。"一生只做一件事"的数学大师陈省身先生做了一辈子数学题，他在数学中找到了无与伦比的乐趣而放弃了其他冗杂的事物。这让我们清楚地看到了一位大师对数学的挚爱，数学好像是陈先生的伙伴，所以才有了他说的"数学好玩"

的箴言。数学的好玩源于对数学的痴迷之爱，没有这样的爱，这句话就难以产生现实的震撼力！

"白日不到处，青春恰自来。苔花如米小，也学牡丹开。"袁枚的小诗给了我很大的启迪，我作为一介平民老师，恰有如此心态。对数学的挚爱、对数学教学执着的爱，让我一爱就是三十一年。

三十一年来，我研究学生、研究教材、研究教学，积极进取，勇于创新，踏实为教，扎实为学，不断突破自我。用自己的行动，诠释着"用数学修身，用数学育人，用数学立命"的追求。"站在什么地方不重要，重要的是朝向何方"。方向对了，纵使步履蹒跚，只要行动，就在前进，只要积累，就会喷薄。

名师档案

邢成云

　　1968 年 12 月生，山东无棣人，中共党员，大学学历，正高级教师。教育部"国培计划"——中小学名师名校长领航工程名师工作室领衔人，首都师大数学教育硕士兼职导师，山东省第四届"齐鲁名师"工程人选指导专家，山东省教科院兼职教研员。曾获国家"万人计划"教学名师、山东省有突出贡献的中青年专家、山东省特级教师、齐鲁名师、山东省优秀教师、山东省师德标兵、山东省教学能手、渤海英才·杰出贡献专家等荣誉称号。至今有近 200 篇教研论文发表，其中 19 篇被人大复印报刊资料全文转载，2 项教学成果获山东省省级教学成果一、二等奖。

我的成长故事

上海市世界外国语中学　朱萍

　　回想 1992 年踏上讲台，心中只有一个朴素的梦想：上好每一节课，做个好老师。二十几年的从教经历，更让我坚定了信念：作为一名教师，认真对待教学，用心培养学生是我最基本的责任。作为一名普教系统的初中英语教师，我的主阵地就是我的英语课堂，我应该为之倾注心血和热忱。

　　于是，我一直在思考如何更好地将教学当作一门艺术，不断吸引和激励学生，不仅让学生学到知识，而且让学生学得快乐，通过英语学习让学生学会交流，学会思考，帮助学生实现走向世界的梦想。与此同时，我也得到了成长。

一、潜心研究，精心创设精彩课堂

　　我认为课堂上的一切教学言行，甚至每一个细小环节的处理，都是在为学生获得尽可能大的发展而服务。为培养出爱学、会学、善于运用英语的学生，多年来，我一直研究如何以高效课堂为基础，追求精彩课堂。

二十多年来，再忙再累，我从不懈怠，精心备好每一节课，通过实践体验、互动交流、人文渗透，想尽办法激发学生学英语的兴趣。

二十年前为英国校长代表团的公开教学，使我至今难忘。英国校长看到学生的精彩表现，大为振奋。我灵机一动，邀请他们上讲台和学生表演小品，还请学生用英语采访英国校长。整个教室沉浸在欢乐的气氛中，没有人觉得这是在上课。这堂课引发我思考：外国友人来访的机会不可能天天有，我们教师要创设情境，让学生的互动真实、实用、有趣。

另外，我也非常重视让学生养成用英语思考与交流的习惯，为了培养这样的习惯，我成了最好的媒介。课堂上，我尽量和学生多交流，我们既谈论天下大事，也探讨如何交友、上网、旅游等学生普遍感兴趣的问题，在说说笑笑中掌握学习英语的重点难点。当我读到一篇介绍英语教育专家许国璋教授学习经历的文章，就迫不及待地和学生分享，我们共同被许教授惊人的学习毅力所感染；教"渔夫用鱼鹰捕鱼"一课时，我和学生一起讨论中国传统文化受外来文化冲击的利与弊；美国姐妹校来访，我组织中美学生讨论"英雄的定义，我眼中的英雄"……记得风和日丽的下午，我还会"犒劳"学生，带他们在草地上上课，虽然周边会有喧闹声，但我和学生只沉浸在我们的英语世界里，他们的神情是那么专注而投入，我知道，我将学生领进了门，他们正成为自觉而执着的英语学习者，此刻，他们正享受着学英语的快乐。

享受快乐的还有我，每次走进课堂，屡屡春意拂面而来，犹如和老朋友重逢般的开心，即便我身体不舒服，或心情烦躁，但只要一踏进那让我倾心的课堂，我就像被魔法棒点过似的精神百倍，我享受着学生和课堂给我带来的快乐。

为了培养学生的英语综合能力，我还带领我校英语组精心设计各种英语课外活动，为学生搭建一系列舞台——英语游园会、英语才艺展示、英语配音比赛、"才富"大考场、辩论赛、原创小品比赛、英语读书会等，无数个生动活泼的活动激发了学生的学习热情，大大扩展了学生的英语学习时空……

二、直面压力，迎接挑战提升能力

作为一名世外中学的教师，压力始终存在。作为英语教学特色学校特色学科的组长，我一直承受着个人发展、团队建设和学校国际化创建的巨大压力。但是，回首各种挑战，我深知压力更是促使我不断进步的原动力，唯有积极承受压力，才能直面挑战，促使自己更快成长。

（一）个人发展，不懈学习

与现在的诸多大学毕业生相比，我的起始学历水平不高，只是大专，但为了适应学校外语教学发展的需求，我不满足原有的知识水平。学历进修、上培训班，我从未停止过学习的脚步，学校也给了我许多学习提升的机会。从校内到校外、从国内到国外，我不断加强自己的语言综合素养。功夫不负有心人，2005 年，从未读过雅思班的我雅思考了 8 分，其中听力和阅读均拿了满分 9 分。我坚信：只有博学多识的老师才能为学生打开通往世界的大门。

（二）应对任务，享受过程

伴随着日常繁忙的教学工作，总是会有不少让人紧张的机遇突然降临。面对艰巨的任务，我的选择是积极应对。记得 2003 年 11 月，第九届联合国教科文组织国际教育研讨会在上海市徐汇区召开，罗佩明校长推荐我向百名中外教育专家开设展示课。在会场台上，我带着我的学生成功展示了具有世外中学特色的英语教学，得到了专家们的肯定和赞扬。

2002 年 5 月，我接到紧急任务：马上组织 4 名我校初二年级的学生组成辩论队，挑战市英语教师辩论队，并说是当场抽签，决定正反方。时间紧，任务重，但是面对挑战，我和学生都很兴奋。于是，我与学生并肩战斗着：或准备论点论据，或修改陈词和总结。夜幕降临，小教室里我和学生还在挑灯夜战。经过一周紧张的集训，最终在市中小学生英语能力展示会上，我们 4 位 14 岁学生辩手完胜上海市英语教师辩论队。学生的脸上写满了自豪，而我也更理解和体会了赵宪初老先生所说的"终日忙忙，不甘碌碌；常年辛辛，不觉苦苦"。

（三）接受挑战，磨砺成长

由于自身的准备和积极的心态，我成功迎接教学生涯中的三次重要挑战，不断地丰富和提升自己。

第一次挑战就开创了上海市同课异构先例。2007 年 3 月，我代表何亚男老师名师基地的学员和英孚教育机构的专职教师 Diederik 老师展开了激烈的 PK。规则是：我们分别借市三女中初一的班级，用相同的教学内容进行中外教师课堂教学同课异构比较研究公开教学。刚接到任务时，我心里忐忑不安。因为我习惯上小班课，习惯于世外学生，习惯于世外的校本教材，现在种种习惯都将改变……而且，和我 PK 的外籍教师，英语是他的母语，他又是英孚教育机构的资深教师……让我欣慰的是，在何老师和团队成员的帮助下，这次开课成了一次美妙的交流学习经历。我和初次见面的市三女中学生配合默契，有个女生还在最后小组展示时情不自禁给了我一个拥抱，教学很成功。观摩外籍教师的课也给我带来莫大的启迪，中外教学的异同触发我更多的思考和更强烈的学习研究兴趣。

第二次任务更艰巨。2007 年 11 月，我代表上海参加了第七届全国教学观摩研讨会的优质课评比。10 月接到任务，初选顺利通过，11 月赴南京参加决赛。席时亨副校长为我精心安排了模拟教学。模拟教学期间，我两次执教外校学生都不顺手。但是，我并没有气馁，关键时刻，再次发挥我的抗压能力。在何亚男、朱浦、汤青、沃振华等导师的指导下，我充分发挥自己善于和学生互动交流的特长，精心完成了教学设计，做好了南京之行的准备。

比赛在南京体育馆举行。全场座无虚席，我站在两千多位观摩教师和诸位全国英语教育专家面前，面对的是只在赛前有十分钟互动的南京学生，紧张感如潮水般涌来。但回首看到观众席上庞大的上海后援团方阵，两百多位专家和老师的鼓励手势，我鼓足勇气和信心，抛开杂念，带着南京的学生走进英语学习的世界，整个教学一气呵成。那一刻，在赛场上，我轻松愉悦，不再身负重压，因为我感受到教学生"悦读"带来的乐趣。我毫无争议地获得全国一等奖和最佳教学设计奖。

2009年，我"多元互动"的教学风格和理念得到了专家和评委的认可，获得了特级教师和全国模范教师的荣誉。

第三次挑战是在2014年11月。为打造具有全国影响力的海派教师群体，上海市教委联合市教师学研究会和市中小幼教师奖励基金会举办"讲台上的名师——上海基础教育教学展示和教学论坛"，我被选为第一位展示的特级教师。

本次活动对我来说又是一次全方位的考验，不仅需要教学上过得硬，更需要在教学思想上有一定高度。在朱浦、顾立宁、何亚男、施志红、汤青、赵尚华等市教育教学专家和学校团队的帮助下，我对我"多元互动"的教学风格进一步提炼和提升，结合上海新课标和学校目标，形成"多元互动、语用体验、思维发展、学习自治"的教学理念并展开阐述。在展示课的准备中，我将此项任务打造成全教研组"活力课堂"的校本培训活动，邀请所有组员挑刺。怀着学习交流之心的我又一次站在了济济一堂的体育馆里，在讲台上享受和学生交流、和同行分享的乐趣。

我在"讲台上的名师——上海基础教育教学展示和教学论坛"上的展示课在2014年11月26日获得圆满成功，我还有幸结识了共同展示的杭外特级教师胡跃波老师。

三、角色转变，化作春泥更护花

我的成长离不开团队的扶持、导师的指导，而最好的回馈就是将自己的经验所得与更多的青年教师分享，帮助他们更好地成长。

2006 年，我带领世外中学英语组获上海市三八红旗集体荣誉。2007年，获得上海市学习型团队和全国外语教研工作示范教研组。2009 年，主持徐汇区初中英语学科基地，我和整个团队帮助学员章奕老师获得第九届全国教学观摩研讨会教学评比一等奖。还是庞大的体育馆，还是上千的观众，虽然这次我在台后，但还是怀着同样紧张的心情，看到章老师上课成功后还是同样的兴奋和激动。2010 年，在何老师等专家的鼓励和支持下，我带着徐汇区英语学科基地和名师工作室两个团队一起将针对初中英语阅读教学的思考和实践成果付诸笔下，共同撰写了《初中英语阅读教学设计》，于 2013 年 5 月出版。

2015 年起，我又带着"国培项目"示范性教师高端研修项目工作坊、市初中英语写作研修团队和区名师工作室的伙伴投入到初中过程性写作教学的研究中，经过两年多的努力，编写了《初中生英语写作指南》，于2017 年 1 月出版。

2016 年，我入选国家"万人计划"教学名师；2017 年，我入选上海市高峰计划；2020 年 11 月，举办了高峰论坛，和广大初中外语教师分享我的教育教学主张。

不过，最令我自豪的还是我的学生。他们对英语学习充满兴趣，许多学生拿了全市甚至全国的英语比赛大奖。从世外毕业后，有的在高中钻研翻译出版了书，有的在模拟联合国活动中获最佳代表，有的回母校成为优秀的教师，还有不少走出国门求学发展，演绎精彩人生，而英语能力让他们如虎添翼……对英语教师来说，最大的幸福和自豪，莫过于看到自己的学生能娴熟而自如地与外国友人交流，与世界对话。

在教学的同时，我也不忘给自己充电。普教教师特别是教了十年以上的教师，很容易产生职业倦怠，而英语教师的语言素养更容易不进则退。如果一直埋头在试卷中，很容易变成知识匮乏、思想陈旧和语言乏味的人。我们带着不学习不思考的头脑走进课堂，如何能真正地感染学生、更好地培养学生？我爱阅读，不仅读教学理论书籍，更爱读原版小说，经典的、流行的都爱读。每个寒暑假，我都沉浸于在书香之中，既阅读畅销的《灿烂千阳》《饥饿游戏》和《龙纹身的女孩》，也重温经典的《傲慢与偏见》《雾都孤儿》《呼啸山庄》和《了不起的盖茨比》等。我的爱好也影响着我的学生，我现在教的学生大多养成了读青少年原版读物的习惯，和我讨论情节和人物时也会两眼发光，让我深感欣慰。

想起于漪老师的一句话："一辈子做教师，一辈子学做教师。"品味着从教幸福的我想再补充一句：一辈子乐做教师。

名师档案

朱 萍

上海市世界外国语中学英语特级教师，正高级教师。国家"万人计划"教学名师。上海市中小学外语教学专业委员会常务理事，上海市女教授联谊会理事。上海市名师基地初中英语组指导专家，上海市初中《英语》（牛津上海版）教材修改评价阶段专家，华东师范大学教育硕士生导师，上海市英语教育教学研究基地专家，上海师资培训中心专家，《上海英语教研》编委。多次参与上海市中考命题和审题工作。曾获全国中学英语教学观摩研讨会一等奖和市中青年教师教学评比一等奖。曾获全国模范教师、全国教育系统巾帼建功标兵、全国中小学外语名师和上海市园丁奖。华东师大开放教育学院网络课程建设专家，录制的课程有"指向英语学科核心素养培养的多元互动课堂""初中英语过程写作教学"。

教育的守望者，教研的践行者

广东省湛江一中培才学校　叶译

出身于教师之家的我，目睹父亲为教育事业奉献一生。现在回过头来看，我选择走上三尺讲台，或许其中更有一种命运安排的意味。有幸成为广东省中小学教师队伍中同时享受国务院政府特殊津贴和入选国家"万人计划"教学名师的第一人，这是对我坚守教育的一种认可。

一、不忘初心，逐梦教育

多年以后，我依然记得当年在东简中学简陋的教室里学习的场景。

由于父亲是学校的校长，我从小就跟随父母住在校园里，我接受的家庭教育就是：与人为善，脚踏实地，努力进取。作为在学校长大的"教工子弟"，我人生中有一段漫长的岁月是在东简中学的校园里度过的。对于我来说，东简中学不仅是陪伴我走过纯真童年时代的"慈祥长辈"，更是我少年时代读书时光的见证者。

在书香环境的熏陶下，我对学习尤其是数学有着浓厚的兴趣。那时候条件恶劣，学习资源稀缺，连普通的习题集都没有。教材内容已经被我利用假期时间提前自学过了，去哪里找题做呢？我想到了报纸。当时的报纸中缝都会印上课外书籍的广告，我精心挑选好与数学有关的书单，然后汇款购买。除此之外，我还经常跑到学校图书馆找与数学相关的书籍来研究。

我常常为了解一道难题而废寝忘食、通宵达旦，不解答出来决不罢休。

我们家住的教职工宿舍窗外有个乒乓球场，每到放学时间都会引来一群同学，他们常常在这里进行球桌上的较量。战况激烈时，在屋里都能听到球拍击球时的清脆声和此起彼伏的喝彩声。我也是一个乒乓球迷，没事的时候也喜欢和小伙伴酣战一场。那天我正为一道数学题挠头抓耳，母亲看到了，有些不忍心，让我出去和小伙伴们玩一玩。可是，这道题没解出来，我也没心思玩耍。为了杜绝诱惑，我把窗帘拉上，继续埋首于题海中，直到我最终找到了办法。那时，已是夕阳西沉，暮色四合。

还有一件事我记忆深刻。初一时，一次数学测验后和同学们讨论答案，全班只有我的解题思路连同答案和其他人不一样，当时很多同学都认为我的答案是错的，甚至老师也这样认为。当天晚上十点多，一位不速之客敲开我家的门，原来是数学老师特地让自己的小孩来让我去他家。到了老师家，老师告诉我，我的答案是正确的，还表扬和鼓励了我。老师的真诚深深打动了我，并让我充满了成就感。从此，我更爱数学这门学科了。

这段年少时的校园生活是我记忆中的美好时光。也许，我逐梦教育的种子已经在某个时刻悄然萌发。

二、挑战自我，笃定前行

与英语教育结缘，看似无心插柳，其实是面对职业方向时挑战自我的一次选择。

20 世纪 80 年代，因为学习英语的难度很大，许多人视英语如畏途，我所在的区从未有人能被广东外国语师范学校录取。1985 年，适逢广东省中考尝试报考改革：中专师范与高中两试分开，间隔一个月。这样的报考方式对于初三学生来说相当于多了一次中考前的练兵。究竟该作何选择？一向乐于挑战难度的我选择了"啃硬骨头"。因为具备良好学习习惯的我坚信：只要主动并刻苦学习，没有什么能难倒自己。

　　于是，初生牛犊不怕虎的我"偏向虎山行"，填报了唯一的志愿——广东外国语师范学校（简称省外师）。最终我在笔试与面试中过关斩将，以总成绩第一名被录取。

　　顶着全区有史以来第一个考取省外师的"光环"，14 岁的我第一次离开父母，只身来到省城广州。身处陌生的环境，我学会了自主管理，喜欢与老师、同学交朋友，积极交流探讨，喜欢观察与质疑，善于反思与总结，并逐渐养成了与别人积极互动交流获取信息的好习惯。在省外师读书期间，我的读书与生活都富于激情。从中专到大专的这五年，性格开朗、爱好广泛的我除了认真学习英语专业知识外，还主动参加了大量课外兴趣活动，练就了过硬的书法、摄影、象棋、唱歌、跳舞、足球、乒乓球、羽毛球和演讲等技能。这些技能的获得使我充满灵气，富有创新精神，也为我日后成为一名受学生欢迎的老师打下了坚实的基础。

　　在省外师求学的日子，我从一个乡下小子历练成了英语专业的尖子生。不断的成功体验，触发了我对英语教育的浓厚兴趣，也坚定了自己职业理想的选择。

　　1990 年，19 岁的我从广东外国语师范学校毕业。为了更好地照顾父母，我毅然放弃留在广州工作的机会，回到家乡湛江，被分配到了省重点中学——湛江第一中学。

　　这所被誉为"南路学府"的名校，名师汇集，教研气氛浓厚。一位前辈曾对我说："一所学校中，不是每一个优秀的人都可以成为领导，但他可以追求成为一位名师。你有过硬的专业技能及很好的潜质，所以你要努力成为名师啊！"前辈的一席话，让我有了奋进的动力，为了达成"名师"

这个目标，我默默地努力。

刚站上讲台的我，充满了对英语教育的激情和憧憬。因此，我勇于承担大大小小的公开课。也许，在很多老师看来，上公开课是一份苦差事。因为教师日常的备课、上课任务已很繁重，公开课需要付出的精力和心血更多，压力也更大。但作为一名新教师，我深知这是积累教学经验、迅速提升自己的机会，所以我努力抓住每一个上公开课的契机。为了做好这件事，我花费了大量的心血，除了上课和睡觉时间，我无时无刻不在琢磨备课的事，就连吃饭、洗澡时，脑子也没有停止思考。

我在压力中积累经验，在压力中经受磨炼。渐渐地，我的课堂有声有色，灵动飞扬。

为者常成，行者常至。1992 年，我在湛江市青年教师课堂教学比赛中脱颖而出，荣获全市第一名。我所带的第一届毕业班中考英语平均分分别为 92.3 分和 91.6 分（满分为 100 分），位列全市第一、第二名！这使我向成为名师的理想征途迈出了第一步。我成为学校的英语学科带头人、英语科组长。1998 年，我被评为"湛江市教坛新秀"。2001 年，31 岁的我顺利通过中学高级教师的评审，成为当时全市最年轻的高级教师！

成功的花儿，人们只惊羡它现时的明艳，当初它的芽儿浸透了奋斗的泪水，洒遍了牺牲的血雨。只有我自己知道，一帆风顺的背后，是无数个夜晚灯下的埋首苦读，是三尺讲台上挥洒下的数不清的汗珠，是查阅很多资料后的字字推敲和句句斟酌。这么多年，我已经习惯了早上 6 点多出门，晚上 10 点多才回家的生活。黎明之前，灯火逐渐阑珊；入夜之后，满街霓虹璀璨。在这灯火与灯火之间，我笃行求知，不断成长。

三、积极探索，守正出新

如果一个人自己还没有发展培养和教育好，他就不能发展培养和教育别人。

一个成功的教育工作者，不仅仅是向学生传道、授业、解惑，更重要的是培养学生的必备品格和关键能力，让他们学会独立思考，成为有思想的人，这才是教育的意义和价值所在。我认为教师既要关注学生当下，更要着眼学生未来，要做学生人生的导师。

在我的教育生涯中，"个性化教育"是一个重要的关键词。我认为，每个学生都是独立的生命个体，都有自己的个性，都有自己的特长和独属于自己的闪光点，教师不应以成绩作为评价学生的唯一标准，要尊重学生的个性发展，引导他们朝着更好的方向努力，从而自信地生活。

学生在英语课堂上往往不敢主动开口讲英语，担心讲错了会被老师批评。为了打消学生的顾虑，我向学生传递了这样一个信息：英语是一种交际的工具，交际首先是从口语开始的，英语学得再好，不会说，都是"哑巴"！所以，新学期第一节课我都是从要求学生用英语自我介绍开始，让学生在没有任何压力的环境中展示自己，张扬个性，如我经常用"Well done!""Great!""Excellent!"等激励性的语言来肯定他们，我从不会因为学生发音不标准或句子有语法错误等去打断他们，而是不断地鼓舞他们，令学生消除畏惧，树立学习英语的信心。其实这个时候，学生讲得对或错并不是最重要的，重要的是给他们营造一个愿意开口的宽松氛围。因为教学的艺术不在于传授本领，而在善于激励、唤醒和鼓舞。

国内英语教学界长期存在"重知识点和语法，轻阅读"的情况，如何克服这一痼疾，改革英语教学，是我在多年的英语教学中一直研究的重要课题。职业理想的成功体验带给了我很大的触动，我渴望把自己的教学思想应用到实践中。我开展"持续默读"教学活动，即让学生利用课前10分钟自主阅读英语原版故事，以此培养学生的阅读兴趣和习惯。我还每周开展"阅读圈"活动，要求学生边阅读，边思考，边提问，比较中西文化异同并联系生活实际；学生每人担任一个角色，带着任务阅读并与组内同学讨论、分享。这一举措不仅让学生的主体作用得以发挥，也提高了学生的阅读能力、独立思考能力及合作学习能力，培养了学生的思维与创造力。我经常感叹学生在课堂上带给大家的惊喜。

实践证明，这一教学途径能将学生从英语学习的死记硬背、枯燥乏味的困境中解放出来，使学生爱上英语阅读并促进思维的发展。同时，还大幅度提高了英语教学质量。因此，我所任教班级的英语成绩始终保持在年级前列。

日日看来皆是心血，十年辛苦非同寻常。

四、孜孜不倦，厚积薄发

随着教学实践的丰富，我深深感觉到学无止境以及及时充电深造的必要性。

2009 年，我在沉重的教学任务和繁重的管理工作压力下，毅然报考了英国利兹大学英语教学硕士。读研期间，为了顺利完成繁重的学业，我经常挑灯夜读，终于功夫不负有心人，我以优异的成绩毕业。

2012 年，我被省教育厅遴选为广东省中小学新一轮"百千万人才培养工程"第一批名教师培养对象。在为期三年的培养中，我积极参加每一次研修，认真聆听专家及教授们的讲座，并先后到国内外教育发达地区观摩考察，我的教育视野、教育理念及教育能力得到质的飞跃。最让我印象深刻的是 2014 年到世界著名的美国哥伦比亚大学教育学院访学。这所世界顶尖的教育学院曾是美国著名哲学家、教育家杜威工作的地方，杜威"从做中学"与"教育即生活"的教育思想以及美国教育注重学生批判性思维的培养对我产生了重大影响。回国后，我反思自己的所见所学，结合自己的教学经验，提出"主动、互动、灵动、触动"的"四动"教学理念。目前，该理念已在省内外产生了较大影响。

通过不断地学习，我接触到最前沿的教育理念，这为我的专业成长奠定了坚实的基础。2016 年，我被评为广东省特级教师；同年，我被省教育厅评为广东省中小学新一轮"百千万人才培养工程"首批名教师培养项目优秀学员。2017 年，我入选省委组织部及省教育厅主办的"广东特支计划"教学名师，成为粤西地区首位也是唯一入选者；同年，我被省教育厅评为广东省中小学名教师工作室优秀主持人。2018 年，我被教育部遴选为"国培计划"——中小学名师名校长领航工程首期学员（全省仅 4 人）；同年，我入选国家"万人计划"教学名师，成为广东省基础教育英语学科首位也是唯一入选者。2019 年，获批享受国务院政府特殊津贴专家；同年，教育部"国培计划"——中小学名师名校长领航工程叶译名师工作室正式授牌，我成为广东省中小学首个国家级英语名师工作室主持人。2020 年，我成为广东省中小学首个由省人社厅审批聘用的二级教授。此外，我主持过 5 项省级科研项目，其中广东省教育科研"十三五"规划重点课题 1 项，科研成果（第一完成人）获省教育厅主办广东省教育教学成果奖（基础教育）一等奖；出版个人学术专著 3 部，在全国中文核心期刊，国家级、省级教育教学类期刊发表英文及中文论文 30 多篇。

人生无闲步，但没有人能知道和决定自己未来的关键一步会在哪。所谓的厚积薄发，就是你比别人走更多的路，试更多的错，吃更多的苦，做更多的无用功，然后多一点点未来的可能性。

五、矢志不渝，立己达人

广东湛江一中培才学校是一所名校，社会对学校的期望值很高。作为主管学校教学的常务副校长，我的管理压力可想而知，但我仍坚持亲自带领教师团队进行课改，建构了"五学五式"的课堂教学模式，努力打造"聆听无声、讨论小声、展示大声、质疑有声"的优质"四声"课堂。

课改创造了一个又一个奇迹。学校为学生搭建了多元发展平台，激发了学生的学习兴趣、求知欲和好奇心，培养了学生的沟通能力、合作能力、批判性思维与创造性解决问题的能力，拓宽了学生的人文视野，让核心素养在课堂落地，全面提高学校的教育教学质量。

己欲立而立人，己欲达而达人。名师要发挥自己的示范引领功能，让更多的人得到成长，学校课改为教师们提供了成长和展示的平台。

2017 年，首届广东省中小学青年教师教学能力大赛举办，这届大赛是我省目前为止规模最大、等级最高的教师教学能力比赛。我校初高中共有 9 位教师获得首届湛江市中小学青年教师教学能力大赛第一名，代表湛江市参加省赛，初中英语学科的廖秋晖老师还获得了湛江市五一劳动奖章。经过层层角逐，四个学科获得省一等奖，三个学科获得省二等奖，两个学科获得省三等奖。其中，生物科组的赵君老师获得省一等奖第一名。2019 年，在第二届湛江市中小学青年教师教学能力大赛决赛中，我校初高中共有 8 位教师获市学科决赛一等奖第一名，并代表湛江市出征省决赛。最终，我校青年教师团队披荆斩棘，满载而归，斩获五个学科省一等奖，涵盖数学、生物、化学、信息和美术等学科，我校成为本届比赛全省获一等奖最多的学校。

取得这样的佳绩，一方面是因为教师个人长期努力炼就出非凡的实力，但更离不开湛江一中培才学校这块沃土上一批坚持推进教育改革、重视培养青年教师、有实干精神的领导团队。在我的带领下，学校教学领导团队十年如一日坚持推进高效课堂改革，坚持开展教师教学技能（优质课）比赛、校本培训、课题研究等教学教研活动，促进了青年教师专业成长，如今，这些教师已成为学校各个学科的骨干教师。问及参赛教师的收获感悟，他们无不传达出对学校领导的感谢与肯定，归属感、成就感溢于言表。

春天的大地上，留下了多少犁铧的印痕，秋风就会摇曳多少动人的歌唱。看着一批批青年教师逐渐成长起来，我想，我所付出的一切努力，都是值得的。

我们命定的目标和道路，不是享乐，也不是受苦，而是行动。习近平主席在 2019 年国家勋章和国家荣誉称号颁授仪式上说："伟大出自平凡，平凡造就伟大。"这句话铿锵有力，掷地有声，激励我们树立坚定的理想信念，奋勇争先，不懈奋斗，脚踏实地把每件平凡的事做好。一切平凡的人都可以获得不平凡的人生，一切平凡的工作都可以创造不平凡的成就。

名师档案

叶 译

　　广东省湛江一中培才学校常务副校长，国家级高层次人才，二级教授，硕士生导师，享受国务院政府特殊津贴专家，国家"万人计划"教学名师，广东省特级教师，"广东特支计划"教学名师，教育部"国培计划"专家库专家，教育部中小学名师领航工程名师工作室主持人，广东省中小学名师工作室主持人，广东省中小学新一轮"百千万人才培养工程"首批名教师培养项目优秀学员；主持 5 项省级科研项目，其中省教育科研"十三五"规划重点课题 1 项，科研成果获广东省教育教学成果奖一等奖；在全国核心期刊等刊物发表论文 30 多篇，出版个人学术专著 3 部。

锻造思政课教师的魅力"硬核"

江苏省南京市教学研究室　王小叶

　　教师职业极其平凡、平常，作为一名从教三十年，从事二十多年教研员工作的教师，我在经历了教师职业生涯中的一系列"关键事件"后，积淀了今天的心理、情感、理性与担当。

一、做有坚定信仰的教师

　　船的力量在帆上，人的力量在心上。思政课的对象是处在人生"拔节孕穗期"的青少年，是在灵魂深处搞建设，最需要"阳光雨露"，最需要补"精神之钙"，给学生心灵埋下真善美的种子，扣好人生第一粒扣子。这要求思政课教师要理直气壮上好思政课，用习近平新时代中国特色社会主义思想铸魂育人，一以贯之引导学生增强中国特色社会主义道路自信、理论自信、制度自信、文化自信，做有信仰的坚定者。在学生眼里，教师"吐辞为经，举足为法"，其一言一行都给学生以极大影响。没有忠诚而坚定的信仰，甚至背道而驰或者人格分离，阳奉阴违、表里不一的"双面人"，是绝对没有资格做思政课教师的。

思想政治理论课是一门灵魂课程，铸魂育人是它的生命，从根本上说是做人的思想引领和灵魂塑造工作，面对的是最为复杂的思想困惑和心灵净化问题，其目的是培养学生具有良好政治素质、道德品质和健全人格，形成正确的世界观、人生观、价值观。思政课教师的独特使命是帮助学生提高思想政治觉悟，用学科智慧涵养灵魂，引导学生建构具有中国特色社会主义的建设者和接班人的精神家园。只有让有信仰的人讲信仰，"在马言马"，思政课堂这一主阵地才能始终回荡着马克思主义主旋律，传播正能量；思政课教师必须以真心实意、真情实感成为党执政的坚定支持者、先进思想文化的传播者、学生健康成长的指导者和引路人。思政课教师只有潜心课堂、笃行信道、知行合一，以春风化雨、润泽心灵的人格魅力，以"自身正"的人格、求真务实的人品，才能真正打动、教育和说服学生。

二、做有学科认同的教师

教师精神原野的丰饶辽阔、价值追求的百折不挠、内心世界的坚韧强大、教书育人的魂牵梦系，无不源自心有忠诚、心系学子、心怀事业、心存敬畏的支撑。

一是认同。教师的专业认同问题是教师成长的前提基础。要认同思政课教师的身份，在自己思想意识层面逐步形成有关"作为一个教师，我到底是谁""我要成为一个怎样的教师"等问题的回答。习近平总书记说，思政课教师要有家国情怀，心里装着国家和民族。要有传道情怀，对马克思主义理论教育事业投入真情实感，对思政课教育教学有执着追求。要有仁爱情怀，心中始终装着学生，让思政课成为一门有温度的课。

二是勇气。勇气，是挑战自己；勇气，是克服难以克服的障碍；勇气，是克制自己的欲望。学科研究中不惧怕困难、困境，与学科同人一道破解发展中的难题，探究教育改革问题中少有人踏足的小径，坚持啃硬骨头，懂得取舍，也敢于行动。

三是自主。布洛指出：教师发展的本质是发展的自主性，发展是教师不断超越自我的过程、不断实现自我的过程，更是教师作为主体自觉、主动、能动、可持续的建构过程。金一南在《心胜》一书中写道：真正的力量首先发自内心，心胜则兴，心败则衰。从这个意义上讲，促进教师生命历程的丰富性、深刻性和持续性，以实现教师的蝶化发展，最根本的在于教师的自主性。

三、做有硬核本领的教师

如何培养出一批批合格的建设者和可靠的接班人，怎样"用真理的力量感召学生，以深厚的理论功底赢得学生"，关键在教师，关键在思政课教师学深悟透践行"六要素养"，做到"自身硬"。新时期，思政课教师只有坚持以问题为导向、以需求为依托，坚持因事而化、因时而进、因势而新，不断改进教学方式方法，丰富教学环节，才能激发学生的兴趣和注意力，增强思政课教学的说服力和影响力。

一是勤于学。教师作为联系过去、现在和未来的关键人物，必须是一个孜孜不倦的学习者。多年来，我从阅读与培训中寻找教学智慧，让教学实践从经验化走向科学化，积极购买阅读教育类书籍、期刊，多次组织教师参加教育部及省市级培训。平时利用业余时间向名师学习、向网络学习、向同伴学习。日常学习中只有立足学科前沿动态，站位高，才会视野宽。利用各级教研活动，汲取思想精华、提炼操作要领。多年持续的学习中我以学习者的身份去理解学生，以移情性理解者的角色去体会感知学生的需求，让自己从对学科知识的浅表性、陈述性掌握走向基于具体情境的程序性运用，从追求教学创新走向对实践经验进行理性检视，进而创造性生成。

二是精于业。实践是成长的土壤，教师新的需要和新的能力在实践的土壤中萌芽生成。精于业既以学术之功传道，更以厚德之表育人，实现真理力量与人格力量的和谐统一。

在深耕课堂上下功夫。课堂对于教师专业成长具有"本源性"的意义，对教师成长的其他因素如读书与写作、研究与反思具有"聚集"和"召唤"的功能。课堂既是学生发展核心素养的主要场所，也是教师专业成长的重要阵地。但也有一些教师，热衷于在课堂之外寻找成长的力量。他们对课堂使命缺乏敬畏，对课堂底线缺乏坚守，对课堂提升缺乏研究，对课堂经验缺乏提炼。这种轻慢和敷衍的态度，导致成长缓慢而又平庸，甚至陷入"有培训、有论文、有课题、无成长"的误区。那么，怎样走出这一误区？思政教师应自觉做一名"在课堂里成长"的老师，热爱课堂，沉潜课堂，改进课堂，让自己在"基于课堂、通过课堂、为了课堂"的教学行动中成长。一个自觉追求专业成长的教师，一定是在深耕课堂中破译成长密码的教师，他成长在立德树人教育使命的敬畏中，成长在常态课教学底线的坚守和提升中，成长在课堂教学现场的沉浸与探究中，成长在教学主张的不断凝练与创新中。

在教学质量上下功夫。应以教学工作为中心，做学生学习的促进者，人生的引路人，坚持素养立意，引领学生深度学习、高效学习，选择体现学科特征的教学方式，选择学生乐于接受的学习方式精准施教。

在学科引领上下功夫。多年来，我努力构筑"明智"课堂，即育知、育智、育德三维融合，通过各级公开课、讲座、研讨探索、推广适合价值观教学的课堂样态，提炼出"模块推进、理性争辩、价值认同"的教学实践样本，初步形成了"教育性教学"的教学风格。课改以来，南京市初中道德与法治学科基于真实问题解决的研究成果超过 15 项，如体验式教学、学科能力显性化培养技术、基于课标教学设计模型、课程内容教育价值的有效实现、个性化质量分析技术、复习轮次模型、思想品德开卷考试命题技术等等。这些成果和技术的有效提炼、运用、推广，为教师的教学实践提供有价值的经验与指引，帮助教师在使用中构建新的教材观和教学观，使自身课程教学设计能力得到提升，促进教师从"教教材"向"用教材教"的真正转变。

三是践于思。站稳课堂是每一个老师安身立命之本。但我们也要想到，一个教师的世界有多大？是不是只能在无休止地作业批改、检查背诵中沦陷？除了这些，我们还能做什么？我们经常看到，有的老师整个教育活动循环圈就是"实践—实践—实践"；有的老师无意识地采用先前的行为方式，在不断重复中实现自我的维持。如何去拥抱教育的大草原？做一个研究者，我们要用"实践—反思—提升"的方式唤醒职业生命。通过反思提炼"类经验"，建构"个人经验体系"，生发"实践智慧"，并以此来越过"经验主义泥潭"。上课，谓之教，探索为何如此上，谓之学，上完之后的探讨、成文，谓之研，走"教—学—研"一体化的道路，这可能才是教师突围的方向，才是符合教师内在专业特性的实践逻辑法则。

四是写于研。写作，是在总结中反思，让碎片化教学实践上升为系统化经验；是在锻炼思维方式，让"研磨"式写作功力转化为科研能力；是在深化理论学习，让"个体化"的教学风格延展为教学成果。"动笔写"是在追问教育"背后的故事"，是一个输出和外化的过程。它激励教师经过独立思考，对所学知识进行加工、重组，实现对理论知识的深入理解和迁移应用。

要有记录意识：留下稍纵即逝的灵感。真正散发着泥土气息的一线状况，在我们一线老师的手上、眼里、笔下。没有记录下实际资料，只能是空对空的假研究、虚研究、浅研究。思想成熟前，大都处于飘浮状，若不去捕捉，过半天，再也想不起来了。经常捕捉，就会变得敏锐；经常这样捕捉，就会变得有思想。记录要真实，忠实于自己的教育行为，胡编乱造，那是伪研究，害人害己；要及时，否则它们可能会从记忆中逃离，你再也找不到它们；要分析，分析记录的材料，解读其教育的意义；要多元，记录异质、鲜活的教学事件，只有从不同中找到相同，才有眼光，才有价值；要串联，把它们串联成一串串美丽的珍珠项链。

要有提炼意识：追寻现象背后的本质。提炼是对已有成果进行分析、概括，使之上升为规律性认识的深加工、精加工、联加工过程。成果经提炼后应凝结为一个或若干个理论术语，具有特定内涵，产生典型效果。提炼的过程需要分解主题，经过比较、综合、归纳，揭示所研究的事物的内在必然联系，得出可靠的具有普遍意义的结论，形成结构化的教学观念；需要提升主题，对教学经验抽象化和理性化，可与经典理论对接，梳理出具有理论价值、指导意义的本质性结论。

要有系列意识：进行整体融通的拓展。对一个问题或主题的阐释仅靠一两篇文章表达是不够的，需要基于系统思维从不同维度加以思考，这样才会让研究有深度、广度、厚度，才会从小到大、由浅入深、从问题到课题。从课堂研究看，可以撰写教学设计、实录、案例，可以撰写一节课的打磨、改进、反思，可以是同课异构的比较研究，可以是课堂中各要素的研究如前测与学情分析、教育价值的确定、目标设计、教学结构、导入、情境、问题、对话、理答、板书等等，可以是对听评课、课堂观察的研究，可以是对课堂教学模式的研究。从教材研究看，可以研究编写特色，提炼教学建议；可以研究栏目设计意图、类型、实施策略；可以研究教材中的素材；也可对教材中的不足进行批判性指瑕。

近年来，我在《思想政治课教学》《中学政治教学参考》等学术期刊发表学科教学论文 20 余篇，多篇文章被人大报刊复印报刊资料全文转载。这些文章形成了"教育价值认同""模块教学""教材分析""试题研究"等系列，多层面展现了对话题的探讨，试图通过写作不断超越工具性的"教书匠"活动。同时，主编《课程标准的教学解析和实施建议》《道德与法治教材解析与教学设计》等书籍。

四、做有责任担当的教师

列宁曾指出，没有"人的情感"，就从来没有也不可能有人对真理的追求。思政课教育是做人的工作，在思想传播过程中，理论本身的正确性固然重要，但思想理论能否"春风化雨"，润物无声地抵达学生心灵深处，并践行之、弘扬之，这有赖于思政课教师是否成为塑造学生品格、品行、品位的"大先生"。

"尽职者无他，正己格物而已。"在某种程度上，教书、育人、做学问就是教师人格与人品的自我宣示。育人要塑造人心，教师首先要塑造自己。才不大者不能博见，德不优者不能怀远。事实证明，一个充满人格魅力的教师，言之足以服人、召之足以率人，行之足以示人，德之足以化人。于每位思政课教师而言，意味着要不断砥砺职业操守，恪守职业本分，讲好思政课，自觉遵守学术规范，讲究博学、审问、慎思、明辨、笃行，崇尚"士以弘道"的价值追求，真正把做人、做事、育人统一起来，自觉作为学为人的表率，做让学生喜爱的人。2020 年 3 月，我踏入新疆这块土地，开启了一段支教生涯。

新时期，广大思政课教师能否有信仰"守好一段渠"、有情怀"种好责任田"，成为为党育人为国育才"可信、可敬、可靠"的人，能否收获人民感念、家长点赞、学生敬仰的灿烂人生，就看他是否播下信仰坚定、本领过硬、担当使命的人格种子。

最后，我想说，教师专业成长就是使教师成为一名具有灵魂生命的鼓舞者和引路人。教师专业成长必须以学习者为目的，发展一种指向学习者幸福的价值取向，必须拉动教师信仰力的引擎，以造就一个充满教育性意义的世界。

名师档案

王小叶

    南京市学科带头人，中学正高级教师，南京市中学政治教研员。教育部考试中心特聘专家，教育部义务教育阶段《道德与法治》课标修订组核心成员，统编《道德与法治》教材审查组专家成员，统编《道德与法治》教材修订组核心作者，教育部"大中小国家安全教育纲要"起草组核心成员。先后参与或主持省市级课题研究多项，其中主持省级立项课题"初中思想品德模块推进整合式教学实践研究"、省级教育规划课题"初中思想品德学科课程内容教育价值有效实现的案例群研究"、省级教育规划精品课题"落实'八个相统一'的初中道德与法治课教学体系改进的案例研究"等；先后参与《思想品德》（人教版）教材编写、澳门《公民与社会》（人教版）教材编写、《道德与法治》（苏人版）教材编写，主编《国家安全教育》（高中生、初中生、小学生）系列读本，主编《国家安全教育融入课程教学实施指南》，主编《道德与法治教材解析与教学设计》《初中道德与法治教材解析与模块教学》等；10 多篇论文在核心期刊发表，多篇被人大复印报刊资料转载。

做人勤为本，做事实为基

江苏省昆山市开发区青阳港学校　魏明贵

"我问心无愧，因为我一直在奋斗，一直在努力。"这句朴实的话语一直指引着我，留下我勤奋、热心、爱心、求实的脚印。

1995年7月，我从六安师范专科学校生物系毕业，作为一名师范学校就读的非师范生，被分配到宣城文昌中学工作，从教历史，到改教生物，最后教毕业班化学。五年后，我参加教体局选调考试进入安徽省宣城六中，任教化学外，还担任班主任、理化生教研组长和宣州区初中化学名师工作室主持人等。2020年，作为人才被引进到江苏昆山开发区青阳港学校任教，同时担任昆山市初中化学名师工作室主持人。

回首从教的这二十多年，有迷茫，有失落；有想法，有追求；有收获，有开心；有喜悦，有泪水……

一、讲台——促进教师成长的"原动力"

（一）走上讲台——从生存到迷茫

1995年毕业，赶上了国家"包分配"的政策，尽管我没有教师资格证书，更不是师范专业的学生，还是顺利地当了老师。跳出了"农门"，皆大欢喜，那个时候觉得自己有了工作，生存问题解决了，父母也放心了很多。可是走上讲台，按照学校要求拿起历史教材的那一刻，才知道和做学生不相同。师者，"传道受业解惑"，可我这个"老师"真的无法做到，每节课除了读读书，画画线，背背书，啥也不会。现在回想起来，不知道自己怎么度过一开始的那几个学期，那时候没有"师徒结对""青蓝工程"等，所以，现在特别羡慕年轻的老师，他们既有坚实的专业知识，又有师父的引领，锻炼和学习的机会很多，成长得也快。

（二）站在讲台——从学习到胜任

既然选择了这一职业，就要努力做好。两年后，学校安排我担任初三化学教学任务。在很多怀疑、不信任的眼光中，我拿起化学教材走进了课堂。作为理科生，做九年级的化学试题肯定没有问题，但是，怎样进行课堂教学对我来说，太难。同时和我一道教化学的是我的初中班主任，也是我的化学老师。我又一次做起了他的学生，只是这次我想学的不仅仅是知识，而更多关注老师怎么处理教材。我坚持听了一个学期老师的课。在这个过程中，我学到了老师在处理教材中的一些技巧，以及如何和学生交流等。同时，我也在思考，针对自己班级学生特点，如何融入自己的思想等教学"元素"。一个学期后，在我和学生的共同努力下，第一次期末评价性测试，我带的班级在学校所在片区的五所学校中名列前茅。我也由原来的一个班的化学教学增加了另外一个班级，同时，获得了学生、家长和同事的初步认可。现在回想起来，那段听课"学艺"的日子，特别感激我初中学习化学时的启蒙老师，我教学后又是他做了我的启蒙老师。

备好每一节课，上好每一堂课，批好每一份作业，教育好每一个学生——这是我每天工作的信条。作为一名教师，我在教学上认真备课、上课，并钻研业务，虚心学习现代新的教学方法，不错过每一次听课学习的机会。不管是哪个级别的公开课，我都会用心听，用心琢磨，吸取精华，在自己的课堂上应用。

（三）站稳讲台——从成长到成熟

从教开始的几年，我更多关注的是如何生存，担心自己无法胜任课堂教学。我深知要想在讲台上站稳，仅仅靠在课堂简单地传授知识还远远不够，还要让学生喜欢我，这样才会喜欢我的课堂，对我教的学科有兴趣。我开始了班主任工作。一个没有做过班主任的老师，不算真正的老师，也无法走近学生。当了班主任后，学生口中的"化学老师"变成了"老大""老魏"，听了甚是亲切。把课堂交给学生，此时我的脑海才真正有了这个意识，接下来的教学中，我也这样去践行自己的想法。我的每节课中，学生讨论、交流、评价等都是常态化，课堂生成性的话题很多，课堂从关注情境到关注学生。回想那段时间，区里的化学教研员带着我，走遍了宣州区所有的初中学校，我把自己的常态课带到了各所学校，这些给我后来参加各种类型的课堂教学评比打下了坚实的基础。现在我常和年轻教师说，要想在优质课评选中获得好成绩，功夫还是在平时的常态课，仅仅靠比赛前的打磨不能起决定性的作用，很多课堂形成的教学思维需要日积月累，才可以成为自己的思想和行为。公开课是提高教学水平的快车道，千万要争取上公开课。

争取使每节课都让学生接受和喜欢，进而对化学产生浓厚的兴趣——这是我对自己提出的要求。我一方面认真钻研教材，虚心向有经验的教师求教，注重翻阅各种教学刊物，将好的经验与构思用于教学中；另一方面，积极探索教学改革，努力创建适合初中学生的课堂教学模式，积极采用启发式、探究式教学方法。

（四）站高讲台——从一个人到一群人

研而不教则空，教而不研则浅。教而不研，就会失去前进的动力，这样的教师只能是一个平庸的教书匠。从事教育科研工作，需要一种夜以继日的勤奋，一种锲而不舍的毅力，一种不断探索的执着。站在讲台，面对学生，教师不能简单"教教材"，而应该是"用教材教"。我始终坚持在备课时，关注不同版本教材，不拘泥于教材内容；参考文献中的做法，再上出自己的特色。此阶段，我也开始订阅化学专业期刊，勤于收集各种与教科研有关的资料，积极开展各种形式的教科研实践，更善于总结经验，把自己长期在一线教育教学中捕捉到的灵感、整理出的案例及总结的教训，撰写成文章并投稿。

一个人的力量总是有限，一个人的想法也很难创新，要和其他老师一起在专家的引领下成长。在市、区教研部门的关心下，我从学生学业水平的评价着手，做了一个省级课题，课题取得了大家的认可，顺利结题并获得安徽省基础教育三等奖；我还从教材入手探索不同版本教材在教学中如何使用，从学生考试中化学计算题入手进行了化学方程式简单计算的教学研究，这些课题的成果以论文形式发表在化学学术期刊，以课例的形式在各校展示并得以推广，结题后获得宣城市教科研成果一等奖等。

回想过去，感谢一路支持和帮助我的老师，没有他们的引路、合作，我不会有今天这样的教研动力。教学、教研路上，我不是一个人前行，而是与一群志同道合的人同行。只有站稳讲台，才能让自己教研不"空"，才会让接下来努力的方向更加明确和坚定。

二、团队——提升教师价值的"催化剂"

为充分发挥名师在教育教学实践和研究中的指导、服务、示范与辐射作用，宣州区于 2014 年挂牌成立了五个名师工作室，我担任初中化学名师工作室主持人。来到昆山，担任了昆山初中化学第一届名师工作室主持人。工作室从成立至今，我以工作室为平台，充分发挥名师的引领、示范的作用，发挥成员间合作、共享的优势，整合教育优质资源，开展了一系列的教研活动，有效地提升了工作室及成员的整体水平。

（一）引领，示范——工作室主持人以身作则

工作室成立后，我带头参加各种类型的比赛。2014 年，安徽省优质课评选举办前期，我和市教研员商量，说出自己心里的遗憾，说获奖很多，唯独缺少一个优质课的证书。教研员给我鼓励，给我机会，我开始准备。为了让课堂更新颖，有创新，我自学制作微课，花了一个多月，制作了自己的第一个微课。功夫不负有心人。在安徽省化学优质课评选中我获得一等奖，圆了自己梦。之后，我参加安徽省四届微课评选，都以内容创新等获得一等奖。同时，指导工作室老师在微课票选中获得安徽省一等奖 5 人次。

我还带头在工作室研讨活动中上示范课；在工作室举办的中考研讨活动中，带头上"燃烧条件再探究"复习课。同时，带领工作室老师积极参加各种实验创新比赛，如数字化实验比赛等，获全国一等奖。

回想起来，只有自己真正"以身作则"，才能更好地诠释作为工作室主持人的职责，才能更好地引领工作室成员成长！

（二）交流、合作——工作室成员积极参与

教研活动中如果只是"作秀"，会对教师产生误导。工作室开展的活动要把"研"放在第一位，这样才会让教师在研中解惑，在研中提升。

工作室以展示、交流等形式，在不同的学校开展同课异构、中考复习研讨课、翻转课堂等教学活动，教师在观课后，参与议课活动，从教师提问、课堂生成性、学生小组合作学习、创设情境、实验教学等方面分析、评价、反馈，客观提出建议，务实的教研有效地提高了研讨活动的质量，吸引很多教师参与。参与活动的不仅有工作室成员，还有宣州区以及其他县市的化学老师。我在宣州区担任两届工作室主持人，带领工作室到十多

所学校开设示范课 50 多节，每年举办的中考复习研讨课都会有高质量的复习展示课和讲座。同时本着"请进来，走出去"的思路，请省里的化学教研员、优质课一等奖老师参加工作室活动，给成员做讲座和示范教学。来到昆山，在老师们的支持下，工作室活动开展得很务实，每一节示范课，开课老师都精心准备，并获得好评。我也坚持以认真的态度评课、做讲座。这些务实、常态的教研活动辐射宣州区、昆山市的每一个化学教育工作者，促进他们化学教学水平的提升。

工作室良好的教科研氛围让全体成员乐于分享各自的成果，合作、交流成为工作室每一位成员提升水平的催化剂。

（三）打磨、锻炼——工作室成员成长摇篮

工作室组织开展形式多样的活动，促进青年教师专业成长。工作室开展多样化活动，通过集体备课、双向听课、说课评课、案例分析、课例开发、课题研究和巡回讲座等形式，加强对年轻教师的培训和指导，引导年轻教师提升专业水平。自挂牌以来，工作室鼓励成员参加教科研评选活动，我在赛前多次安排工作室成员集体磨课，指导制作课件、协助拍摄视频等，积极研究探索，取得了一系列的成绩。工作室成员鲁颖老师获得宣城市优质课评选一等奖、安徽省优质课三等奖、"江淮乡村好教师"荣誉称号，何燕萍老师获得宣城市优质课评选二等奖，莫志安老师获得宣城市优质课评选三等奖。2018 年，我和工作室老师一道，帮助工作室两位成员磨课，使他们从区里起步最终走到省里，获得 2018 年安徽省优质课评选一等奖、二等奖。离开宣城后，2020 年下半年，我又指导原宣城工作室成员获得安徽省初中化学优质课评选一等奖。来到昆山，我又和新同事一起，争取上好每一节课，打造好每次活动。近期，工作室成员参加片级优质课评选获得一等奖。

在工作室，成员之间对彼此的教学毫无保留的评价，教学经验丰富的

教师积极帮助年轻教师打磨教学，年轻教师乐意参与锻炼，这些将会让他们成长得更快！

行走在教学研究的路上，便会遇见山水，每一程的山水，既是挑战也是机遇，只要坚持不懈，享受这份挑战，扎实工作，克服困难，会有歌的相伴。

三、成绩——维系教师成长的"化学键"

工作室走过这么多年，取得了一些成绩。有我指导教师成长、获奖的成绩，如 2018 年前，先后指导王家友、鲁颖等四位老师在宣城市、安徽省优质课评选中获奖；2018 年指导袁小妹、刘训喜老师获宣城市实验说课一等奖，袁小妹老师同时获实验说课安徽省二等奖；2018 年指导韩露老师获得安徽省一等奖；2020 年指导苗莹莹老师获得安徽省一等奖等。

在学校担任班主任期间，我更多把师爱看作一份责任、一份坚持。无论课内还是课外，总利用各种机会对学生进行针对性的教育——积极开展理想教育、感恩教育、养成教育等各种行之有效的教育活动，让每个学生找到目标，树立理想，挖掘他们的潜能，激发他们的斗志。在学生管理方面，尖子生的培养固然重要，但后进生的关心更为关键。每一个学生都是一个希望，越是后进生越需要老师的帮助和鼓励。要摸清他们成为后进生的原因，因材施教，对他们处处真诚相待，时时耐心帮助，真正做他们的知心朋友、最可信赖的朋友。所教班级被评为宣城市优秀班集体。

梅花香自苦寒来，凭着对事业的勤奋、对学生的爱心、对工作的热心，我在教育岗位上兢兢业业、刻苦钻研、无私奉献，赢得了学生和家长的普遍赞誉，被评为全国化学优秀教师、安徽省特级教师。

成绩已经成为过去，如今，我每一天踏实做好事情，把课堂交给学生，在专家引领和团队的帮助下，继续前行！

名师档案

魏明贵

  民进会员，安徽省初中化学特级教师，全国优秀化学教师，宣城市高级人才，享受市政府特殊津贴，宣城市学科带头人，骨干教师，教坛新星，教科研先进个人，优秀教研组长，优秀班主任，优秀市人大代表，宣州区拔尖人才。担任宣州区初中名师工作室主持人、昆山市初中化学名师工作室主持人等。获全国化学优质课一等奖、全国实验创新一等奖、"一师一优"部优、安徽省优质课、实验说课一等奖、微课评选一等奖、苏州市实验创新比赛二等奖。论文多次获安徽省一等奖，在化学专业期刊发表论文 40 多篇。主持并完成省、市课题 3 项，获安徽省基础教育成果三等奖、宣城市教科研成果一等奖。指导多名化学教师在省、市级教学比赛中获得一等奖。

行走在学做教师的路上

山东省淄博市张店区实验中学东校　张利平

自 1987 年大学毕业开始从教，我从未离开过讲台，算是一辈子做教师了吧。三十四年来，我始终处于思考、探索状态中，从来没有因为荣誉加身而自得、自诩。虽然有三十四年的教育经历了，但是我心里总是忐忑：我这样做是不是最好的？我还有其他更好的教学方法吗？这节课还能达到更好的效果吗？世上的事没有最好只有更好，那就一辈子学做老师吧。

无奈选择师范院校

高考时成绩不佳落榜。原本打算复读再考，恰好那一年厂里给职工子女一个福利：考不上大学的，厂里送到相关学校学习，学成后回厂服务。按照成绩，我被送到当时的淄博师范专科学校就读。

高考落榜对我打击极大，以致在师专学习的两年，我始终处于自我封闭状态。不交流、不交友，一个人默默地学习、读书。其实对于专业课，我谈不上热爱，学习也仅限于考试过关。最让我痴迷的是阅读，几乎所有的课余时间我都在阅览室度过。师专的藏书量不少，质量也很高，我想读的世界名著都能找到。经常为了读完一本好书，我彻夜不眠。阅读这件事跟人的成长很相似，人长高了，视野自然就大，好书读多了，眼光就变高。对我来说，阅读最大的收获是养成了阅读的习惯；书籍，成为我生活中最好的伴侣。

很多人问我如何爱上读书，以我的经历来说，养成阅读习惯最重要。不少人说一读书就犯困，根本读不进去。这是一件令人很无奈的事情，特别是教师，一个没有在经典书籍中浸润过的人，如何给学生强大的成长动力呢？

虽然我不太热衷于专业课的学习，但是几位老师让我难以忘怀。

教无机化学的姚老师，个子不高，年龄很大，语速很慢，每次讲起课来总会眉飞色舞，似乎是在用尽全力上一节课，又似乎每一节课都是他最后的一节课。所以每次上他的课，我都会莫名感动。

教高等数学的老师，我已经记不起他的姓名了，但是那种淡然如水、循循善诱、不急不躁的气韵，至今定格在我的脑海里。

印象最深的是只给我们带过几节实验课的王老师（已故），很年轻，特别帅，是好多女生的偶像。还记得当年他考上研究生，临别前到教室来跟我们告别，他说每个人都可以选择自己的生存方式，对于一个即将成为老师的人，唯有努力和自我成长才能对得起这份职业。"学生是看着你的样子成长的"，他说这句话时声音很低，但却直抵我心底。他在黑板上写下了一行漂亮的粉笔字：黑发不知勤学早，白首方悔读书迟。他说："这句话是我的座右铭，临别之际送给大家。"这句话也成了我的座右铭。

我的班主任叫王志国，高高的个子，微微驼背，宽宽的黑框眼镜是他最显著的标志。印象中他不善言谈，课也谈不上精彩，但是他与学生之间亲密的关系一直感染着我。有一次，我因为生病没有去吃饭，他亲自做了蛋煎馒头，用毛巾包着饭盒，给我送到宿舍。那一饭盒馒头的香味至今令我回味，也注定了我今后与学生相处的方式。

师专几乎每一位老师，在我的脑海里都有一幅温暖的图画。尺短话长，这里就不一一叙述。

在别人眼中，淄博师专不是一所"好"学校，当年高考时，我的同学中甚至没有一个把师专当成备选的。但是三十四年过去了，我对师专的感情愈加浓厚。我深深感念那个给了我丰富精神食粮的图书馆，那一群让我永远铭记并愿意按照他们的样子成长的老师。

学着当老师的日子

我入职的学校是淄博石油化工厂职工子弟学校，这是我的母校，我的小学和初中都在这里度过。

刚去学校时由于种种原因，我被借调到另一所学校教初一地理。我很郁闷：我是学理科的，从高中起就没学过地理，我教得了吗？但是学校工作安排如此，我只能硬着头皮上。

没学过地理？只能跟学生一起学。教不了，那就让学生自己教自己。"共同学、相互教"，是我最初的无奈之选，没想到，一个无奈的选择竟成为我一直坚守的教学理念。

我和学生一起制订教学目标，一起商议学习方式，一起交流解决问题的方法，一起研讨、一起登台。我坦诚地对学生说，我是学化学的，对地理一窍不通，如果说错了，大家一定要毫不留情地批驳。于是，课堂不像"课堂"，因为老师没有应有的"权威"；学生不像"学生"，因为每一个学生都是"小老师"，在地理课堂上，没有哪一个人可以独占讲台，更不可独享发言权，每一个人都是课堂的主人。"乱哄哄你方唱罢我登场"的状态让学校领导大为头疼，我却沉浸在学生对地理课的浓厚兴趣中。

　　我很年轻、我没学过地理、我不会教学等这些因素，让我"心安理得"地按照自己的理解去上课。为了让学生能够记住那些难记的内容，我编了大量的顺口溜，让学生"唱地理"；为了让学生能够拥有识图能力，我搜索出学校多年废弃的地图拼图板，让学生"玩地理"；为了调动学生的学习兴趣，我用地理词汇给每个孩子"赐名"，"地球""经纬线""黄河""长江""气候"等等，不同的头衔意味着不同的研究领域，遇到哪一方面的问题，这些"小专家"就各司其职，各显其能，独当一面，自信地"说地理"。

　　那一年，刚入职、不懂教育、不会教地理的我，所带班级竟然考出非常优异的成绩。好多同事想不明白，一个刚入职的老师怎么可能有这样的教学效果，我也想不明白。

　　后来因为学校工作安排，我又先后教过历史、植物、动物、政治、物理等学科，幸运的是，不管我教什么学科，学生都会考得很好。尤其是物理学科对我的挑战最大，我经常将那些物理概念混成一锅粥。所以只能更多地把精力放在培训"小先生"上，培训"小先生"的重要方法是让他们把家长请进来。我所教的学生基本都是厂矿子弟，不少孩子的家长毕业于物理专业，充分利用这部分资源，成为我教物理的"王牌"。

　　到现在我也说不清那一年的物理教学是如何完成的，但是实在是太幸运，学生竟然又考出了超出想象的好成绩，更重要的是，后期不少学生竟然继续在物理学习上探索，从事了与物理相关的职业。

　　直到 1994 年，我才开始正式教化学。

　　如果说教得好是以考试成绩为衡量标准的话，那我算是一个会教学的老师了。但是若要让我讲讲我为什么这样做，一名老师除了给学生输送知识外还能有什么，真正意义上的好课堂是什么，等等，我说不清楚，但是这种思考让我慢慢走近教学、走近教育。

两次参评优质课

在我的教育成长过程中，有两次参评优质课对我影响至深。

我所在的学校是厂矿学校，不归地方教育局管辖，1994 年之前，除了参加过几所厂矿学校联合组织的考试、阅卷外，我没有参与过任何教研活动。即使在学校内，多年来只有我一名化学老师，也没有人可以与我共同研讨化学的教学问题。所以在 1994 年之前的教学，我定义为"纯天然"，是一种"我认为"的状态。

转折就在 1994 年的 10 月。刚刚教化学一个多月的我，有幸获得上级部门组织的优质课评选机会。说幸运，是因为学校只有我一名化学老师，外派讲课，我是唯一人选。但对当时的我来说，这可不是"幸运"，尽管参加工作七年了，但是怎么上课都是"我说了算"，现在要让别人"说了算"，我实在没底气。

已经报名了，那就全力以赴。在备课的过程中，我才第一次思考教学情境、教学流程、教学设计的本意是什么等等。没有人商量，我就大量翻阅书籍；没有人研讨教学，我就反复跟学生交流、商讨；板书太丑，我就每天在实验室的黑板上练字，胳膊累到抬不起来。十天的准备过程很艰辛，但这十天让我深深体会到课堂教学的复杂性，十天前还认为教学"不过如此"的观念，荡然无存。

那一次参评我连过两关，获得了市级优质课一等奖。

自那开始，我先后针对教学情境、教师的课堂语言、教学设计、师生对话艺术、小组合作方式、实验探究等等进行了很多维度的思考，阅读了大量的书籍。李吉林的情境教学、邱学华的尝试教学等等，我都反复在课堂上演练。这之前我的阅读书目中从来没有教育方面的，但是自此，每周一次的书店淘宝，教育类书籍被我收入囊中。

2009 年，我再次获得评选优质课的机会，这次是省级创新优质课。从拿到课题到评选共十七天，几乎彻夜不眠地思考准备，令我暴瘦十斤。

结果自然遂人愿。我的课被评为山东省创新优质课，2020 年又在潍坊作为省级公开课。

如果说 1994 年的参评是我教育生活中的一件大事的话，这次参评则彻底改变了我对化学教学的认知。一门学科所承载的育人价值是什么，教学成绩和学生的生命成长究竟有什么关系，等等，是这次参选给我提出的大课题。当我意识到今后将要做什么之后，荣誉、名次便离我远去。我变得越来越低调，越来越喜欢独处，越来越痴迷阅读，心也越来越静。也是这次参评，使我开始重新思考我做教师的意义和价值。

虽然有人对优质课的评选颇有微词，但是从我自身成长来说，我感恩每一次的评选、每一次的亮相。因为每一次的参赛与展示，都是与自我的"决战"，是对自己原有观念的重新审视和自我的改变。

我的改变与进步，累积在一次次的历练中。

班主任成就我的自律

我一直认为，改变与进步，与对困难的挑战有关。"困难越大，成长越快"的信念，成就于一次次的挑战。

新的挑战，降临在 1998 年。

那一年，我所在的厂矿学校被划归地方管理，因为我所接班的班主任不愿留在学校，学校权衡之后让我来接班。

中途接班有多么艰辛，有此经历的班主任会有同感，对我这样一个从来没有做过这项工作的人来说，需要付出的就更多。

从当班主任的第一天起，我就成了学校第一个到校、最晚离校的老师。每天跟学生一起打扫班级卫生，一起在教室听课，一起参加班级活动，一起研讨各学科的问题（此时尤其感激当年的多学科教学经历）。所带班级的学生作文水平低，我便和学生一起写命题日记，每一篇我都详细批阅，写大段的文字回复。学生数学成绩下降，我和学生一起分析原因、一起解题。学生学习生物、历史、地理等学科有困难，我拿出当年编的"顺口溜"，让学生再次"唱起来"。

"和学生一起成长"，就此成为我当老师的核心观念。

我身边不少人不愿意做班主任，但从我的经历来看，正是做班主任工作中的全然投入和无私奉献，让我收获了更丰富的人生智慧。在与学生一起写命题作文的过程中，我的写作能力不断提高；在经常处理学生之间的矛盾时，我的应变能力得到提升；在与家长的交流过程中，我学会了如何与不同的人打交道，"要成为学生的榜样"让我在自律的道路上一直走到今天。相比较对专业的研究、对教学艺术的磨砺，做班主任才是让我快速成长的最重的砝码。

这个砝码就是——自律！

一入职，父母就叮嘱我要"好好干，不要给家里人丢脸"，为了这一句话，我努力让自己的言行符合学校的要求，尤其是作为一名老师，让学生"学得好，考得好"成了我的最高追求。尽管从某个角度来说，我算是个好老师，但是与当班主任之后的我相比，前者更多的是他律。作为一名班主任，我知道我能给学生的不是训教，而是以我的拥有为学生作出示范。

要求学生学习有规划，我首先要做到，不管是学习还是工作，我把时间安排得井然有序。要求学生坚持写日记，我便坚持每日记录自己的教育思考。要求学生不惧挫折，我也逐渐变得更有勇气面对挑战。总之，我要求学生做到之前，我一定是那个他们可以看得见的榜样。那时我常常想起读师专时王老师留给我们的一句话："学生是看着你的样子成长的。"

我不知道我是不是活成了学生期待的样子，但是我知道，我一直在成长，一直自律地成长着。

从教学到教育

我认为，一名教师成长的重要标志是意识到工作的价值，并能在这种价值中开拓出实践的路径。

我的工作价值自然是育人，如何育人？

一是带领学生走向问学之路。做学问就是"问学"的过程，为此我从培养学生的质疑能力入手，构建了"问学课堂"五环节，分别是"问题启动、问题聚焦、问题探究、问题归纳、问题生发"，以问题为核心，形成了一个"周而复始"的闭合线路。

比如我在教学《海水制"碱"》一节时，设计了这样的课前思考题：

同学们，我们将要学习"海水制'碱'"这节课。这里所说的"碱"，化学式是 Na_2CO_3，人们通常称它为"纯碱"或"苏打"。下面有 8 个问题，请选择你认为与本课题有关的内容，并按重要性排序。

1. 纯碱有什么用？

2. 利用海水中的什么原料制取纯碱？反应原理是什么？

3. "制碱"过程中应注意什么？

4. 哪位科学家在"制碱"方面贡献最大？他的创新之处是什么？

5. 纯碱有哪些重要性质？——想想你学过的知识，你有哪些猜想？

6. "Na_2CO_3"为什么被称为"碱"？——你如何用实验方法证明？

7. 影响气体溶解度的因素有哪些？如何影响？

8. 你知道的碱有哪些？有哪些重要性质？

请从重要性、最感兴趣、最有挑战性等几个角度选择上述问题中的一个问题深入研究，让自己拥有发言权。你选择的问题是？

简要写出你的分析研究过程。

上述思考题具有以下作用：首先指明课题是——海水制"碱"，让学生明确学习主题。其次给出纯碱的化学式和俗称，帮助学生解决一个识记性问题，并埋下"伏笔"：根据分类，碳酸钠应该属于盐类，为什么被称为"碱"？当学生在对 8 个问题排序后，有可能会先提出这一问题。8 个问题都紧紧围绕教材内容，让学生按照重要性排序，或许会仁者见仁。如果课堂上通过小组交流的方式确定共性的"重要性"，就会聚焦矛盾，形成冲突，而这，恰是学生开始走向问题解决、建立在内需基础上的学习的前提。况且，学生围绕 8 个问题的排序问题的争论，正是学习目标确定的过程，也是"问题聚焦"。问题聚焦的结果必然是问题探究，随之的问题归纳和问题生发，也就在具有问题意识的教师的导引下，将学生引向"问学"这一不间断的过程中，形成问题化教学的闭合线路。

"问学"的价值在于对每一名学生个性化思考的尊重，当学生能在"问与学"的过程中能感受学习的魅力并沉迷其中时，他的思维能力、探究能力等都会得到长足的发展。

二是帮助学生形成"关联"思维。比如，在科学探究中，学生应该建立"工欲善其事，必先利其器"的程序观；在物质研究中，应该明晰"物以类聚"的分类观；在深入探索化学反应的机理中，应该建立与环境的联系观；在分析事物内在本质中，应该拥有辩证观；等等。格物致知的结果必然是认识的升华，是"有诸于内，行诸于外"的智慧的生发。内外关联、上下关联、高低关联、万物关联，才有世界的统一与完整，建立学科的"关联万物"体系，是让学生拥有"广角"的重要依托。大视野造就大思路，培养大写的"人"，当从此行。

以"辩证观"为例。辩证之理是人最高的智慧，通其理必明其魂，生之魂就是明白阴阳并存，所谓"知其雄，守其雌"是也。所以面对物质用途的分析，诸如新材料、温室效应、酸雨等，都要从优和劣、盛和衰、长和短、正和反等两方面研讨，经常让学生感受到这一点，他们就会自然地学会用两只眼睛看世界。譬如，对于自己的生活，这样做的好处是什么，弊端是什么？自己的行为从哪一方面来说是积极的，怎样看待其中的不利因素？与同学交往，如何扬长避短取自己所需？等等。如此，就会在培养学生辩证的分析、辩证的取舍中帮助他们逐步形成正确的人生观，他们就会知道既然一切事物都是如此，那就要遵循事物存在的自然之道，就会在学习、生活中客观、辩证地认识事物乃至自己的成长。

有名学生这样写道："张老师，虽然一直想不清楚您究竟是在教化学还是教人生，但是我们知道您常常震撼着我们的心。如果您是碱，我们就是酚酞，正因为有了您，我们的生命才有了色彩。"

丰富学生的生命色彩，正是我不断探索的价值所在。

名师档案

张利平

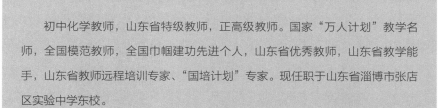

　　初中化学教师，山东省特级教师，正高级教师。国家"万人计划"教学名师，全国模范教师，全国巾帼建功先进个人，山东省优秀教师，山东省教学能手，山东省教师远程培训专家、"国培计划"专家。现任职于山东省淄博市张店区实验中学东校。

把你的工作变成有情怀的事业

湖南师大附中博才实验中学　方田根

择其一事，终其一生。

坚持体验式教学，把科学实践活动和教学结合起来，形成了自己的教学特色。

1997 年，我参加教育工作，在湖南省湘乡市栗山镇中学任教初中生物学。这所学校位于三个乡镇的交界处，一条狭长的山沟中，孤零零三栋房子矗立着，连围墙都没有，受到三个乡镇社会青年的影响，学风特别差，加上当时"读书无用论"流行，学生厌学、辍学成风。

学校前面的荒地、空地特别多，特别是靠近学校操场下面的山沟中可见很多抛荒的菜地。利用课余的时间，我挖出了好几块可以耕种的菜地，带领学生种菜，从播种到移栽、从浇水到施肥、从除草到间苗、从开花到结果，我们全程观察记录，收集腐殖质制作绿肥、收获产品制作美味。在观察入微的过程中，学生领略到了学习生物学的乐趣，要求参与到生物学兴趣小组活动中来的学生越来越多。

非常偶然的机会，我在一本农业科技小册子上读到一篇文章，这篇文章介绍了红薯倒栽技术，说能够提高红薯产量 50% 以上。我第一感觉是特别新奇，但是接着就产生了疑问：红薯在全世界都有种植，从明朝传到中国，也有四五百年的历史了，为什么到现在才有人发现倒栽可以提高产量呢？同时，根据生物学的基本原理，导管和筛管的物质运输方向、根茎叶的生长方向是不能随意改变的，红薯倒栽真的能存活吗？

2000 年春天，我带领学生做了这个实验。我选择了大小相同、土地肥沃、阳光充足、紧邻农业灌溉渠道、相邻的两块地，栽培了同一品种红薯各 100 株。结果发现正常栽培的红薯苗成活率达到 95%，而倒栽的红薯苗几乎没有成活，经过反复补栽后，正常栽培的红薯苗补栽一次后 100% 成活，倒栽的红薯苗成活了 19 株，而且都长成了正常生长的状态。因为成活慢长势差，倒栽的红薯最后单株的产量都明显低于正常栽培的红薯。通过这样一次科学实践活动，我们师生都充分认识到"尽信书不如无书"，所谓的农业科技杂志上发表的文章，也有胡编乱造的东西；我更深刻地认识到"纸上得来终觉浅，绝知此事要躬行"，这次活动坚定了我将科学实践活动与生物学教学结合起来的信念。

由于学校操场太小，很多活动无法开展，学校通过降低操场高度增加宽度的办法来增大操场的面积。推土机把操场降低了一米多，沿着长长的边缘，把土方推下去填到山沟中，新增加的宽度虽然用推土机压实了，但其实还是比较松软的。为了保护新增加的操场宽度，学校在 1998 年春天开展了植树活动，以防止水土流失。在学校行政内部讨论的时候，我提了反对意见，因为我分析，此时只有种植一些草本植物才能够成活，才能客观上起到防止水土流失的作用。针对这一行动，我发动生物兴趣小组的学生深入思考，植树造林活动是否正确？栽种下去的树苗能否成活？有没有更好的办法来防止水土流失？我发动学生开动脑筋，想出不同的方案，同时实施各种方案（植树、种草、播撒杂草种子）来进行对比研究。最终的结果是只有播撒的杂草成活了，我指导生物兴趣小组的学生由此分析生物与环境相适应的原理。

生物学教材中的各种实验观察，我尽量带学生做真实的实验。很多生物课，我都安排在田间地头、小溪畔、树林中，结合教材知识，现场参观，现场实践，极大地调动了学生学习生物学的积极性。天气好的时候，上生物课之前，学生会自动在操场上排好队伍，等待我的到来，以至于来学校检查的领导以为学生即将要上体育课。

2000 年生物学恢复高考，8 月，我从栗山镇中学调入县级重点学校湘乡市第二中学，任教高中生物学。高中生物学课程理论性更强，被很多人称为理科中的文科，认为只需要通过记背就能学好。我深刻地认识到这种说法是错误的，生物学是一门实验科学，所谓结论都是基于实验和实践得来的，虽然没有很多的计算，但需要极强的逻辑思维，能够建造各种模型，因此，我采取的办法是带领学生制作实物模型，进一步构建概念模型，比如细胞器模型、细胞亚显微结构模型、DNA 分子双螺旋结构模型、染色体模型、细胞分裂模型等等。由于高中生物学知识理论性更强，我指导学生更多做的是概念模型。

也正是由于模型更有利于学生理解知识、掌握概念，我和学生达成了一个"协议"：能够做好模型且考试成绩领先的学生，就不用做文本作业。这一举措大大提高了学生认真听课、理解概念的积极性，所以接下来十多年里我几乎没有给学生布置过课外文本作业，但是学生的生物学成绩一直领先于全校，甚至多次领先于湘潭市其他重点学校。也有一些学生参加生物学竞赛，在全省取得了较好的成绩。由于在教学方面取得的业绩，在湘乡市算得上是突破性成绩，我多次获评年度优秀，受到政府嘉奖。2005年，被评为"湘乡市十大杰出青年"。2006 年，被评为"湘潭市 111 人才工程专业技术人才"。

后来，我成为湖南省中学教育顶尖学校的一名老师。在这里，我近距离接触了汪训贤、黄国强等名师，真切感受到了专家型教师的魅力。

2007 年 8 月，我受邀加盟了湖南师大附中，被派驻民办公助的湖南广益实验中学任教，在这里我同时教高中和初中两个学段。2009 年 8 月，湖南师大附中博才实验中学建校，受学校委派，我成为该校第一批骨干教师，并工作至今。我到长沙工作时，"杜郎口模式"正在被极力吹捧、被全国学习，湖南省内模仿杜郎口模式也先后出现了"许市模式""景弘模式"等被人吹捧的所谓"教学新模式"。我也几次随队访问和学习，逐步认识到文本性质的"学案导学"其实不符合生物学的实验科学这一特点。因为我认为，教学应该是"专业的人干专业的事"，杜郎口模式即使真正是成功的，也没有多大的借鉴意义。杜郎口模式是建立在专业教师不足的基础之上，专业教师如果学习它就变成了"专业的人干了不专业的事"。因此，鉴于我所在的学校全部由专业教师任教，我在长沙任教伊始，就明确反对杜郎口模式，高举"体验式教学"模式的旗帜带领着自己的团队开展了独具特色的教学实验。

我把这一阶段的工作总结为以下几点。

一、倡导了教学理念——把生物学教活

生物学是一门自然科学、实验科学。所以我认为，生物学学科就应该具有自然属性、实践属性，生物学学科教学就应该联系自然、联系生活、联系科学实践。一旦学生脱离实际来学习，结果很可能就是成绩虽好但能力不足。因此，针对一些纯文本教学模式在生物学学科教学中的弊端，本着"专业的老师做专业的教学"的质朴思想，我倡导了"把生物学教活"的教学理念。我经常利用业余时间带领学生开展科学实践活动，激发了他们学习生物学的兴趣和对生命科学更加深入的思考，激发了他们献身生命科学的责任感和使命感。我也经常把教研活动开展在校园中、公园内、菜地边、沟渠旁、草地上、林荫下，让青年教师体会科学实践带来的快乐，自觉把他们的感悟和反思带到课堂教学中、学生心坎里。

二、开发了课程资源——课外实验和实习校本课程资源

2009 年湖南师大附中博才实验中学创办之初，我果断摒弃了"学案导学"的纯文本教学方式，倡导并大力推行"体验式教学"。我利用学生食堂楼顶上两亩多空地，创办了长沙市内学校第一座"空中生物园"，第一个开发并主持了"校园小农夫"校本课程，带着学生种花、种草、种菜、种药，不仅为实验室提供鲜活的植物标本，还带领学生义卖产品，为学校的助学基金捐款。在我的带领下，生物教研组的青年教师也参与进来，使很少参与农业生产活动的他们得到了实践经验，助力他们的专业成长。我们的体验式学习活动内容越来越多，开发的课程资源越来越丰富，形成了一个完整的课程资源体系。

三、开展了课题研究——初中生物课外实验和实习校本 课程资源的开发和利用研究

我组织申报了湖南省教育学会"十二五"教育科研规划课题"初中生物课外实验和实习校本课程资源的开发和利用研究"。课题研究立足于培养学生的科学素养，促进教师的专业成长。对应开展了初中生物课外实验和实习校本课程资源的内容、途径、策略的研究。开发了紧扣 2011 版义务教育生物课程标准、围绕人教版初中生物教材、在教材之外课标之内的课外实验和实习校本课程资源内容；探索了开设校本选修特色课程、开展家庭特色体验活动、组织假期野外科学考察、通过网络收集生命科学信息、激发学生自主创意活动等实施途径；形成了"体验式学习活动"、打造"活动活化课堂"生物学课堂教学特色、规范课外实验和实习活动操作流程的三大实施策略，形成了一个完整的科学实践课程资源体系。

在课题实施过程中，多项体验式学习活动被省、市媒体报道并被全国多家媒体转载，生物教研组的教师被省、市、区各级教师培训单位聘请为专家，参与专题讲座、送研送培。课题成果在全国很多地方得到推广，得到专家们的一致好评，结题成果被评为湖南省一等奖，并获得长沙市友谊教育科研奖。

四、形成了课程体系——初中生物学科学实践课程体系

随着课题研究的逐步深入，我总结形成了"四个一"的初中生物学科学实践课程体系：

一种模式——"体验式教学"模式

一个特色——"活动活化教学"的生物学课堂教学特色

一件精品——每个学期每个学生完成一项"科学实践精品"

一堂优课——每个学期每位老师上好一堂体验式"优质展示课"

我的学生不仅考试成绩名列前茅，还有很多学生走上了与生物学相关的专业发展之路，比如：颜卉宸同学，放言"生是生物学的人，死是生物学的鬼"，在美国康斯威星大学从事生物学的学习和研究；罗宗睿、谭泽州等多名同学获得了生物竞赛的金牌，被保送清华大学、北京大学，学习生物学或者医学；2019 年生物学国际奥赛金牌得主彭凌飞也是博才的毕业生；文玉辉毕业后在北京市二中任教生物学，为国家和人民培养更多的生物科学后备军；周翔、刘新玉等成为临床医生，成为人民群众健康的守护神；等等。

五、推广了教学模式——"体验式教学"模式

2014 年以来，我接受湖南科技大学、湖南省教育厅教科院、湖南省中

小学教师发展中心、长沙市教科院、长沙教育学院、长沙市中小学教师发展中心等多家单位的邀请，在多个"国培"项目、省市区教师培训项目做专题讲座，推广"体验式教学"模式。特别是 2016 年，怀化市准备在全市范围内学习和推行纯文本教学的"景弘模式"，省级有关部门两次聘请我作为送研送培专家，上半年到怀化市区的几所学校深入课堂调研、与老师们座谈、在怀化市生物学骨干教师培训活动做专题讲座，下半年到溆浦县城南中学送教、给全县骨干教师做专题讲座，以更好的教学效果，给当地的领导和老师带去更先进的教学理念、更有效的教学方法。

六、形成了教学特色——"活动活化教学"的课堂教学特色

在倡导、实践和推广"体验式教学"模式的过程中，我发现，学生参与体验式学习活动的热情越来越高、运用知识解决实际问题的能力越来越强，学生做的文本作业越来越少、课业负担越来越轻，而他们的科学素养越来越高、成绩越来越好，给"兴趣是最好的老师"做了最真实的注解。

因此，我逐步深入地将学生在课外科学实践活动中的经验、作品引入课堂，让学生在课堂中表达、表现，与同学分享，让他们在同伴互助中成长。这样做，大大激活了学生的思维，给课堂带来了极大的活力。在我的示范、引领之下，我校生物教研组"活动活化教学"蔚然成风，引起了省、市生物学学科教学专家的关注，从 2012 年到 2019 年，长沙市的生物学教学研讨会、实验创新大赛、暑假"新课标·新课程·新课堂"教师培训活动中，总有湖南师大附中博才实验学校生物教研组青年教师的身影，他们4 次被推荐参加湖南省教学竞赛；我多次受邀在省、市骨干教师培训中做专题讲座。现在，仅在长沙市区的中学，就有 30 多所学校参考我校的模

式建立了校内生物园地，鼓励和带领学生将理论学习和科学实践活动结合起来。

七、投入了教育改革——以核心素养为宗旨的教育教学改革

2014 年 3 月 30 日，《教育部关于全面深化课程改革落实立德树人根本任务的意见》教基二〔2014〕4 号文件第一次在政府层面明确提出了"核心素养"一词，我在其发布的第二天就认真阅读并敏锐意识到这将是中国教育面临的一次全新的、重要的变革。几年来，我多次参加了国家级、省级、市级的多项学习。我把自己的心得体会一方面在教学实践中落实，提高学生的综合素养；另一方面通过省、市、区级骨干教师培训、教学研讨、教学竞赛等活动与其他老师交流，发挥示范、引领和辐射作用，助力教师专业成长，例如，我被人教社、湖南省教科院、湖南师范大学、湖南科技大学、湖南省中小学教师发展中心、长沙市教科院、长沙市教育学院、西藏教科院等全国多个教科院、机构多次聘请担任骨干教师培训专家。

八、塑造了文化氛围——幸福赏花人也是校园小花农

所有来我校参观访问的人，都会眼前一亮：每个教室的外面都有一个绿意盎然、争奇斗艳的小花圃，在浓厚的文化氛围中送来了一股清新的气息。这令人心驰神往、羡慕不已的"菠菜园"文化，其实正是起源于我的空中生物园"校园小农夫"校本选修课程。在开发校本选修课程"校园小农夫"的过程中，我指导学生结合无土栽培技术、水肥一体化技术、微景观设计理念，设计阳台花园、窗台菜园，并在各自班级外面宽阔的走廊尝

试种植。结果令人惊喜，在紧张的学习之余，学生亲手种植、呵护着一颗颗种子变成一株株幼苗，直到开花结果，见证了生命的神奇，培养了审美情趣，提高了鉴赏能力，这项活动吸引了学生和老师关注，被学校纳入"幸福教室"创建活动。现在，附中博才7个校区，100多个班级，每个班级外面都有一个小小的"空中花园"，把教学楼装点得生机勃勃，也成就了我校独特的文化氛围。在这里，每个学生都是幸福的赏花人，都是校园小花农。

我给自己的徒弟寄语：把你的工作，变成有情怀的事业！这何尝不是在鞭策我自己坚定教育人生的信念，别停下前进的脚步？

名师档案

方田根

　　人教版教材培训专家、湖南省特级教师、湖南省基础教育质量监测工具研发核心专家、湖南省基础教育专家库专家、湖南省高级职称评审委员会委员、湖南省优秀竞赛指导老师、湘潭市首批"111人才工程"专业技术人才、长沙市首批"卓越教师"学科带头人，课题研究获得国家级一等奖1项、省级一等奖6项，出版教师培训教材、校本教材等16套，在国家级和省级核心期刊发表论文14篇，指导徒弟获得国家级、省级一二等奖100多项；援藏期间获得山南市优秀援藏干部、民族团结先进个人、湖南省援藏勋章等荣誉。

心之所向，行之所往

江苏省江阴市第一初级中学　蒋一禾

自 1993 年参加工作以来，我先后荣获江阴市教科研先进个人、无锡市优秀教研组长、无锡市音乐学科带头人、江苏省特级教师等荣誉称号，先后参与教育部组织的普通高中课程标准实施情况调研活动，连续受邀担任华东师范大学音乐系外聘教师、华东师范大学音乐系教育硕士毕业论文答辩评委、无锡市初中音乐学科基地领衔人、江阴市蒋一禾名师工作室导师等。回顾从教近三十年的工作历程，我真切地感受到从一名普通的教育工作者成长为教学名师的艰辛，也更多地体会到作为一名基层教育人的职业幸福。如果要用一句话来概括和总结我成长的经验和感受，那便是：心之所向，行之所往。

一、以敬畏之心，行规矩之道

敬畏课堂是教师起码的要求。它要求教师珍惜课堂的分分秒秒，精益求精地备课、严肃认真地上课，以虔诚之心理、以负责之态度，尊重教学规律、尊重学生需求，在教学相长中享受职业的幸福。

（一）给自己提要求

研读课程标准。牢记音乐课程的三个性质、五个基本理念，把课程的总目标和分段目标、课程内容的四个领域：感受与欣赏、表现、创造、音乐与相关文化的具体学段要求、教学建议等分别抄写在备课笔记的扉页、封三和封底。这样，每次在备课时，我会习惯性地浏览和自觉地对照课程标准，防止自己的教学设计和教学行为偏离标准的要求。

钻研教材内容。首先了解教材编写的意图，做到目标明确；其次做到熟悉教材，教材上所有的歌曲，不论古今中外，不论是地方戏曲还是流行歌曲，都能够背唱；再次是弹熟歌曲的伴奏，一首歌曲至少能够弹熟三个调，其中一个是按照书上给出的调，另外两个是比书中给出的调高半个音和低半个音，最大可能地适应不同学生的歌唱要求。

收集经典案例。每年全国各地都有各种各样的教学比赛，优秀的教学案例也层出不穷，我经常收集起来，写上感悟或设想，以便我在上类似的内容时，参考和变通，借鉴他人的智慧来为我的教育教学服务。

（二）给教学找方法

音乐教学包含的内容比较丰富，既有歌唱教学，又有器乐教学，还有欣赏教学，拿歌唱教学来说，其中有创作歌曲和民歌之分，有独唱和合唱之分，有戏曲和曲艺之分，等等，因此，针对不同的教学内容，寻找有效的教学方法显得非常重要。

合唱教学是歌唱教学中的难点，因为分开声部学生都会唱，两个声部一合就乱，为了解决这个问题，我把每首合唱歌曲用电脑软件做成乐器演奏，通过不同音色的对比，让学生在学习时抓住自己的旋律，同时对训练二声部听觉能力也有好处。

倡导欣赏教学。为帮助学生熟悉音乐主题，我根据初中学生好动、好玩和好胜的心理特点，要求学生去黑板默写经典乐句，如果不能完整写出，我鼓励他们用学过的常见的作曲方法，如"同头换尾""鱼咬尾""螺蛳结顶"等方法即兴创作，这样，学生创作作品，既好玩，又巩固了相关知识。

器乐教学方面，除了正常的竖笛教学外，我还鼓励学生自己做乐器。学生在动手做乐器的过程中，对乐器的音色和材料的关系、音色与演奏力度的关系有了感性的认识，课后练习乐器的兴趣也提高了很多，激发了学生的学习热情。

（三）给学生立规矩

音乐学科没有统一的检测手段，学生每节课学习效果到底怎样，教师仅凭课堂观察是不科学的。为了解学生的实际学习效果，我要求学生每节课都写学习小结。为防学生借口"不会写"和"没收获"消极应对，我把课堂小结设计成"有没有收获""收获了什么""为什么没有收获""你的意见和建议"等层次分明的问题，既避免了上述情况的出现，也便于通过及时了解学生的思想状况，使得教育教学方法更有针对性，让学科育人更进了一步。

二、以虔诚之心，觅治学之道

时代飞速发展，事物日新月异，我们曾经驾轻就熟的知识和经验，面对新出现的问题，效果常常不是太理想。要想解决这种问题，只有不断加强学习，适应时代发展的要求。

（一）慕名拜师学艺

听说扬州大学音乐学院院长张美林老师歌唱得很好，是中央音乐学院音乐表演硕士，不仅有留学经历，还拿过国际大奖，被欧洲人誉为"金色男高音"，我便慕名拜访，最终我成为他教过的年纪最大的学生。在张老师的教导下，我解决了一直困扰我的男高音"换声"技术问题。同时，我还不定期去浙江音乐学院男中音歌唱家王维平教授那里观摩上课，学习用不同的方法解决不同性别、不同声部学生的发声问题。浙江音乐学院聚集了全球范围内挑选的教学精英，他们理念新、方法活而且教学效果好，通过近距离的体验，极大地促进了我的专业发展。在无锡市教科院组织的"无锡市未来教学名家"培训班上，我认识了南京师范大学音乐系最年轻的博士生导师赵宴会教授，我积极主动地向赵教授讨教论文写作的技巧，他也乐于帮助我修改论文，在赵老师的帮助下，我的论文写作水平得到了一定提升。

（二）回归大学深造

2006 年，江阴市教育局鼓励在职教师报考教育硕士，我第一时间报名，并于当年被华东师范大学音乐系顺利录取。当时全国只招收 4 名学生，我是其中年纪最大的。三年的潜心学习，我不仅丰富了专业知识和技能，而且更新了音乐教育教学的理念。相对于入学时的状态，毕业时我的专业视野更加开阔，对学科育人的方法和功能认识更加深刻。尤其是硕士毕业论文《无锡地区普通高中音乐教育现状调查与分析》的撰写，我克服了调查问卷中不能熟练运用国际通用的莱克量表和获取真实信息的困难，高质量地完成了毕业论文。

（三）参与高端调研

2012 年 8 月底至 11 月初，教育部基础教育司委托华东师范大学音乐系，在全国范围内抽样调研，调查研究普通高中音乐课程标准实施的具体情况。由于我在华东师范大学读研时写作硕士论文的突出表现，我被有幸邀请参与调研，参与调研的 20 多名专家成员中，我是唯一的中学教师，其他都是高校教师和省级教研员。而且这次调研的问卷基本上借鉴了我硕士论文写作的问卷形式和分析方法。在调研过程中，我们先后赴江苏、北京、黑龙江、云南、广东、湖南、宁夏和安徽8个省、自治区、直辖市，与24个城市的72所不同层次学校的高中师生进行访谈，最终撰写了调研报告，为2017年版《普通高中音乐课程标准》的修订提供了翔实的参考资料。

三、以问题之心，悟教研之道

有的老师认为教科研是花架子，都是空的，其实不然。真正的教科研是能够为教育教学带来实实在在效益的创造性劳动，是能够发现问题、分析问题和解决问题的。

（一）撰写教学论文

我的第一篇论文能够发表纯属偶然，那是刚踏上工作岗位的第三个月，学校安排我上公开课，评课过程中，一位老师说从没有听说过"后拍点"这个概念，批评我杜撰概念，我据理力争，但最终没有达成共识。评课后我觉得应该把这件事弄清楚，于是，我就把自己的观点整理成《不可忽视的后拍点》一文，投到了《中小学音乐教育》，三个月后文章得以发表。

对于不合理的教学现象，也可以撰文剖析和纠偏。在一次现场观看市中小学生文艺会演的过程中，我发现不少初中生演唱的歌曲难度很大，明显超出了他们的驾驭能力。我觉得这样的做法如果不及时制止，不利于青春期学生的嗓音保护，于是当晚就撰写了一篇文章《令人深思的节目单》，很快就发表在《音乐周报》上。

对教学中自己有独创意义的想法和做法，要及时梳理。我在给高中生欣赏小提琴协奏曲《梁山伯与祝英台》时，看"草桥结拜"两行乐谱，我发现乐谱中蕴含着少男少女交往中不少真实存在的现象，于是根据音乐提炼了十个与生活相关的问题让学生思考，课后撰写了《在音乐中感受生活——由执教小提琴协奏曲〈梁祝〉所想到的》这篇论文，两个月后发表在《全球教育展望》上。

（二）担纲课题研究

一名音乐教师仅仅会吹拉弹唱是远远不够的，毕竟音乐教师不是演员，不是歌手，音乐教育教学和其他学科一样也需要深入研究。

针对学生喜欢流行歌曲这一现象，我主持了"流行歌曲与审美价值的整合研究"课题研究。针对高中音乐课以音乐鉴赏为主，不少学生对程式化的音乐教学流程感到厌倦，学习兴趣不浓的问题，我开展了"高中音乐鉴赏课'体验 建构 表现'式教学的探究"。针对新课程实施五年后，作为实验区的无锡市高中音乐教学取得哪些成绩、还存在哪些不足等问题，我进行了"新课程标准下无锡地区普通高中音乐教育现状调查与分析"。针对学生动手能力和创新能力偏弱的现状，我申报了江苏省教研室第 11 期立项课题"音美教学中培养学生创新能力的实践研究"。《义务教育音乐课程标准（2011 年版）》提倡更加重视合唱教学，我和教研员一起申报了江苏省教育科学规划课题"基于课程标准下课堂合唱教学优化的区域推进研究"。基于江阴市近几年在学校开展"小锡班"活动的反思，我和教研员一起主持了江苏省"十二五"规划课题"优秀传统文化视域下锡剧教育创造性转化的研究"。

（三）领衔学科基地

2016 年，学校成功申报了无锡市首批学科基地，作为学科基地领衔人，我要求每位教师自己制订专业发展愿景，并结合她们的优势和不足，共同制订了专业成长的计划，每个月开展一次视频教研活动，每个学期撰写一篇教学论文，每年至少开一次区级公开课等，我们先后邀请了华东师范大学、南京师范大学、江南大学的专家、学者和江苏省音乐教研员、无锡教科院专家、镇江市音乐教研员、上海市特级教师等来做多种形式的培训。老师们在教学基本功、教科研水平和职称申报材料准备等方面都有较大程度的提高。

五年多来，有 15 位老师获得区级课堂教学大比武一等奖和教学基本功比赛一等奖，6 位老师获得区级教学能手称号，有 2 位老师获得区级学科带头人称号，有 5 位老师评上中小学高级教师职称，有 5 位老师获得省、市级基本功比赛一、二等奖。

四、以艺术之心，探专业之道

音乐是一门艺术，它给人以美的感受，它更是一门专业，有着自己的独特一面。因而在欣赏音乐带给我们美的感受的同时，必须从日常教学中，以专业的方式提炼和揭示音乐艺术的美学价值与本质。

（一）从笔记本里走出来的舞蹈

20 世纪 90 年代初，因学校一位负责文艺会演的中层领导调到别的学校去做副校长，学校便安排我来排练舞蹈。我大学主修的是声乐，没有舞蹈的基础，加上前期学校排练的舞蹈已经两次拿到江阴市文艺会演一等奖的好成绩，而且那位外调的副校长为了给新学校树立好形象，主动承担新学校排练舞蹈的任务，诸多因素，让我感到压力很大。

可能是年轻人不服输的秉性，我决定尽最大的努力试一次。结合当年是红军长征胜利 60 周年这一社会大背景，我选择了歌曲《四渡赤水出奇兵》，反复聆听，在脑海中想象画面，用简图和文字把它们记录下来，然后自己随音乐在舞蹈房对着镜子反复试跳、修改，当时设计的舞蹈动作简图和说明，有厚厚的一个笔记本。在接下来的江阴市文艺会演中，24 名学生参演的群舞《四渡赤水出奇兵》获得舞蹈类第一名。后来镇文化站推荐我去参加市里舞蹈编导培训班，对照专家介绍的编排方法，我的做法基本上跟专家介绍的方法一致，这个经历为我后来编排其他节目树立了信心。

（二）从校本课程中提炼舞蹈

学校要求开设校本课程，我和音乐组的老师们商量，结合我们本地的民间舞蹈来开发校本课程——渔篮虾鼓舞。渔篮虾鼓舞盛行于我市华士镇，经常在群众性集会活动中表演，此舞优美轻盈，具有鱼米之乡的风情。常见形式是边走边歌舞，演出者一手持渔篮一手持虾鼓，表达了鱼米之乡渔业丰收的欢乐景象。

我们在市文化馆相关老师的帮助下，从渔篮虾鼓舞韵律中，提炼出了既符合江南水乡渔民劳动特点，又有时代美感且适合中学生舞台表演的舞蹈语汇，并适当地夸张放大，形成"欲动先出胯，迈步微微颤"的舞蹈风格。在校本课程的学习过程中，我们先从单个动作做起，再把不同风格的动作结合起来，提炼成动作组合，再配上本地民歌表演，受到了学生欢迎。在此基础上，我们排练了女子群舞《渔家欢歌》，获得当年无锡市百灵鸟文艺会演特等奖；同时获得江苏省中小学生文艺展演二等奖第一名，获得一等奖的节目都是专业艺术学校的舞蹈专业学生参演的。

（三）从日常生活中提炼剧本

学校的校本课程开设的项目比较多，每年的校园文化艺术节持续时间长，学生参与面广，发现的人才也比较多，于是，我们尝试排练校园情景剧，反映学生身边的人和事，学生演起来真实，师生容易产生共鸣。还有一个重要原因是，校园情景剧不需要像舞蹈那样，对学生有扎实的专业童子功要求。我们自编自演了很多情景剧，比如讴歌杰出校友的情景剧《钱振标》、师生熟悉的教育方式《家访》等，通过几年的积累，我们发现和培养了一批优秀的学生演员。

在参加江苏省社会主义核心价值观校园情景剧大赛中，我校选送的情景剧《爸爸的"老白干"》一路过关斩将，从片区到市，最后获得江苏省金奖第一名，其中女儿的扮演者周倩同学还被江苏电视台邀请为特邀演员。

反映学生校园生活的情景剧《女生宿舍那些事》，主要是表现学生离开家庭独立参与集体生活而发生的故事，我们集中挑选了操场、宿舍和电话亭旁边三个场景，通过五名女生的表演把矛盾冲突步步推进，真实地再现了女生宿舍那些事。经过两年的打磨，节目被省教育厅选拔，代表江苏省参加在青岛市举行的第五届全国中小学生艺术展演，最终获得全国中学组金奖第二名的好成绩，第一名是高中组的选手。

二十八年寒来暑往，五十多载秋收冬藏，尽管已是头发花白，但我依旧精神焕发，因为我深深地知道：进无止境，行者无疆。在专业成长的路上，我还需以一种快马扬鞭未下鞍的精神状态和翻篇归零的进取姿态重整行装再出发。在这条前行的路上，有智者同行，有善者相伴，一定会风景无限、魅力无涯！

名师档案

蒋一禾

　　江苏省特级教师，华东师范大学教育硕士，教育部"普通高中学科课程标准实施现状调研"音乐组专家、华东师范大学音乐系外聘教师、华东师范大学音乐系教育硕士论文答辩评委。现担任无锡市初中音乐学科基地领衔人、江阴市蒋一禾名师工作室主持人、江阴市教育学会音乐专业委员会会长。

　　主持江苏省规划课题 2 项，省教研室课题 1 项。先后在《全球教育展望》《中国音乐教育》等多家专业杂志发表学科论文 20 多篇。辅导的校园短剧《女生宿舍那些事》获得第五届全国中小学生艺术展演金奖。

美之海洋，与生共游

山东省青岛实验初级中学　苏美荣

　　与学生共同遨游美的海洋，是我毕生的追求，带领学生在笔墨丹青中书写诗意人生，是我最大的幸福。

一、不懈地努力

　　1992 年 7 月，我大专毕业来到了青岛，走上了工作岗位——青岛第四十中学，一所地处青岛市四方区湖岛村的偏远初中。学校三个年级共六个班，原有一位美术教师，但因病一直未上班。读大学时只在高中实习过两周的我，要独自面对工作中的一切，顿感手足无措。

　　初登讲台，我面红耳赤，紧张万分。本已熟记的教案，面对学生，脑中竟是一片空白，下课后逃一般回到办公室。从那以后，我暗下决心，一定好好研究教材，认真备课，用尽可能渊博的知识吸引这些顽皮的孩子，让他们爱上美术课。

　　恶补知识。大专两年的学习，很多领域大都是蜻蜓点水，尤其是教育学、心理学，都是临考突击，根本没有想到这两门功课对自己今后工作的重要性。这些当年看起来不怎么重要的学科却成了我当时工作的重要凭借，没办法，只能恶补！

首先，我翻出已经被我束之高阁的教育学、心理学、美术史等大学教材，看到有些陌生的书本，心生感慨：书到用时方恨少呀！后悔大学没有认真学习应该学好的知识。值得庆幸的是，大学期间我读了许多自己喜爱的名人传记，尤其是中外美术大师的传记，这为自己的美术欣赏教学做了较好的积累。经过两年的读书学习、课堂实践，我自觉对初中美术教学有了一点经验，就积极申报了当年的青岛市青年教师说课比赛，获得了四方区第一名。这是当时我们学校不多的好成绩，校长亲自表扬了我，还听了我一节课，他听的恰恰是我较为擅长的欣赏课，听完课，他又把我表扬一番，鼓励我再接再厉。校长的表扬和鼓励，让年轻的我信心满满，对做一名优秀的美术教师更有信心了。

狠磨自己。1995 年，学校并入青岛第十七中学。十七中教导处王天龙副主任是原美术组组长，是一位优秀的美术教师。有幸在王老师及美术组其他两位同事的指导、帮助下，短短的五年时间，我先后获得了青岛市优质课比赛一等奖、青岛市青年教师基本功比赛一等奖、山东省优质课比赛一等奖。参加山东省优质课比赛，是我收获最大，感触最深的。整个备课环节，王老师带领组内老师，一遍遍地听我说课，一遍遍地帮我改课，记得比赛结束，评委之一山东艺术学院李柏均教授对我课的评价是："讲得太棒了，讲的内容超越了教材！"课后，我才知道，李教授就是教材的编写者之一。近几年，磨课成为我们教研的热词，回想二十几年前，王天龙老师就带着我们年轻老师，一遍遍地研课，不就是磨课吗！王老师那像刻印出来的字迹隽美的备课本、深厚的教学素养、不断学习探索的精神，让我深深佩服，他也一直是我学习的榜样。

教学相长。1995 年学校并入十七中后，我有幸执教了十七中首届致

明班 ① 的美术鉴赏课。面对致明班学生一双双渴求知识的眼睛、充满善和爱的眼神，置身"一根针掉地上都能听到的安静的教室"，我再次暗下决心，一定用心备课，对得起这群渴求知识并给予我支持和信任的学生。

高中美术鉴赏课的内容涵盖绘画、雕塑、建筑、工艺四大领域，涉猎古今中外美术知识，每节课的知识容量都很大，为了更好地引领学生走进美的世界，那时的我，备课、读书到深夜是常态。

我们处在一个前所未有的深刻变革的时代。我们刚毕业的时候社会生产与生活方式与几十年甚至一百多年前并无巨大差异。而我们走上工作岗位以后，随着信息技术的飞速发展，各种发明创造层出不穷，人工智能、大数据等等也催生着教育教学工具的深刻变革，也极大地影响着美术产品创造、生产的形势与方法，很多历史上不曾有过的美术创作方式和呈现形式伴随着信息技术涌了出来，让人眼花缭乱、目不暇接甚至一时无所适从，也让学生的视野变得极开阔，从而滋养出他们鲜明的个性。如果还是"用昨天的知识教今天的孩子去过明天的生活"，不会赢得学生的认可，也必将被时代淘汰！梅贻琦先生说的："学校犹水也，师生犹鱼也，其行动犹游泳也。大鱼前导，小鱼尾随，是从游也。从游既久，其濡染观摩之效，自不求而至，不为而成。"我对此感触颇深！为了适应信息技术引发的美术的巨大变革并引领学生在美术海洋中更好地遨游，这些年，我通过书籍、网络、请教专业人士、听讲座、看展出、听观摩课等方法，大大地丰富了自己的知识库存，提升了运用信息技术进行美术教学并创作美术作品的能力。例如，当下学生感兴趣的动漫，我原本一窍不通。面对良莠不齐的动漫书籍、影视，尤其是一些引导青少年走向不良道路的书籍、动画，作为一名美术教师很是揪心。为了引领学生学会审美、分辨善恶，提

① 青岛十七中致明班是美籍华人万致明女士全额赞助的公益班，招生对象是青岛市各县区优秀贫寒子弟，高中三年吃、住、学费等全部由万女士赞助。

升审美素养，培养美好品德，我通过网络搜寻、阅读书籍、参加漫展等形式，学习动漫相关知识，并申请加入了青岛市动漫协会，通过参加协会举办的各项活动，不仅丰富了自身的知识，而且带领学校动漫社团积极参加各项活动、比赛，很多学生荣获各级各类动漫大赛一二等奖，我也被评为青岛"动漫之星"。在课堂教学中，我邀请众多学生当"小先生"，师生共同探究动漫相关知识，并将学生熟知和喜爱的动漫形象与初中美术教材中的人物写生、服装设计等学习领域相链接，这不仅提高了学生学习的兴趣，也极好地解决了透视、人体比例、动态等初中生不易掌握的美术知识的学习问题。

二、不倦的爱心

无论是在刚工作的四十中，还是后来的十七中，直至现在的实验初中，我始终坚持面带笑容走进课堂，对待学生像对待自己的孩子一样，用爱心和关心去关注每一个学生，引导每一个学生走上积极的成长之路。

1997 年，我担任了十七中美术班高一（8）班的专业班主任工作，这个班的学生个性强、贪玩调皮的较多。如：这个班有四个特别要好的男孩，他们经常一起相约逃课，去网吧玩，上专业课时心不在焉，我多次与他们谈话，可收效甚微，有时是刚刚与其谈了话，再到画室时又没了踪影。为此，我多次与家长沟通，多次家访，平日加强对他们的要求和管理，经过三年的"斗争"，终于使这四个男孩都顺利地通过了当年的高考，而且都考上了不错的本科院校，其中一个男孩还考上了中央美院。2001 年的教师节，考上中央美院的男孩在给我的教师节贺卡中写道："衷心地感谢您对我付出的汗水和苦心，没有您就没有我的今天，学生永远感谢您！"现在这个男孩已经到了英国发展，工作、生活都很好。其他的三个男孩一个在外地工作；两个在青岛，一个从事设计工作，一个从事影视工作；事业、家庭都不错。作为老师，看到学生生活幸福，工作顺利，感到非常欣慰。中学时期学生大多叛逆，这个时候，教师的种种努力不仅不容易得到学生的认同，甚至还会引起学生的反感，很多教师因此而痛苦纠结。多年以后，当年的皮孩子走进社会成家立业了，他们会反刍当年经历的桩桩件件，这样的反刍会让他们更加后悔自己的年少顽皮，也会更加感恩老师当年对自己的教育和包容，从而走上更好的人生之路。教育的魅力经常在于"后劲儿"。

这个班还有一个男生，当年我对他并没有多少印象，但这个男生结婚时，他的妈妈竟然到实验初中找到了我，说儿子委托母亲一定要找到我，邀请我参加他的婚礼。他妈妈告诉我，他上高中时，个子小，性格内向，专业课总是坐在后面，从不主动问老师问题，因学生众多，其他老师都忽略了他。他说："只有苏老师上专业课，会绕到后面看我的画。"（大班额教学，会让内向、不主动的学生被"遗忘"，教师要特别给予这样的学生耐心的指导，微笑鼓励。）这个男生大学毕业后也做了一名教师。

这个男生，让我更加坚定了自己的教育追求——对待学生像对待自己的孩子一样，用爱心和关心去关注每一个孩子。

考试的存在不可避免地带来了学生对各学科不同的重视程度，显然，音、体、美极易被边缘化。即使是实验初中也难以避免。面对这种现实，我没有抱怨，而是一直致力于思考如何在现有的情况下尽可能地提高学生对美术的兴趣，从而提升学生的美术素养。在教学中，我善于发现学生的长处和闪光点，及时加以表扬，使美术课成为学生的最爱。例如，在一届新入校的初一某班，有一个个子很小的男生，刚开学的几节美术课，他从不带美术用具，课堂练习、课后作业都不做，上课还经常随便说话。我课下找他谈过一次话之后，他虽然上课有了些许好转，但作业还是应付。在上"精美的报刊"一课时，我刚宣布完下面开始做练习，坐在他旁边的一个男生问我：老师，画什么？我刚要回答，他快速转头告诉那个男同学：

"设计艺术节为主题的海报。"我迅速走过去轻轻拍拍他的头说：看看张某某同学，上课多专心，听得真认真！然后我就去巡视其他学生的作业了。等我再走到他跟前时，发现他已经用艺术字的形式写了"艺术节"三个字，而且写得很好（与他以往的作业比）。我立刻拿起他的作业展示给全班同学看……我看到他充满骄傲的得意表情，心里很高兴，因为这个孩子的学习成绩是班里的倒数第一名，可能从来没有老师表扬过他。从那以后，在美术课上，他一改往日的习惯，总是积极地举手回答问题和认真地做作业，虽然他还有些不尽如人意之处，但他在美术课上的表现越来越好。美术，让他重拾自信。自信，让他对人生不再灰心。现在，这个男孩已经毕业好几年了，但我还是经常会收到他的节日问候。

三、不停地探索

作为一名美术教师，我认为上好每一堂课是天职，是义务和责任。在二十九年的教学生涯中，我崇尚"知之者不如好之者，好之者不如乐之者"；提倡"让学生在快乐中学习，让学生在兴趣中学习，让美术学习成为一种享受"。"快乐教学法"是我对中学美术教学之路的探索。在教学中，我充分运用快乐教学法，创设与教学内容密切相关的趣味情境，设计师生互动及生生互动的充满生机的教学活动流程，引导每一名学生以愉悦的心情和积极参与的态度学习美术，注重培养学生的感知能力和动手实践能力，使美术课成为学生展现自己的舞台。

2001年调到山东省青岛实验初级中学的我，为了能更好地引领学生走进美的世界，提升学生的审美素养和审美能力，我不断地改进自己的教学方法，不断地充实提升自己的专业能力，扩大自己的知识领域，在备课之余积极听其他学科的课，使自己对所教学生的知识范围有比较翔实的了解，避免了知识的重复，加强了与其他学科的整合。在充分整合、优化美术教材之外，我与同事充分挖掘多方资源，创编校本资源。《城市印迹——家乡的建筑》就是充分利用学校地域自然资源编著而成的。青岛实验初级中学坐落在风景如画的青岛市市南区前海之滨、人文老街大学路的尽头，东邻鲁迅公园，西接海上长廊栈桥，南望青岛的地标——小青岛，北望著名的小鱼山。大学路周围馆舍林立，是青岛传统的文化中心。始建于1934年的青岛市美术馆，是青岛市的优秀历史建筑，其三进布局将罗马柱廊式、中国宫殿式、阿拉伯式三种不同风格集于一处，富有历史的沉淀、文化的厚度，是一处极具观赏价值的文化旅游胜地。得天独厚的自然与人文条件为我和同事开展美术教学提供了丰富的资源。"走出教室、走进美术馆""走进大自然"已是我校日常美术课程的必修内容。早在2014年，学校就与青岛市美术馆、青岛市嘉木美术馆签订了"校外美育实践活动基地"协议。近几年，我带领学校美术组三位老师与青岛市美术馆公教部合作开发了"琴岛水墨""'印'象家乡"国画和版画校本课程，利用每周二选修课时间，美术馆的艺术家们为参加这两个校本课程的学生提供最为专业的美术指导。在美术馆专业艺术家的悉心教导下，版画选修课的学生不仅学会了制版、雕刻、拓印等版画基础技艺，还在极短的时间内学会了铜版直刻等高难版画制作方法。国画选修课的学生更是在处处美景、四季繁花的美术馆对景写生。"把课堂搬进美术馆"，极好地践行了《青岛市促进中小学生全面发展"十个一"项目行动计划》提出的"在美育中滋养心灵、纯洁品德、以美育人、以文化人"的美育功能。

在教育的园地里，我愿意做真爱的播种者、灵魂的滋养者、美育的浸润者、幸福的收获者。

笑对学生、笑对亲朋、笑对生活、笑对人生，我愿用自己发自内心的微笑感染身边每一个人！因为，微笑是最美的人生姿态。

名师档案

苏美荣

　　1970 年出生于山东潍坊，1992 年专科毕业于昌潍师专，1997 年本科毕业于山东师范大学。现任山东省青岛实验初级中学美术教师。

　　正高级教师，山东省特级教师、齐鲁名师，山东省教学能手，山东省中小学教师远程研修课程专家，山东省农村义务教育薄弱学科教师教学技能培训项目核心专家，山东省基础教育教师培训专家库专家，山东省教师教育学会理事，中国教育学会美术教育专业委员会会员，山东省教育学会美术教学研究委员会副秘书长，山东省教科院初中兼职美术教研员，青岛市教科院初中兼职美术教研员，青岛市首批名师工作室主持人，青岛市中小学学科带头人，青岛市教育学会初中美术学科组"首席专家"。

图书在版编目（CIP）数据

翠微深处：新中国优秀教师成长之路.小学、特教、初中卷 / 于漪教育教学思想研究中心组织编写；兰保民主编. — 上海：上海教育出版社，2024.8. — ISBN 978-7-5720-3056-7

Ⅰ．G451.2

中国国家版本馆CIP数据核字第2024TC6826号

责任编辑　易英华　陈嘉禾
封面设计　东合社

CUIWEI SHENCHU: XIN ZHONGGUO YOUXIU JIAOSHI CHENGZHANG ZHI LU

翠微深处：新中国优秀教师成长之路（小学、特教、初中卷）
于漪教育教学思想研究中心　组织编写
兰保民　主编

出版发行　上海教育出版社有限公司
官　　网　www.seph.com.cn
地　　址　上海市闵行区号景路159弄C座
邮　　编　201101
印　　刷　上海展强印刷有限公司
开　　本　700×1000　1/16　印张 28.25
字　　数　380 千字
版　　次　2024年8月第1版
印　　次　2024年8月第1次印刷
书　　号　ISBN 978-7-5720-3056-7/G·2722
定　　价　88.00 元

如发现质量问题，读者可向本社调换　电话：021-64373213